A todos mis familiares y amigos, especialmente, a Ainara Izquierdo, por su constante apoyo, a Pedro González de Viñaspre, por "presionarme" para que escriba esta novela y; esperando que cumplan su promesa de hacer el Camino, a mi hermana Amaia y mis viejos amigos Ana Sevillano y Pedro Pérez.

A las asociaciones de amigos del Camino de Santiago, a los hospitaleros voluntarios, a los ángeles del Camino y a las buenas personas que dedican parte de su tiempo para que los peregrinos podamos visitar las iglesias del Camino.

NOTA DEL AUTOR

La Fraternidad del Camino es una sociedad secreta ficticia que no tiene nada que ver con la muy respetable Fraternidad Internacional del Camino de Santiago (FICS).

Los protagonistas de esta novela son ficticios. En cambio, muchos de los personajes secundarios son reales o inspirados en personajes reales, aunque las escenas en las que intervienen son, en general, ficticias.

El escenario es auténtico, pues nadie puede inventarse algo como el Camino de Santiago, aunque hay algunas licencias y pequeños anacronismos, al trasladar al año en el que transcurre la acción (2013) algunos hechos posteriores.

PRÓLOGO

Os Martores es una pequeña aldea de la provincia de Pontevedra, situada a unos 30 kilómetros al sureste de Santiago de Compostela. Sus escasos habitantes conservan con orgullo una capilla paleocristiana del siglo IV y ampliada en el siglo XVIII, situada en un hermoso paraje en un lugar recóndito de difícil acceso.

En la capilla en cuestión no suelen celebrarse misas, pero aquel 3 de julio de 2013 era especial, pues un matrimonio iba a celebrar allí sus bodas de oro. El cura elegido para la ocasión era un hombre meticuloso y quiso dejarlo todo preparado la víspera de la celebración. Una hora antes de empezar la misa, entró en la capilla para cerciorarse de que todo estaba en orden. Tras santiguarse delante del altar se dirigió al sagrario y vio que la puertecilla estaba entreabierta.

–¡No puede ser, estoy seguro de que la dejé cerrada!

Al acercarse más vio que la cerradura había sido forzada. Tras temer que se había producido un robo, suspiró de alivio al observar con satisfacción que estaban en su sitio la patena y el cáliz que debían contener el pan y el vino para la misa. Sin embargo, al tomarlos en sus manos, los soltó horrorizado, dejándolos caer sobre el altar.

1

Una historia increíble

La fe mueve montañas. Poco importa que el sepulcro compostelano sea o no el sepulcro del apóstol. Si allí hubieran yacido de verdad los restos de Santiago y la cristiandad lo hubiera ignorado, la fecundidad histórica de tamaña reliquia habría sido nula. Creyeron los peninsulares y creyó la cristiandad y el viento de la fe empujó las velas de la navecilla de Occidente y el auténtico milagro se produjo.

Claudio Sánchez Albornoz:
España, un enigma histórico.

Pamplona/Iruña, 4 de julio de 2013

–Para terminar, como dijo el eminente historiador Claudio Sánchez Albornoz, poco importa de quién sean los huesos que están en esa tumba. Lo verdaderamente importante es que el Camino hizo Europa. Doy las gracias por la atención a todos los presentes, os pido disculpas si os he aburrido y reitero mi agradecimiento a la Asociación de Amigos del Camino de Santiago en Navarra por el honor de invitarme. Es siempre un placer venir a la ciudad natal de mi padre.

Cuando pronuncié estas palabras, los asistentes que abarrotaban la sala de conferencias del palacio del Condestable, en la que acababa de realizar la presentación de un libro mío sobre historia y leyendas del Camino de Santiago, aplaudieron calurosamente mi intervención. La mayor parte del público estaba formado por peregrinos, como delataban sus camisetas holgadas y sus chancletas, necesarias para refrescar los pies cansados tras haber recorrido varios kilómetros.

Cuando pararon los aplausos, mi buen amigo David, miembro de la Asociación de Amigos del Camino de Navarra, al que, pese a no ser directivo, le habían encomendado presentarme por nuestra amistad personal, encendió el micrófono y, mirando primero a mí y luego al auditorio, dijo:

–El honor es nuestro. A continuación, disponemos de algunos minutos para hacer algunas preguntas a nuestro invitado que, además de profesor de historia, es peregrino y dentro de pocos días va a iniciar su tercer Camino. ¿Alguien quiere realizar alguna pregunta?

Dos de los presentes levantaron la mano. David otorgó la palabra en primer lugar a una joven peregrina de unos 25 años.

–Doctor. Ha dicho que no tiene importancia, pero, como historiador, ¿cree usted realmente que en la tumba que hay en Santiago está enterrado el apóstol?

–¡Muchas gracias por la pregunta! En primer lugar, pido que se me llame por mi nombre y se me tutee por dos motivos. Primero, porque soy joven: tengo 27 años y algunos meses.

–Más de doce –me interrumpió David, provocando algunas risas en parte del público.

–El segundo motivo es que, como ha dicho mi indiscreto anfitrión, soy peregrino y, entre los peregrinos, nos solemos tutear. Respondiendo a tu pregunta, no lo creo. Según Hechos de los Apóstoles, Santiago murió decapitado en Jerusalén entre el año 41 y el 43 de nuestra era. Es muy inverosímil que se trasladase su cuerpo a Hispania para ser enterrado. Además, las fuentes que hablan de ello son medievales, como he dicho en mi charla. Lo más lógico es que fuese enterrado en Jerusalén, pero, como también he dicho, eso no quita ningún sentido a la peregrinación.

A continuación, un hombre de mediana edad dijo:

–¡Buenas tardes! Quizás sea una pregunta tonta o impertinente, pero he escuchado que quien está realmente enterrado en Compostela es un hereje, aunque no recuerdo ahora su nombre. ¿Crees que es verosímil o puede ser uno de tantos bulos que corren?

–¡Muchas gracias! El hombre cuyo nombre no recuerdas se llama Prisciliano. No es una pregunta tonta. Yo diría que es casi imposible. Prisciliano fue decapitado en Alemania a finales del s. IV. Hay una tradición muy fuerte de que sus adeptos trasladaron sus restos a Galicia,

8

en donde siguió teniendo muchos seguidores, pero no hay documentos que hablen acerca de la localización exacta de su tumba. Además, en Galicia tenía que haber mucha gente enterrada. Creo que lo más prudente es pensar que los tres que están enterrados son gente anónima.

Tras unos segundos de silencio, cuando parecía que no iba a haber más preguntas, levantó la mano el mismo hombre que había preguntado por Prisciliano y dijo:

–¿Es posible que el apóstol Santiago viajase a Hispania o solo es una leyenda?

–Es casi imposible. Cuando lo decapitaron, habían pasado unos diez años desde la muerte de Jesús y, además, él era uno de los líderes de esa pequeña comunidad cristiana. Lo lógico es pensar que esos diez años estuvo predicando en Jerusalén o en sus cercanías. Sin embargo, sí viajo muy probablemente a Hispania Pablo de Tarso, aunque eso es otra historia.

–Ahí hay una joven que ha levantado la mano – dijo David.

–No sé si mi pregunta es impertinente, porque no es sobre la historia del Camino. He empezado a peregrinar en Roncesvalles porque quería hacer el Camino completo, pero algunos me han dicho que tenía que haber empezado en Saint Jean Pied de Port. ¿Dónde hay que empezar para hacer el camino completo?

–Muy sencillo. ¿De dónde eres? –le pregunté.

–De Cebreros, un pueblo de la provincia de Ávila.

–Pues, para hacer el Camino completo, tendrías que haber salido de tu pueblo en dirección a Ávila capital por el Camino del Sureste-Levante y seguir hasta la Vía de la Plata. En Medina del Campo tendrías que elegir si tomas la Plata en Benavente o en Zamora. El Camino completo no empieza en Roncesvalles ni en Saint Jean, sino en casa de uno, que es lo que hacían los peregrinos en la Edad Media. Las dos veces que yo he hecho el Camino lo he empezado desde mi casa de Vitoria.

–¿Y pasa por Vitoria el Camino de Santiago? – siguió preguntando aquella joven.

–Sí, está en el Camino Vasco del Interior, que une Irún con el Camino Francés. Tiene dos variantes: una empalma con Santo Domingo de la Calzada pasando por Haro y, la otra, se une con el Camino Francés en Burgos, después de pasar por Miranda y Briviesca. Las dos son muy recomendables. Te diré algo más: ese Camino es más antiguo que el Camino Francés, pues se usaba mucho cuando La Rioja estaba bajo dominio musulmán.

Durante unos minutos, algunos del público me hicieron preguntas sobre Santiago y sobre el Camino. Mi maestro, autor de un libro titulado *El arte de dar clases*, me inculcó que no es bueno que una conferencia dure más de 40 o 50 minutos, así que me detuve a los 45 minutos para evitar que el público se cansase y dejase de mantener la atención, lo que permitió que pudiesen hacer preguntas sin que los peregrinos, que suelen cenar entre las ocho y las nueve de la tarde para acostarse hacia las diez, tuviesen que mirar el reloj pensando en fugarse.

Cuando cesaron las preguntas, dediqué unos minutos a firmar ejemplares de mi libro y, al vaciarse la sala, me despedí cordialmente de mi amigo David. Al llegar al vestíbulo del palacio del Condestable, un edificio renacentista del siglo XVI ubicado en la calle Mayor de Pamplona, saqué mi teléfono móvil para enviar un mensaje. Sin embargo, antes de que pudiese escribir, me abordó una mujer diciéndome:

−Disculpe, doctor. He disfrutado mucho con su conferencia. Quería felicitarle.

Se trataba de una joven de unos treinta años, de pelo castaño, media melena, más bien alta, delgada y guapa. Me alegró escuchar que le hubiese gustado mi intervención, aunque, al parecer, no lo suficiente como para decidirse a comprar mi libro.

−Muchas gracias, aunque te pido que me llames por mi nombre y me tutees, seas o no peregrina.

−No lo soy, al menos todavía. ¿Tienes unos minutos para acompañarme?

Antes de que pudiese decir nada, sacó una cartera y me mostró una placa. Viendo mi lógica cara de sorpresa, me dijo:

−Tranquilo, no estás detenido. Me llamo Amaia Izquierdo y soy policía local. Quería robarte unos minutos para pedirte ayuda como experto, si no tienes inconveniente. Es un asunto muy grave.

Sin salir de mi asombro, no me negué. Tras seguirla en silencio durante unos cinco minutos, me pidió que montase en su Renault Laguna y me llevó al garaje de un edificio en las afueras de Pamplona. Montamos en el ascensor y me llevó a un segundo piso. Llamó al timbre y nos abrió la puerta un joven de, aproximadamente, su misma edad, sentado en una silla de ruedas. Era moreno, de pelo corto y fornido. Al verme me tendió su mano derecha diciéndome:

–¡Doctor Esnaola, supongo! Perdone que no me levante.

–Te presento a Pedro, mi marido –me dijo Amaia Izquierdo antes de que yo pudiese responderle. Dirigiéndose a su pareja, le dijo–: Sí, es él. Y parece que no le gusta que le traten de usted.

Después, me hicieron pasar a un espacioso salón y se me invitó a sentarme en el sofá. Frente a mí, tenía un mueble con televisor, algunos libros y una foto de su boda, en la que ambos aparecían de pie. Parecía evidente que no debía llevar mucho tiempo usando la silla de ruedas.

–¿Quieres tomar algo?

–¡No, gracias! Tu mujer me ha dicho que necesitáis mi ayuda y que no estoy detenido. ¿En qué puedo ayudaros?

–Es un asunto complicado y difícil de creer. Aunque soy psicóloga además de policía, entendería que pienses que estamos locos. Nos ha recomendado que acudamos a ti su madre. Os conocisteis haciendo el Camino. Se llama Olga.

Me enseñó una foto en la que aparecían ambos con una mujer morena y de mediana estatura que no me costó reconocer. Era una mujer muy guapa para su edad y, viéndola, uno pensaría que su hijo tendría que ser más joven.

–¡Claro que la recuerdo! Fue el pasado verano. Estaba en muy buena forma y sabía mucho sobre el Camino, que lo había hecho más de veinte veces –Mirando a Pedro le dije–: Estaba muy orgullosa de ti. Le di mi tarjeta de visita confiando en que contactaríamos por correo electrónico o por Facebook, pero no he vuelto a tener contacto con ella.

–Lo sabemos –siguió diciendo Amaia–, pero nunca tiró tu tarjeta. Ahora ha desaparecido. Por eso necesitamos tu ayuda.

–¿Desaparecido? –pregunté en tono alarmado.

–Así es. Y creemos que puedes contribuir a que mi madre aparezca.

–¿Y cómo? Soy profesor, no detective. Que una policía me pida ayuda para encontrar a una persona desaparecida a la que apenas conozco me parece kafkiano.

–No es eso. Ya te hemos dicho que es complicado y que puede parecer una locura. Verás. Hace una semana mi madre nos dijo que iba a tomarse unas breves vacaciones y, dos días después de irse, encontré en el buzón un sobre sin sellar a mi nombre. Lo abrí y dentro había un dibujo en un trozo de pergamino, un DVD y un colgante con un crucifijo. Lo mejor será que lo veamos. Tienes derecho a pensar que somos una familia de locos, pero queremos al menos que no digas nada a nadie de lo que vas a ver.

–Tienes mi palabra. Prometo no decir nada a nadie.

Pedro encendió el DVD y puso un vídeo en el que salía Olga hablando. Sus primeras palabras eran:

–*Hola Pedro. Estás viendo este vídeo porque he desaparecido voluntariamente. Estoy bien y espero volver a verte pronto. No te lo he dicho antes porque debía mantener un secreto que ha llegado el momento de desvelarte.*

Hace tiempo que tienes interés por los templarios. Sobre ellos se han escrito muchas tonterías, pero hay algo que sí es cierto: disponían de grandes riquezas y, lo que es más importante, descubrieron un conjunto de documentos cuya importancia puede ser superior a la de los famosos manuscritos del Mar Muerto.

En contra de lo que dicen algunos, su detención y proceso no tuvo nada de misterioso. Fue cosa del rey de

Francia Felipe IV el Hermoso, que lo hizo para apoderarse de su tesoro. Lo único que extraña a los historiadores es que no sospechasen nada del complot que había contra ellos, pero eso no es del todo exacto. Uno de sus comendadores tuvo sospechas por el ambiente que se estaba creando en su contra, pero sus superiores no lo tomaron en serio, así que, por su cuenta, se las ingenió para poner a salvo los documentos secretos y, quizás, parte de las riquezas, en un lugar del Camino de Santiago y, como no tenía hijos por ser monje, comunicó el secreto a su hermano, que no formaba parte de la Orden del Temple.

Ese caballero realizó un documento, tal vez un mapa, diciendo dónde se encuentra ese tesoro de documentos y, quizás, también de oro. No quiso decir a nadie el lugar en el que lo escondió. Lo que hizo fue crear varios enigmas para resolver y, como los templarios se dedicaban a custodiar peregrinos, decidió repartirlos en el Camino de Santiago, de modo que uno llevase a otro. De esta forma no se puede acceder al documento sin haber encontrado y descifrado otros enigmas.

Después, reclutó a personas de su confianza y creó una sociedad secreta que llamó La Fraternidad del Camino, convirtiéndose en su gran maestre. Cada miembro de esa sociedad debía buscar un sucesor para cuando llegase su fallecimiento, para así perpetuar la existencia de ese secreto, que debía ser desvelado cuando se considerase que la humanidad estaba preparada para ello o cuando la sociedad estuviese en

15

peligro.

Como habrás adivinado, formo parte de La Fraternidad y tengo que decirte que ha llegado el momento de acceder a ese tesoro. En este sobre te he dejado el primer enigma que debes resolver.

Pedro paró el vídeo y dijo:

–La primera clave debe ser este trozo de pergamino que venía con el DVD. Luego te lo enseño. Tenemos que continuar con la explicación.

–Disculpa que te interrumpa. ¿Me estáis diciendo que, para encontraros tu madre y tú, tienes que realizar una especie de juego de la oca, yendo de casilla a casilla?

–Así es. Ahora se explica cómo funciona la Fraternidad. Lo he visto varias veces –Tendiéndome el mando a distancia añadió–: Si quieres hacer alguna pregunta o comentar algo, puedes parar la reproducción.

El gran maestre que creó de la Fraternidad eligió a personas que no se conocían entre sí, de modo que solo él conocía a todos sus miembros. Cada uno de ellos, debía comunicar al gran maestre quién iba a ser su sucesor en la sociedad, de modo que pudiese mantenerse esta estructura piramidal en el futuro.

–¡Interesante! –dije dando al botón de pausa–. Esto me suena de algo, pero ahora no consigo recordar de qué se trata. De todas formas, imagino que habrá alguna forma de reconocerse en caso de que sea necesario. ¿Me equivoco?

–No, no te equivocas. Esto es lo que viene a continuación.

Para conocernos, llevamos un colgante como el que tienes en el sobre que te he enviado Es un crucifijo algo atípico, en forma de Y griega. Como no es imposible que alguien ajeno a La Fraternidad lleve un crucifijo similar, utilizamos también una contraseña para reconocernos. Al final del video te digo cuál es.

Cada miembro de La Fraternidad se encarga de custodiar una clave, debiendo acudir una vez al año a comprobar que se encuentra en su escondite.

Se ha decidido que el secreto debe desvelarse entre el 25 de julio y el 15 de agosto de este año. Debes estar en Santiago por esas fechas con tod0s los enigmas y allí nos encontraremos. Cada miembro de la sociedad está en el Camino esperando. Lo más probable es que los encuentres como hospitaleros voluntarios o como guías de alguna iglesia o realizando alguna tarea que tiene que ver con el Camino... Te reconocerán cuando te vean con tu cruz y digas la contraseña.

–¡Disculpa la interrupción! –dije parando de nuevo el vídeo–. ¿Por qué es necesario hacer esta gincana? ¿No puede el que tiene el último enigma acceder directamente a vuestro secreto?

–No, no puede –me dijo Pedro–. Como verás ahora en el vídeo, nuestro primer enigma tiene un dibujo y tres números. Si lo resolvemos nos llevará a un lugar en el que tengo que encontrarme con alguien que me facilitará otro que me llevará al siguiente y así sucesivamente. Los tres números indican la página, línea y palabra de un libro. Solo el gran maestre sabe de qué libro se trata. Lo único que sabemos es que un gran maestre del siglo XVII decidió depositarlo en la biblioteca del palacio de Fonseca de Santiago, pensando que eso sería más seguro. Para desvelar el secreto, es necesario reunir todos los trozos de pergamino y buscar las palabras codificadas. Se supone que el texto que se forme dirá el lugar en el que se encuentra el documento que lleva al tesoro y los documentos. Además, han de estar presentes todos los miembros de la sociedad.

–Entiendo. De esta forma, si a algún miembro de la sociedad se le ocurriese empezar la búsqueda sin autorización, no le serviría de mucho porque solo el gran maestre conoce el libro y, el gran maestre, no puede hacer nada sin tener los papeles recopilados. ¿Y qué tengo yo que ver con esto?

–Lo dice el vídeo hacia el final. Me recomienda contactar contigo porque eres experto en el Camino y le inspiraste confianza. Cree que puedes ayudarnos a descifrar los enigmas.

Al final del vídeo, Olga decía:

Hemos descubierto que hay gente interesada en que el secreto no salga a la luz y he desaparecido para despistarles, con la autorización del gran maestre. Te pido que ocupes mi puesto. No creo que sospechen de ti.

–¿Me permites ver el primer enigma?

Pedro me entregó un papel con tres números separados por un guion y un dibujo que consistía en dos círculos. En el primero de ellos, se veía un caballero con una espada y un escudo y, en el segundo, había doce manos sobre un libro con una doble cruz. Alrededor de los dibujos había algo escrito, pero el pergamino estaba deteriorado y, mirando con una lupa que me prestaron, apenas pude descifrar la palabra "Navarre" y algunas letras sueltas. Si se viese el lema completo, podría realizarse una búsqueda por la red, pero no resultaba posible.

–Para una persona escéptica como yo, esto parece una broma de cámara oculta, pero por respeto a tu madre os hago una propuesta. En primer lugar, como mañana tengo el día libre, iré al Archivo de Navarra a investigar. En segundo lugar, voy a hacer el Camino y quiero salir el martes 9 de julio. Os ayudaré si venís conmigo andando, al menos desde Pamplona. Si queréis ir en coche, olvidaros de mí. El equipaje no debe pesar más de seis kilos, así que hay tiempo de sobra para prepararlo.

–Parece que olvidas un pequeño detalle: mi silla de ruedas.

–No, no lo olvido. No serías el primero en hacerlo. De hecho, hay una asociación que se llama "Discamino" que se encarga de hacer el Camino de Santiago con personas con movilidad reducida. Si quieres, puedo ponerte en contacto con esa asociación.

–¿Y cómo puedo hacer el Camino en silla y con un equipaje de seis kilos?

–Hay empresas que, por menos de 10 euros, se dedican a transportar el equipaje de los peregrinos de albergue a albergue. Yo creo que lo más bonito es cargar la mochila, que es como llevar la casa a cuestas, pero entiendo que hay personas que no pueden hacerlo por enfermedad o lesiones.

Cuando parecía haber disipado alguna de sus dudas, añadí con intención de salir de su casa:

–Si consigo descifrar el primer enigma y veo que os entregan el segundo, seguiré con vosotros e intentaré ayudaros. Si esto es una broma y no hay segundo enigma o no lo encontráis, seguiré mi Camino, con o sin vosotros. Esto son lentejas. ¿Qué decidís?

Del mismo modo que me había llevado a su casa, Amaia tuvo el gesto de devolverme en coche al centro de la ciudad y pude encontrarme con Xabier Meijide, funcionario del Gobierno de Navarra, colaborador en Cáritas y también peregrino, con quién me unía una vieja amistad. Estaba casado con una amiga común llamada Ángela y tenía un hijo, pero, afortunadamente, tenía una habitación en la que pudo alojarme.

Después de desayunar, le acompañé al trabajo y me dirigí al Archivo Real y General de Navarra con el dibujo que tenía que identificar. El archivo se localiza en el antiguo palacio de los Reyes de Navarra, situado en pleno corazón de las murallas de Pamplona. Se trata de un edificio construido en el siglo XII que ha sido varias veces reformado y ampliado. Tras un largo periodo de abandono en los años 70 y 80 del siglo XX, fue rehabilitado por el famoso arquitecto Rafael Moneo.

Me presenté antes de las nueve de la mañana, pues quería ver si podía resolver ese acertijo pronto para dar un paseo por Pamplona que, aunque es una ciudad que conozco bien, siempre me parece agradable pasear por su centro histórico y sus parques. Para mi sorpresa, Amaia estaba en la puerta y, al verme, me saludó diciendo:

−¡Buenos días! Me alegra ver que vienes a investigar sobre ese dibujo.

−Os dije que lo haría. ¿Pensabas que os mentía?

−¡En absoluto! Estaba convencida de que vendrías. Digo que me alegro porque quería verte y darte personalmente las gracias por el respeto con el que trataste a Pedro después de escuchar una historia tan rocambolesca.

−Ya os dije que conocí a su madre y, además, no me parecía bien rechazar ayuda a quien la pide con buena voluntad. De todas formas, espero que no te ofendas si te digo que sigo siendo escéptico acerca de esto.

−¿Te crees que yo no me sorprendí? ¡Por supuesto que no me ofende! Lo comprendo perfectamente. Pero podías haber rechazado ayudarnos y sin embargo estás aquí. Si te hubieses negado, creo que hubiese sido fatal para Pedro.

—¿Qué quieres decir?

—Cuando tuvo el accidente, además de perder la movilidad de sus piernas perdió su trabajo como policía y la ilusión por muchas cosas que antes le gustaban. Pese a ser psicóloga, no he conseguido que vuelva a ser el de antes y he pedido una excedencia para estar más tiempo con él. Dedica mucha parte de su tiempo a navegar por internet y, si después de ver que su madre desaparece, le hubieses negado su ayuda, creo que podría haberse hundido.

—Entiendo. ¿Cómo ha llevado lo de su madre?

—Mejor de lo que me temía. No se ha deprimido más, sino que ha sido un revulsivo. Ayer, después de que te fueses, Olga le envió un mensaje para decirle que estaba bien, pero que no podía decirle dónde estaba. También le dijo que era fundamental que estuviese animado y decidido.

Viendo que miraba mi reloj, Amaia me preguntó:

—No voy a entretenerte más. ¿Tienes alguna idea de por dónde pueden ir los tiros acerca de ese dibujo?

—Los dibujos están en un marco redondo, así que creo que podría ser un sello o un escudo. El caballero con una espada y el que el texto esté en latín apunta a que es de época medieval. Las manos sobre el libro simbolizan claramente un juramento. Podría pertenecer a alguna sociedad de la época o a algún concejo rebelde.

Veré lo que encuentro ahí dentro. –Sacando de mi cartera una tarjeta de visita, se la ofrecí diciendo–: Aquí tenéis mi número de móvil. Si os parece, podéis llamarme hacia las cuatro.

A las cinco de la tarde me encontraba apoyado en un muro contemplando ciervas plácidamente tumbadas en la hierba, pavos reales con su bello plumaje extendido y patos y cisnes nadando en un estanque, además de faisanes y otros animales. Como necesitaban mi ayuda y debía tomar un autobús de vuelta para Vitoria, me permití citar a Amaia y Pedro en los jardines de la Taconera, un gran parque céntrico de estilo francés por el que tengo gran debilidad. Me gustaba su variado repertorio de árboles y flores, sus esculturas y, sobre todo, su foso, en donde viven animales en semilibertad. Como si conociesen la importancia que doy a la puntualidad, no me hicieron esperar un minuto. Pedro fue directo al grano y, tras saludarnos, me preguntó:

–¿Has podido averiguar algo acerca de ese dibujo?

–Sí, he averiguado algo –respondí sonriendo misteriosamente–. Y vosotros. ¿Habéis empezado los preparativos para el viaje?

–¡Por supuesto! Ya tenemos la vieira y nos hemos sacado la credencial. También quería decirte algo. Mi madre me ha dicho que lo ideal es improvisar, pero comprenderás que yo estoy obligado a reservar plaza en los albergues. Espero que nos asesores sobre qué finales de etapa son los mejores.

–Eso es relativo. A los que les gusta ver monumentos les recomiendo unos finales y, a los que prefieren tomarse la tarde para descansar, les sugiero otros finales distintos.

–Otra cosa. Hemos visto que la gran mayoría de los pueblos del Camino Francés tienen albergue, incluso pequeñas aldeas. Como peregrino veterano que eres, supongo que nos podrás informar de cuáles son los mejores –me preguntó Amaia.

–¿Los mejores albergues? Todos y ninguno.

Al ver que me miraban con expresión de extrañeza, continué diciendo:

–Eso también es muy relativo. Para vosotros, los mejores albergues son los que no tienen barreras arquitectónicas. Para muchos peregrinos, los mejores albergues son los que dejan usar la cocina. Otros prefieren lo contrario, que les sirvan comidas. Los hay que prefieren los de las aldeas para desconectar y otros prefieren los de ciudades y pueblos grandes. Mis favoritos son los que organizan cenas comunitarias, pero sé de gente a la que no les gustan.

–Sí. Mi madre me ha dicho que en algunos albergues parroquiales se hacen cenas comunitarias y que los peregrinos tienen que colaborar haciendo la cena o limpiando y recogiendo los cacharros.

–Sí, pero también hay cenas comunitarias en algunos albergues privados. También tenéis albergues que sirven cenas vegetarianas o ecológicas e incluso albergues llevados por masajistas, ideales para los que llegan con alguna lesión.

–¿Y los hay con habitaciones dobles? Lo digo por los ronquidos, aunque también podríamos ir algunos días a hoteles –dijo Amaia.

–Los hay, pero lo de los ronquidos se soluciona con tapones para los oídos, que es más barato –respondí procurando disimular el malestar que me había producido ese comentario y pensando en el viajecito que me esperaba con esa señorita.

–Otra cosa. Ayer no te mentimos, pero tampoco te contamos todo, porque queríamos esperar tu reacción. El enigma que te entregamos no es el primero de la cadena, sino el tercero. Mi madre tenía el primer enigma y se hizo con el segundo. Además del vídeo, me envió un diario de los cinco días previos a su desaparición, en el que cuenta cómo se enteró de que hay gente interesada en que fracasemos. Lo he traído por si quieres leerlo.

–Se agradece. Así me entretengo en el autobús sin mirar el móvil.

–Y, perdona si parezco impaciente, pero, ¿qué has averiguado de ese dibujo? –me preguntó Pedro.

–He averiguado que se refiere a un pueblo que está en Navarra, en pleno Camino de Santiago.

2

Diario de Olga

[Jaca] tenía para mí inefables encantos. Gustábame saborear las bellezas de su vieja catedral, encaramarme en las murallas y explorar torreones y almenas.

Santiago Ramón y Cajal:
Recuerdos de mi vida

De conformidad con lo informado por las Reales Academias de Bellas Artes de San Fernando y de la Historia, y teniendo en cuenta el mérito histórico y artístico de la iglesia de Santa María la Real, de Sangüesa (Navarra); S. M. el Rey ha tenido a bien disponer que sea declarada monumento nacional.

Mi querido hijo:

Te escribo para contarte más detalles de por qué he decidido desaparecer y cómo descubrí que tenemos adversarios de los que deberás protegerte. Voy a contarte lo malo, para que tomes precauciones, y lo bueno, para que no te obsesiones. Hace unas semanas recibí la orden del gran maestre de poner en marcha la cadena para desvelar el secreto que custodiamos y, por ese motivo, debía ir al Camino Francés por Aragón. El enigma que tenía que resolver era sencillo, pues eran unas palabras del *Codex Calixtinus* que decían: "descanso para los necesitados, alivio para los enfermos, salvación de los muertos y auxilio para los vivos".

Por eso de atravesar una frontera y de subir un monte antes de bajarlo, decidí no empezar en Somport, sino en Oloron Sainte-Marie, un encantador pueblo jacobeo del Bearne francés ubicado en la Vía Tolosana y que tiene una catedral Patrimonio de la Humanidad.

El tercer día llegué a mediodía a la cumbre de Somport después de haber recorrido 17 km y, después de comer en el restaurante de la cima, decidí descender algo más de 11 km para dormir en un albergue exclusivo para peregrinos.

El descenso desde Somport, igual que el ascenso, me pareció realmente impresionante: paisaje verde, montañas de más de 2000 metros de altura a los lados y la agradable compañía del río Aragón. Además, tuve la suerte de encontrarme una tarde soleada. Poco después de iniciar la bajada, encontré el lugar al que se refería mi enigma, fácil de encontrar, porque no había necesidad de desviarse un solo metro para toparse con las ruinas de lo que fue el hospital de Santa Cristina, uno de los tres grandes hospitales medievales, construido en el siglo XI y arruinado en el siglo XIX tras la desamortización de Mendizábal. Contemplando aquellas ruinas de lo que fue una de las tres grandes columnas para el sostenimiento de sus pobres, según el *Calixtinus*, pensé con tristeza en los miles de vidas que habrían salvado los monjes, especialmente en el duro invierno pirenaico.

Antes de llegar a mi albergue, pude ver la estación de tren de Canfranc. Puede parecer raro que la estación de tren de un pueblo de menos de mil habitantes sea una gigantesca mole que, cuando se inauguró, fue la segunda más grande de Europa, pero tiene sentido, porque fue una estación internacional que fue inaugurada por el rey Alfonso XIII y el presidente de la República Francesa. Aunque desconfío de los listados tipo "los X… más bonitos", creo que ese precioso edificio es, si no la que más, una de las estaciones de tren más bonitas de España y, probablemente, de toda Europa.

Continué mi delicioso descenso hasta llegar al recién inaugurado albergue de peregrinos de Canfranc pueblo, dedicado al cura Elías Valiña, el padre de las flechas amarillas que seguimos los peregrinos.

−¡Bienvenida! Eres la tercera que llega hoy al albergue. O la cuarta, según se mire −me dijo amistosamente un hombre llamado Álvaro.

Entendí por qué aquel amable hospitalero me dijo que era la tercera o cuarta en llegar cuando, después de ducharme e instalarme, conocí a un trío formado por una simpática pareja y su perro Bruno, un juguete de raza salchicha.

−Tú debes ser Olga −me dijo una guapa mujer morena de pelo corto cuando salí de mi dormitorio y entré en las zonas comunes, mientras su perrete me saludaba con mucho cariño–. Los hospitaleros han sido un poco indiscretos.

–¡Bingo! Y vosotros Ara y Alejandro, ¿no? También han sido indiscretos conmigo.

Estar con ellos, el estupendo trato de los hospitaleros y haber encontrado los dos primeros hitos de la primera prueba me pareció un buen comienzo.

En el Camino de Santiago, las etapas de 20 km suelen considerarse breves, así que, lo que me esperaba hasta Jaca el día siguiente, era un corto paseo. Me había gustado mucho el paisaje del tramo entre Somport y Canfranc, aunque los pueblos me parecieron modernos y no me gustaron especialmente, salvo la gran estación de tren. Mis nuevos compañeros me explicaron que el motivo fue un incendio que arrasó Canfranc en 1924, salvándose solo la iglesia románica y poco más.

–Según una leyenda, llegó al pueblo una mujer y, como nadie quiso darle alojamiento, al pasar por este puente medieval que estamos cruzando, lanzó una maldición que fue la causa de dos incendios que acabaron con el pueblo, que hubo que reconstruir –me explicó Ara.

–Quizás esa mujer era una bruja. He leído que hay por aquí una cueva en la que se hacían aquelarres. ¿Sabéis algo?

–¡Por supuesto! –me respondió Alejandro–. La cueva de *Las Güixas*, que es preciosa, pero no creo que puedas verla hoy. La visitan miles de turistas cada año y hay que sacar entradas con bastante antelación.

–¿Y vamos a pasar por ella?

–Sí, está poco antes de entrar en Villanúa, el primer pueblo de la etapa. Ese pueblo tiene una parte antigua con casas blasonadas, así que espero que te guste más que los anteriores.

Unas horas después, llegamos a Castiello de Jaca, un pueblo encantador y silencioso con bonitas casas de piedra y pizarra, típica arquitectura de montaña. Acompañados por el alcalde, pudimos ver el interior de su iglesia románica, que guarda un bonito retablo y una arqueta de plata.

–En el siglo XIII llegó a este pueblo un peregrino valenciano agotado y fue recibido con mucha hospitalidad. En agradecimiento, donó al pueblo lo que llevaba, incluyendo las reliquias que hay en el arca. Por eso, se conoce a este pueblo como "el de las cien reliquias". La tradición ordena que esta arqueta la abra el alcalde el primer domingo de julio, así que espero que me disculpéis que no os la enseñe hoy y que volváis algún día para verlas.

Ya en Jaca, me despedí con tristeza de mis tres compañeros, que solo habían hecho una excursión de fin de semana y volvieron a Zaragoza, aunque me concertaron una cita a ciegas con una amiga suya que también era peregrina en las puertas de la catedral. Siendo pamplonica, supongo que te gustará saber que en

Jaca hay una ciudadela como la que tenemos en Pamplona y de la misma época. La de Jaca es algo más pequeña, pero está completa, mientras que a la nuestra le falta un *cachico*.

Antes del encuentro con la amiga de mis compañeros de etapa, me entretuve en la puerta con un hombre llamado Francisco que vendía colgantes de madera y, según me dijo, también era peregrino:

–¿Qué te parece? Todo esto lo tallo con madera de un árbol centenario que alguna mala bestia taló hace poco. Se me acusó de haberlo talado, pero fui absuelto, no por falta de pruebas, sino porque era evidente que soy inocente. Después, la juez me compró una talla y me dijo que no se me tendría que haber juzgado.

–Son piezas muy bonitas. Voy a comprar ese corazoncito para mi hijo.

–También tengo una cruz como la que llevas.

Tras decirme eso, me tendió su mano y me dijo la contraseña de la que te hablo en el video, dándome un trozo de pergamino. Poco después llegó la persona con la que tenía cita, que resultó ser una guapa mujer pelirroja llamada Montse y que, si algún día vas a Jaca, te pondré en contacto con ella, que es una guía excelente y me enseñó las joyas que tiene Jaca, como un precioso sarcófago románico muy decorado que está en un convento, su Torre del Reloj, algunas iglesias y, sobre todo, su catedral románica, en la que vi el famoso "ajedrezado jaqués". No puedo resistir la tentación de contarte una anécdota que me pareció divertida. Fuimos a una visita guiada del interior de su catedral, que tiene un espectacular museo de arte sacro, con grandes pinturas murales que fueron trasladadas de iglesias aragonesas de la "España vaciada". La joven guía nos enseñó tres bonitas arcas, una de ellas con los restos de san Indalecio, patrón de Almería, lo que llevó a uno de los asistentes a preguntar:

–¿Y qué piensan los almerienses de que su patrón esté enterrado aquí?

Sonriendo maliciosamente, una chica del grupo se encargó de responder:

–No hay ningún problema. El año pasado estuve en la catedral de Almería y también está enterrado allí, así que todos contentos.

El segundo enigma que tenía que descifrar eran tres palabras: huesos de santos. El Dr. Google no me sirvió de mucha ayuda, así que comencé a andar pensando que "el Camino proveerá", que la fuerza del destino me ayudaría y sin pensar que pudiera estar en peligro y siendo observada.

La caminata de aquel día por la canal de Berdún cerca del río Aragón fue agradable, aunque no tan maravillosa como la del día anterior. El único pueblo intermedio, Santa Cilia, es muy bonito y rústico y tiene una iglesia que es una joya por fuera y por dentro. La meta era el pequeño pueblo de Arrés, un lugar muy bonito con restos de un castillo y muchos gatitos. Su albergue está atendido por hospitaleros voluntarios que dedican parte de sus vacaciones a atender a los peregrinos. Allí nos juntamos nueve personas y, una hospitalera de Barcelona muy guapa y simpática que se llamaba Susanna, nos explicó el programa:

–A las ocho de la tarde tenemos cena comunitaria para confraternizar. Antes, veremos un atardecer precioso con una impresionante vista desde lo alto de la canal de Berdún y, después de la cena, entraremos a la iglesia para conocer su historia y sus tesoritos. Si alguien quiere, se puede pedir un taxi rural para ir a San Juan de la Peña, uno de los lugares románicos más bonitos de España. Si os juntáis varios, no saldrá caro.

Si tuviera que definir Arrés con una palabra, elegiría "mágico". Al día siguiente, partí acompañada de un grupito de peregrinos, lo que quizás me salvó la vida. Fue una etapa de casi 30 kilómetros y sin apenas sombras, entre terrenos agrarios y unas curiosas formaciones geológicas que se llaman *badlands*. Si alguna vez decides ir por ahí, te sugiero que visites dos pueblos intermedios de esta etapa que son muy bonitos: Mianos y Artieda. Artieda es muy bonito y tiene una traza medieval que parece una almendra. Mianos es más pequeño, pero tiene una iglesia que es una pocholada por dentro, con un artesonado de madera y un retablo que, sin ser muy grande, es precioso y lo enseñan algunos vecinos que tienen la llave. La parte final de la etapa me pareció encantadora, pasando por un bosque junto al embalse de Yesa, aunque me temo que esa parte se perderá por un monstruoso proyecto de ampliación del pantano.

Algunos de los que durmieron en Arrés se quedaron en el albergue de Artieda y otros seguimos hasta Ruesta, un pueblo fantasma que fue abandonado con la construcción del embalse y que lo ha hecho renacer un sindicato, que gestiona un albergue para peregrinos. Allí, uno de los gestores nos informó sobre el proyecto de ampliación de Yesa.

–Los embalses que inauguró Franco se proyectaron en la II República o antes, también el de Yesa. En la dictadura, el ingeniero que hizo el proyecto de embalse fue a hablar con las autoridades para decir que había descubierto que había riesgo de desprendimiento de tierras y que, en ese momento, no lo firmaría, pero el dictador no hizo caso porque le encantaba hacer inauguraciones. Efectivamente, sus temores se confirmaron y la ocurrencia de hacer una ampliación no creo que mejore la seguridad.

Al día siguiente salí sin tener ni idea de qué podían ser los huesos de santo del enigma que tenía que descifrar. Comencé la etapa subiendo una montañita muy boscosa y con unas preciosas vistas del embalse para ir al último pueblo de Aragón, Undués de Lerda, bonito, con casas blasonadas, pero nada que me recordase a huesos de santos. Ese día dormí ya en nuestra *Navarrica*, en Sangüesa. Como sabes, tengo mucha debilidad por Sangüesa, así que quise enseñar sus iglesias y palacios a mis compañeros que, al ver esa maravilla que es la iglesia de Santa María, se sorprendieron al enterarse de que tiene una de las mejores fachadas románicas de todo Europa y que acuden expertos en arte para verla y estudiarla. Aunque conozco bien el pueblo, les invité a una visita que organizaba la Oficina de Turismo y nuestra guía me dio una alegría:

–El centro histórico está declarado Conjunto Monumental y, como verán, tiene un rico patrimonio civil y religioso. El nombre de Sangüesa deriva del latín *Sanctorum Ossa*, que quiere decir "huesos de santo".

El siguiente día fue en el que decidí desaparecer. La hospitalera del albergue de peregrinos fue el contacto que me dio el siguiente enigma, que es el que tú tienes que resolver. Salí de Sangüesa admirando una vez más la impresionante iglesia de Santa María y, como siempre, con una sensación de cabreo al ver que no está en una calle peatonal por culpa del Gobierno de Navarra, que no se digna a hacer otro puente sobre el Aragón y evitar que el tráfico siga maltratando ese tesoro.

Ese día la etapa acababa en Monreal, otro pueblo que suele gustar mucho a los peregrinos y que con un puente muy emblemático del Camino de Santiago. Como sé que te gustan las teorías de las conspiraciones, voy a contarte algo que me dijo ese día un peregrino y militar jubilado que conocí en Arrés:

–El 19 de diciembre de 1973 se nos envió a un grupo a Barcelona para vigilar el Monumento a los Caídos porque, según nos dijo nuestro superior, al día siguiente iba a pasar algo gordo en Madrid. Fuimos a Barcelona y el día siguiente fue el asesinato de Carrero Blanco.

¿Me dijo la verdad o fue un cuento de abuelo para impresionarnos a los que estábamos con él? Creo que nunca lo sabré. La cuestión es que, unos minutos después de la cena, me vi tumbada en el suelo rodeada de compañeros del albergue y una peregrina enfermera me decía:

–Sigue mi dedo.

Al parecer, me había caído por las escaleras y, aunque podía mover las piernas con normalidad, me obligaron a esperar a que llegase una ambulancia. Cuando llegó, un médico me tomó la tensión, me dio un pinchazo en el dedo y me tomó una muestra de saliva. Estando en privado con él me dijo:

–Te has caído por las escaleras porque ibas drogada y, por el tipo de droga que es, no creo que te la hayas suministrado tú misma. Lo mejor que puedes hacer es ir a casa y, aunque no estás grave, te podemos llevar en ambulancia a Pamplona.

Aunque creo que no soy fea, dudo que me drogasen para violarme en un albergue con dormitorio compartido, así que llegué a la conclusión de que el motivo podía ser el robo del trozo de pergamino que llevaba, pues no llevaba ninguna pieza de valor y, de entre todos los que estábamos, precisamente tenía que ser a mí a quien drogasen. Comprobé con alivio que no me faltaba nada, así que decidí desaparecer y confiarte mi lugar. Siendo tú y Amaia policías y con la ayuda del doctor Esnaola, por quien pongo la mano en el fuego, creo que todo saldrá bien.

Un *musu* de tu *ama*,

3

De puente a puente

Al llegar al extremo de la cuesta, divisamos los tejados
rojos y las casas blancas de Burguete, desparramadas por
el llano.

Ernest Hemingway: *Fiesta*

Orreaga/Roncesvalles, 9 de julio de 2013

En la presentación de mi libro dije que el Camino
completo comienza en casa del peregrino y, como ya lo
había hecho en dos ocasiones, mi amigo Xabier Meijide
me llevó en su coche a la preciosa localidad vasco-
francesa de Saint Jean Pied de Port —o, en euskera,
Donibane Garazi— y, tras una ascensión por los Pirineos
en una espectacular etapa que, lo que tiene de dura, lo
tiene de bonita, me planté en Orreaga/Roncesvalles.
Además de mis ansias de conocer sitios nuevos y mi
costumbre de visitar al menos una vez al año un lugar en
el que no hubiese estado nunca, una editorial me había
sugerido escribir una serie de libros de arte sobre el
Camino de Santiago, algo así como un catálogo de las
iglesias, palacios y demás obras de arte al alcance de los
peregrinos. Debía comenzar por un libro del Camino
Francés y, en los años sucesivos, de otros Caminos, lo

cual era una excusa perfecta para recorrer andando algo más de 800 kilómetros hasta Santiago.

Como historiador me había especializado en el cristianismo primitivo y en el doble papel de la religión como elemento conflictivo y pacificador, pero las circunstancias de la vida me llevaron a interesarme por cuestiones jacobeas y, tras el éxito de mi libro sobre historia y leyendas del Camino de Santiago, una editorial me encargó la realización de libros divulgativos de arte. Aunque consideraba que no faltaban personas más cualificadas que yo para emprender esa tarea, acepté la petición porque a nadie amarga un dulce, me gustan los retos y, ¡qué cosas!, me veía también con el reto de descifrar claves ocultas.

Dicen que la historia la escriben los vencedores, aunque creo que es más exacto decir que cada uno la cuenta a su manera. Al menos, esto ocurre en Roncesvalles, en donde la retaguardia de la tropa de Carlomagno fue víctima el año 778 de una emboscada realizada por nativos vascones y, *La Chanson de Roland*, convirtió esta escaramuza en una épica batalla contra sarracenos en la que falleció heroicamente el legendario Roldán.

Al llegar a aquella pequeña aldea, no había recibido noticias de Pedro y Amaia. Mi primera impresión de ellos era que Pedro parecía ser una buena persona, aunque algo ingenuo, mientras que su mujer, que parecía ser todo corazón cuando estaba con su marido, conmigo se comportaba de modo arrogante y, además, daba la sensación de ser algo *pijita*, así que, cuando bajé del autobús, no lamenté que no me estuviesen esperando, aunque no pude evitar preguntarme qué harían.

Con mi libreta, mi bolígrafo y mi cámara, visité el claustro de su colegiata, desde el que accedí a la sala capitular, en donde se encuentra el sepulcro con la imagen yacente del rey navarro Sancho el Fuerte y, sin salir de aquel lugar, las cadenas que, según la tradición, rompió con su espada en la batalla de Las Navas de Tolosa (1212) y que forman parte del escudo de Navarra. Continué visitando su museo, en donde se encuentra un magnífico relicario de esmaltes del siglo XIV conocido como *Ajedrez de Carlomagno*, así como la gran esmeralda que también figura en el escudo navarro.

Siendo peregrino veterano, sabía muy bien que lo mejor del Camino son los caminantes, así que, como gesto de confraternización, acudí a la multilingüe misa de peregrinos que, bajo la atenta mirada de una bella imagen bañada en plata del siglo XIV de la Virgen de Roncesvalles, concluyó con una bendición en los idiomas de todos los presentes. Poco después, me encontraba cenando en el único albergue de Roncesvalles en compañía de cuatro simpáticas peregrinas, dos gaditanas y dos toledanas, llamadas Ana, Juana, Ángela y Amelia, cuando se acercaron a nuestra mesa Pedro y Amaia.

–Pensaba que os habíais quedado en Pamplona.

—¡Qué va! Hemos querido huir de los sanfermines —me respondió Pedro.

10 de julio de 2013

Salvo que se diese la combinación de etapa larga y mucho calor o se diese alguna circunstancia excepcional, no solía despertarme antes de las seis de la mañana y, aquel día, no fue una excepción. Aunque tengo mucho más miedo al calor que a los kilómetros, por una cuestión de principios me gusta pasear con la luz natural, disfrutar del amanecer y no molestar a los compañeros de habitación levantándome cuando todavía es de noche,

Para realizar el Camino, Pedro se había puesto un chaleco reflectante y había incorporado a su silla un complemento con una gran rueda que, al acoplarse a la silla, se transformaba en un triciclo que se manejaba con una manivela. Sin pretenderlo, se convirtió en el centro de atención de los peregrinos.

—Me lo recomendaron en el foro de una web que se llama bicigrino.com, con el que he podido contactar con gente que ha hecho el Camino en silla de ruedas y con ciclistas veteranos. Es ideal para terrenos como arena o césped y para subir cuestas. También hay cacharros de estos con baterías de litio para los que tienen poca fuerza en los brazos.

–Pues para hacer el Camino con eso hace falta un par de baterías –comentó un ciclista.

Antes de salir de Roncesvalles, eché un último vistazo a la capilla del Sancti Spiritus, también conocida como Silo de Carlomagno, que "tiene una bella cúpula en pirámide que lleva en lo alto una hermosa cruz", tal y como escribió Domenico Laffi, clérigo italiano que realizó el Camino desde Bolonia y publicó un diario de viaje en 1673.

Como en *El Mago de Oz*, había que seguir unas flechas amarillas pintadas por las asociaciones de amigos del Camino que hacían muy difícil perderse. Como es costumbre entre los peregrinos, nos saludábamos los unos a los otros diciendo "¡buen camino!", una de las primeras locuciones que aprendían los peregrinos que no sabían castellano. Siglos atrás, cuando la lengua franca era el latín, cuando se encontraban dos peregrinos uno pronunciaba en latín macarrónico la palabra *ultreia* que podría traducirse como "más allá" o "más lejos", a lo que el otro peregrino respondía con *et suseia*, que quiere decir "y más alto".

Abandonamos Roncesvalles siguiendo un agradable robledal durante algo menos de tres kilómetros para encontrarnos con el primer pueblo intermedio de la etapa, Situado, según Hemingway, en "el territorio más malditamente salvaje de los Pirineos". Auritz/Burguete es un precioso pueblo con tejados a cuatro aguas y varias casas blasonadas en las que el contraste entre el color blanco de sus fachadas y el rojo de sus tejados produce un bello efecto cromático.

–Supongo que vosotros conocíais de antes esta pocholada –dije a Pedro y Amaia.

–Sí. Los pueblos de esta etapa y la siguiente tienen mucho encanto, pero este es mi favorito. Los que han salido del albergue antes de amanecer no saben lo que se han perdido al verlo con luz artificial –me respondió Amaia–. ¿Tú lo conocías?

–No. Buscando información para el libro que tengo que escribir he visto que hace pocos años lo han declarado Bien de Interés Cultural.

–¿Qué es eso? –me preguntó Pedro.

–Es el mayor nivel de protección que da el Estado al patrimonio. Antes de 1985 se llamaba Monumento Nacional, pero ahora se llama Bien de Interés Cultural.

En ese momento, debido al estado del firme, Pedro se separó para continuar por la calzada, quedando en encontrarnos en los pueblos en los que se cruzaba la carretera con el Camino. De este modo, realicé la mayor parte de la etapa en compañía de Amaia y, afortunadamente, de otros peregrinos con los que nos encontrábamos. Al llegar a un pueblo llamado Bizkarreta comenté:

–En este pueblo, que Americ Picaud llama Vizcarre, acababa la primera etapa del *Codex Calixtinus* y empezaba la segunda, que iba hasta Pamplona.

–¿Cuántas etapas tenía el Camino entonces? –me preguntó Amaia.

–Picaud propone trece en el *Codex*, tanto por la variante de Navarra como por la de Aragón. Algunas de ellas son larguísimas y escribe que hay que hacerlas a caballo, pero cada peregrino haría el Camino según sus fuerzas y sus medios económicos y, de hecho, había hospitales para peregrinos en puntos que no eran final de etapa.

–¡Claro! Enfermarían muchos de ellos.

–Cierto. De todas formas, cuando leamos o escuchemos hablar de hospitales medievales, no hay que pensar en edificios para enfermos, sino en casas de caridad para la acogida de pobres o peregrinos. De ahí viene la palabra hospitalidad y, con el tiempo, se ha quedado reducido a casas de enfermos.

Hacia las doce del mediodía, después de haber atravesado bosques, verdes praderas y encantadores pueblos pirenaicos en los que reponer fuerzas, llegamos a Zubiri, en donde se detienen la mayor parte de los peregrinos que empiezan la etapa en Roncesvalles. Habíamos recorrido algo más de 20 kilómetros en una etapa muy bonita en la que, aunque se descienden unos 400 metros de altura sobre el nivel del mar, también se suben unos puertos que, pese a no ser muy exigentes, hacen que resulte una etapa algo dura.

Entramos al pueblo por un bonito puente medieval de dos grandes ojos sobre el río Arga, al que vemos por primera vez. Situados en un lugar en el que podía disfrutarse de una buena vista, no pude resistir la tentación de comentar al grupito que me acompañaba una de sus leyendas.

–Se le llama Puente de la Rabia porque se creía que, si los animales daban tres vueltas al pilar central, se curaban de la enfermedad.

Amaia y yo vimos que Pedro había llegado antes que nosotros, pese a haber tenido que realizar algunos kilómetros de propina siguiendo la carretera. Ellos iban a quedarse en ese bonito pueblo, mientras que yo, al sentirme con fuerzas, decidí andar algo más, así que, tras el oportuno descanso, me despedí y, tras rodear una fábrica de magnesita que agrede la vista, el oído y el olfato de los peregrinos, seguí por un agradable sendero hasta llegar a Larrasoaña, un precioso pueblo con notables casas blasonadas del que Domenico Laffi dijo que era "un lugar bello, rico y poblado", al que se accede cruzando el puente medieval conocido como "de los Bandidos", por los ataques de los que eran víctimas los peregrinos.

La ubicación de Larrasoaña a orillas del Arga era ideal para combatir el calor dándose un chapuzón en el río. Precisamente estaba haciéndolo cuando sonó mi teléfono. Llegué a tiempo para coger el teléfono y ver que se trataba de Pedro.

–¡Hola! Queríamos contarte algo que antes no hemos podido porque siempre había alguien delante. Es para decirte por qué hemos empezado hoy el Camino sabiendo que el contacto no está en esta etapa.

–¿No es porque querías huir de los sanfermines?

–En parte sí. No te he engañado. Siempre he disfrutado de ellas, pero esta vez es distinto.

–Te escucho. ¿Ha habido alguna novedad?

–Sí. Hace pocos días un tal Felipe llamó a casa por teléfono preguntando por mi madre diciendo que ella le había dado mi número. Naturalmente, le conté que estaba fuera. Me hizo varias preguntas para intentar sonsacarme dónde podía estar y, al final, me pidió concertar una cita porque, según él, tenía un negocio con mi madre.

–¿Y quedaste con él?

–Sí, pero le he dado plantón. Sospeché que podía ser uno de los adversarios sobre los que advierte mi madre en el vídeo y, después de esa conversación, hablé con ella y me dijo que no tenía ningún negocio con nadie y que no conocía a ningún Felipe.

11 de julio de 2013

Para los que les gusta pensar que el Camino de Santiago tiene relación con el juego de la oca, el tramo entre Zubiri y Pamplona es perfecto para las casillas de los puentes. En la etapa del día anterior había atravesado el de la Rabia y el de los Bandidos, que volví a cruzar al salir de Larrasoaña para seguir las flechas amarillas por un agradable bosque a la vera del Arga.

La corriente me llevó durante algo más de cinco kilómetros hasta la aldea de Ezkirotz, en donde se cruza el Arga por el puente de Irotz o Iturgaiz, una obra románica del siglo XII formada por un gran arco central y dos arcos laterales mucho más pequeños.

Continué andando sin apenas detenerme en las aldeas que atravesaba que, aunque no carecían de encanto, a aquellas tempranas horas tenían sus iglesias cerradas y no se veía mucha vida. Había andado algo más de cuatro kilómetros desde el puente de Iturgaiz cuando llegué a Trinidad de Arre, pueblo de algo más de 600 habitantes en donde se juntan el Camino Francés y el Camino del Baztán y que aporta la encantadora imagen de un puente medieval de seis arcos y un antiguo convento-hospital, formando el binomio puente-hospital tan habitual en la Edad Media.

De puente a puente y tiro porque me lleva la corriente. Atravesando las localidades de Villava y Burlada, llegué al también medieval puente de la Magdalena, declarado Bien de Interés Cultural y por el que, cruzando por última vez el Arga, se accede a la muralla de Pamplona del siglo XVI y a su casco histórico sin necesidad de tener que atravesar arrabales o polígonos industriales.

La buena impresión que suele producir en los peregrinos la entrada a la capital navarra es la misma que produjo a Domenico Laffi en el siglo XVII cuando escribió que "es esta una ciudad verdaderamente fortificada y adornada de hermosos palacios y edificios soberbios, con bellas plazas y grandes y hermosos conventos de toda suerte de religiosos".

Las múltiples pancartas que inundaban las calles, el olor a vino y la intensa suciedad eran la huella de unas fiestas famosas en el mundo entero. Tras el encierro, la mayor parte de la ciudad duerme, mientras unos pocos trabajan para mantenerla limpia. Había quedado con Pedro y Amaia en el ayuntamiento pero, como les llevaba una hora de adelanto, aproveché para entrar a visitar la iglesia de San Cernin y la catedral, un gran edificio gótico con fachada neoclásica de Ventura Rodríguez y que, entre otros tesoros, cuenta con uno de los mejores claustros góticos de Europa.

–¿Hoy vais a dormir en vuestra casa?

–Sí, por supuesto. Afortunadamente, vivimos en el sur, como sabes –me respondió Pedro.

–Yo voy a dormir en uno de los dos albergues de Cizur Menor. Aunque me gusta mucho vuestra ciudad, prefiero algo de tranquilidad. Si no queréis dormir allí, os sugiero que me acompañéis y que mañana cojáis un taxi o autobús que os deje en Cizur.

Aceptaron mi ofrecimiento y abandonamos la ciudad, permitiéndonos la licencia de desviarnos ligeramente de las flechas amarillas para poder recorrer y disfrutar con tranquilidad de la Ciudadela, un edificio pentagonal de carácter militar del siglo XVI que, en la actualidad, acoge eventos culturales y está rodeado del parque más grande de la ciudad. Estando entre Pamplona y Cizur Menor, Pedro me preguntó:

–¿Qué piensas de las sociedades secretas?

–Es algo que ha existido siempre. Pueden ser religiosas, políticas, criminales… No hay duda de que siguen existiendo y seguirán existiendo.

–¿Y de la Fraternidad? ¿Has oído hablar alguna vez?

–No, nunca. Las sociedades secretas son secretas. Si alguien de fuera sabe quiénes son sus miembros, sus símbolos, sus objetivos, etc. eso es que la sociedad secreta es poco secreta. ¿No te parece? Sobre vuestra historia, ya os dije que soy escéptico, pero puede que deje de serlo mañana. Como os dije hace unos días, no hay ninguna duda que el primer enigma se refiere a un pueblo por el que vamos a pasar mañana.

4

Una pata de oca

Cárceles y caminos, hacen amigos

Refranero popular

12 de julio de 2013

El Camino de Santiago Inglés, utilizado desde época medieval por los peregrinos británicos e irlandeses, comunica la ilustrada ciudad de Ferrol con Santiago y suele realizarse en cinco o seis etapas. Se trata de una ruta con abundantes encantos paisajísticos y que, para los amantes del patrimonio, tiene como platos fuertes las localidades de Pontedeume y Betanzos, que conservan dos de los mejores centros históricos gallegos, además de la belleza que aportan sus rías.

Uno de los muchos lugares visitables de Pontedeume es la iglesia de Santiago, un templo de gran altura iniciado en el siglo XVI. Allí entró un hombre con gorra, gafas de sol y una ligera mochila. Sin embargo, no se detuvo a admirar las magníficas pinturas de su retablo mayor renacentista, ni su excelente bóveda. Evidentemente, no había acudido por tener interés en el arte, pero tampoco para rezar. Miró rápidamente estas joyas del interior como si buscase algo concreto que por fin halló: una estatua policromada del apóstol Santiago

51

del siglo XIV. Sonriendo burlonamente, miró a su alrededor y esperó con paciencia hasta cerciorarse de que nadie lo veía y, en ese momento, abrió su mochila y sacó de ella un espray.

* * *

Cizur Menor cuenta con un interesante pasado jacobeo, pues fue sede de un monasterio de la Orden de San Juan de Jerusalén que incluía un hospital para peregrinos. En la actualidad solo se conserva la iglesia románica de aquel complejo, que es utilizada como albergue por la Soberana Orden de Malta. Ya en época contemporánea, esta localidad también figura en la historia del Camino por poseer uno de los dos primeros albergues privados de la ruta.

Habíamos andado unos pocos kilómetros cuando Amaia y yo nos volvimos para mirar en dirección a Pamplona y contemplar un bonito amanecer. Aquel día era muy importante para todos, pero muy especialmente para ellos. El dibujo que, pocos días atrás, logré descifrar, era el sello de la Junta de Infanzones de Obanos, por donde íbamos a pasar en aquella etapa.

Aquella Junta consistía en una asamblea de hidalgos, caballeros, clérigos y labradores de los siglos XIII y XIV que defendía los usos y costumbres de Navarra frente a los abusos de los reyes. Su lema, que en el dibujo que me dieron apenas se veía, era: *Pro libertate patria gens libera state,* que puede traducirse como: "En pro de la libertad de la Patria, sea la gente libre". Las doce manos dibujadas sobre un libro simbolizaban un juramento. En algunos momentos la Junta estaba reconocida y en otros actuaba en la clandestinidad. Aunque formaban parte de ella gente de toda Navarra, solían reunirse en Obanos por ser un lugar muy céntrico.

Unas dos horas después de nuestra salida, con el perturbador ruido del parque eólico del Alto del Perdón, Amaia y yo nos encontramos con Pedro, que había tenido que separarse e ir por una carretera, mientras que nosotros íbamos por el Camino por un agradable paisaje. Allí paramos para descansar, beber y comer algo de fruta y frutos secos que traíamos con nosotros, además de disfrutar de la magnífica vista panorámica que se ve desde su cima.

Tal vez como compensación por el agravio cometido, la empresa energética, junto a la Asociación de Amigos del Camino en Navarra, decidió encargar en 1996 a un escultor llamado Vicente Galbete la realización de unas esculturas en chapa representando una caravana de peregrinos de distintas épocas, junto a la cual todos los peregrinos realizamos el ritual de sacarse una foto y en la que, un texto dice: "Donde se cruza el camino del viento con el de las estrellas".

–¿Cómo os ha ido a vosotros la subida? –preguntó Pedro.

–Bien –respondió Amaia–. La subida es más bien fácil. Me ha impresionado ver una cruz de un peregrino muerto.

–Verás muchas. En mi primer Camino me impresionó ver un monumento a un peregrino que murió la víspera de su llegada a Santiago –le dije.

En nuestro avituallamiento, nos acompañaron cuatro jóvenes enfermeras catalanas. Hablando de una fuente que había poco antes de llegar a la cima, les informé de una leyenda de la que hablaba en mi libro:

–Se llama fuente de Reniega. Hay una leyenda que dice que un peregrino llegó aquí totalmente exhausto. Entonces, se le apareció el diablo disfrazado de caminante y se ofreció a decirle dónde había una fuente oculta, con la condición de que renunciase a Dios. El peregrino se negó y el diablo se fue. Entonces, se le apareció Santiago vestido de peregrino, lo llevó a la fuente que hemos visto y le dio de beber agua con su vieira.

–Me gusta conocer las leyendas de los sitios que visito –dijo una de ellas–. ¿Y sabes por qué se llama esta colina Alto del Perdón?

–Creo que sí –respondí–. El nombre tradicional en euskera era Reniega o Erreniega. Lo que ocurre es que se construyó una ermita dedicada a la Virgen del Perdón, en donde los peregrinos podían obtener el jubileo si no llegaban a Santiago. Por eso empezó a llamarse a estos montes "Sierra del Perdón". La ermita ya no está aquí porque la saquearon los soldados franceses en la Guerra de la Independencia y, después, fue abandonada y desapareció. La imagen de la Virgen que había está ahora en una iglesia cercana.

Después de aquella pausa, bajamos lentamente por una pedregosa cuesta, mientras que Pedro fue como una exhalación por la carretera para encontrarse con nosotros más adelante. Los siguientes pueblos, Uterga y Muruzabal, tenían cierto encanto por sus casas nobles e iglesias románicas. Al llegar al segundo de ellos, mientras contemplábamos su hermoso palacio barroco, informé a mis acompañantes:

–Por solo dos kilómetros de propina, podéis ver Eunate, una bonita y enigmática iglesia románica que está en el Camino Aragonés. Es de las pocas iglesias europeas con planta octogonal.

–Y que fue hecha por los templarios –añadió Pedro.

–No estés tan seguro. Últimamente se piensa que es de los Hospitalarios de San Juan.

–¡No me digas eso, que me apasiona la historia de los Templarios!

Ante la disyuntiva, nos dividimos. Las chicas catalanas fueron a Eunate mientras que Amaia y Pedro prefirieron continuar conmigo.

–Nosotros nos casamos en Eunate, pero hemos preferido no desviarnos para que busquemos con más tiempo el siguiente enigma –dijo Amaia.

–No, no debemos buscarlo.

Ambos me miraron sorprendidos y Pedro me preguntó:

–¿Qué quieres decir? ¿No nos vas a ayudar?

–Recuerda que se supone que formas parte de una sociedad secreta y que no conoces a tus compañeros. Solo el gran maestre os conoce a todos. Debes buscarla tú solo. Si encontráis algo, que lo dudo, os ayudaré.

En contra de lo que la mayoría de la gente cree, los caminos aragonés y navarro no se juntan en Puente la Reina, sino en Obanos, un bonito pueblo de poco más de 900 habitantes que me sorprendió muy gratamente por la belleza de su arquitectura civil, con un hermoso arco ojival almenado y grandes casonas de mampostería, varias de ellas blasonadas.

Su iglesia parroquial, dedicada a san Juan Bautista, es un templo neogótico construido en 1912, como consecuencia del estado de ruina de la iglesia gótica que le precedía, de la que pudo salvarse el retablo, la pila bautismal, las esculturas, la portada y la torre. Al escucharme comentar la grata sorpresa que me había producido Obanos, la mujer que nos selló la credencial en el interior de la iglesia nos interrumpió cortésmente y nos dijo:

–Si os gusta nuestro pueblo, os recomiendo que vengáis el año que viene para ver el Misterio de Obanos.

–¿Qué es eso del Misterio de Obanos? –preguntó un peregrino que entró a la vez que nosotros.

–Es una representación teatral al aire libre que se hace los años pares durante 8 días, de sábado a sábado, en la semana del día de Santiago. Participan unas 400 personas entre actores, jinetes, músicos, dantzaris… Está declarada de Interés Turístico Nacional y tiene de todo: trajes de época, juegos malabares, efectos de sonido, fuegos artificiales... Se lo debemos a Santos Beguiristain, un cura que puso por escrito una tradición oral. En 2015 la fiesta cumplirá 50 años.

–Parece interesante. ¿Qué historia se representa?

–La leyenda de San Guillén y Santa Felicia. Felicia era una princesa de Aquitania que peregrinó a Santiago y decidió renunciar a su vida palaciega para vivir como una sirvienta en un pueblo de Navarra. Su hermano Guillén fue a buscarla y, cuando la encontró, quiso llevársela a la corte, pero ella se negó. Entonces, la apuñaló hasta matarla y, luego, arrepentido, también viajó a Compostela y, a su vuelta, vivió como un ermitaño en una ermita que veréis dentro de poco a vuestra izquierda, meditando y ayudando a los peregrinos. La tradición dice que también murió mártir.

Como Pedro y Amaia habían decidido quedarse a dormir en Obanos, me despedí de ellos y recorrí en menos de media hora los 2,4 kilómetros que faltaban hasta Puente la Reina. Unas horas después recibí en el móvil un mensaje de Pedro en el que decía que quería verme. Mi respuesta fue breve:

–Yo también quiero verte. ¿Puedes venir a Puente la Reina?

Unos minutos después, Amaia y Pedro se bajaron de un coche y se dirigieron hacia la puerta de la iglesia del Crucifijo, en donde había quedado con ellos. En este momento, debo salir por un instante de la narración para que sean ellos los que cuenten lo que les ocurrió.

* * *

Como la tarde era larga, Amaia y yo decidimos contratar los servicios de un taxi rural para visitar la iglesia de Santa María de Eunate, situada a unos 2,5 kilómetros de Obanos en medio de la nada. Dicen que los que se casan en Eunate no se divorcian nunca y, en nuestro caso, parece ser cierto, pues superamos la dura prueba que supuso mi grave accidente y mi posterior duelo, del que no estaba repuesto en aquel momento. Llegamos justo a la hora de apertura y tuvimos la suerte de que la persona que nos abrió la puerta, una joven de poco más de veinte años llamada María, se ofreció a darnos gratuitamente una explicación al grupito que se había formado.

–El nombre de Eunate, que quiere decir "cien puertas" en euskera, es relativamente moderno. Su nombre original era Onate, que se traduce como "buena puerta". En los archivos del arzobispado no hay ningún documento sobre la fundación de esta iglesia, por lo que no estamos seguros de su origen. Hay elementos templarios, pero otros que no lo son. Hoy se cree que era de los Hospitalarios de San Juan. La planta octogonal imita la basílica del Santo Sepulcro de Jerusalén, por lo que no tiene nada de misteriosa. Lo que sí es un misterio es esta galería de arcos de medio punto que la rodea, que no sabemos por qué se hizo.

La visita comenzó en la portada de la iglesia, donde María nos pidió que sacásemos una foto a un capitel en el que se veía un hombre con una larga barba enroscada.

–Ahora, girad la foto. ¿No parece un macho cabrío? Los esoteristas dicen que lo hicieron los templarios para ocultar al diablo, pero en el siglo XII, que es cuando se construyó esta iglesia, no se representaba así a Satanás. Esa imagen, como la del famoso *Akelarre* de Goya, es muy posterior.

En el interior, nos enseñó la imagen de la Virgen titular y nos dijo:

–Esta no es la imagen original. Hace unos siglos tenía una talla muy grande y bonita, pero un obispo tuvo a bien llevársela alegando razones de seguridad y dejó en su lugar una imagen más pequeña, que fue robada en 1973 por *Erik el Belga*, un famoso ladrón de arte que se arrepintió y ahora asesora a la policía. Como no se pudo encontrar, se encargó a un escultor que hiciese una réplica de la primitiva basándose en dibujos y descripciones que había.

–Y supongo que no se ha encontrado la primitiva –comentó una turista de nuestro grupo.

–No. Nos tememos que el obispo que se la llevó la vendió. No es raro teniendo en cuenta que, en los años 70, un obispo de Calahorra vendió toneladas de arte sacro a *Erik el Belga*, que dijo que era más barato comprarlo que robarlo. De todas formas, aunque se encontrase, sería difícil recuperarla, porque el Arzobispado aporta a esta iglesia cero euros y, el Gobierno de Navarra, aunque vende mucho esta iglesia, también aporta cero euros. Todos los gastos son cubiertos por el Ayuntamiento de Muruzabal, que tiene poco más de cien habitantes y, si alguna vez hay problemas económicos, se hace una colecta popular.

–Y, pese a todo, no cobráis ni por la entrada ni por la visita guiada –comentó otra del grupo.

–No. Eunate es para dar, no para recibir, aunque, si alguien quiere aportar algo, ahí tenemos una hucha.

La guía siguió explicando que se habían encontrado restos humanos y vieiras, por lo que era posible que fuese un hospital o un edificio funerario para peregrinos. También podía ser un faro para orientar a los caminantes, pues en la parte de arriba se encendía fuego. Abriendo una pequeña puerta, la guía dijo:

–Por aquí hay una escalera de caracol que permite subir al tejado. Empezad a subir, los que podáis. Enseguida estoy con vosotros.

Tras escuchar alejarse los pasos de los visitantes que subían por la escalera, María, mirando fijamente el crucifijo que llevaba, me hizo ver que llevaba colgado uno igual y extendió hacia mí su mano derecha. Cuando nos las estrechamos, sin soltarme la mano, puso su mano izquierda en mi hombro derecho diciéndome:

–*Ultreia.*

–*Et suseia. Deus adjuva nos* –respondí agarrándole el brazo con la mano izquierda.

–Tengo algo para ti.

Mientras ocurría esto, me dio la sensación de que alguien estaba observándome, aunque no pude comprobar si mi percepción era real o si se trataba de una falsa alarma.

* * *

De común acuerdo con Pedro y Amaia, retomo la narración para contar lo que ocurrió en Puente la Reina, en donde nos encontramos después de que hubiesen estado en Eunate.

–¿Te dio el segundo enigma? –pregunté a Pedro.

–Sí, te envío una foto por WhatsApp –dijo sacando su teléfono.

–Lo miraré luego. Ahora tengo que enseñaros algo. Por eso quería que vinieseis.

Les invité a pasar al interior de la iglesia del Crucifijo, un templo románico con una hermosa portada ricamente decorada. En su interior había dos naves, una románica y otra gótica. Una vez dentro, les enseñé una Virgen que también fue robada por *Erik el Belga*, aunque en esta ocasión la devolvió. Pero no era eso lo que quería mostrarles, así que les dirigí hacia el Cristo crucificado que daba nombre a la iglesia diciéndoles:

—Imagino que no será la primera vez que entráis aquí, pero tal vez ahora veáis este crucifijo de forma distinta.

La imagen, una talla gótica del siglo XIII que, por su gran tamaño, bien podría pertenecer a una catedral y no a una capilla como esa, por lo que se ha especulado que fue donada en agradecimiento por algo. Aquel crucifijo era sobrecogedor. Estaba claro que el objetivo del artista que la esculpió era conmover al espectador a través de varios detalles escabrosos como la torsión del cuerpo, los brazos anormalmente estirados o el pie desgarrado por el clavo. Pero no era eso lo que yo esperaba que llamase su atención. Jesús estaba sobre una cruz sin pulir que parecía un árbol. Pedro no tardó en darse cuenta de lo que quería que viese:

—¡Dios santo! ¡La cruz tiene forma de Y griega, como mi colgante!

—¡Así es! Algunos relacionan la forma de la cruz con una pata de oca.

—Una pata de oca —repitió Pedro en voz baja—. He visto sitios de internet que relacionan a los templarios con el juego de la oca.

Permanecimos unos minutos en la iglesia para asistir a una breve ceremonia para peregrinos en la que cada presente debía lavar y sacar los pies a la persona sentada a su lado. Tras las buenas vibraciones que nos dejó el lavatorio, volvimos a despedirnos hasta el día siguiente y yo aproveché para realizar una visita cultural que incluyó la iglesia de Santiago, que cuenta con una admirable portada románica repleta de esculturas y una esbelta torre que parece tocar el cielo, además de una sugerente estatua de Santiago peregrino en su interior.

Tras cenar en un restaurante de esa calle, me dirigí al albergue. En la habitación escuché a un peregrino de unos 35 años y de constitución fuerte hablar por teléfono con acento andaluz. Cuando acabó su conversación, nos cruzamos y me preguntó:

–*Where are you from?*

–De Vitoria –le respondí sonriendo.

–¡Hombre! Pues ten mucho cuidado, porque yo soy de Jaén y el Alavés ha subido a Segunda División ganando al Jaén. –Después de la broma, me extendió su mano diciendo–: Me llamo Juanra. ¿Te bajas conmigo a la sala de reuniones? Estoy de cháchara con cuatro enfermeras catalanas.

Acepté gustosamente su ofrecimiento y, unos minutos después, tras meterme en mi saco de dormir, saqué mi teléfono para ver lo que me había enviado Pedro. Había dibujado una mitra y un báculo, junto con esta frase: *Ego sum alpha et omega, primus novissimus Dominus.*

5

Alfa y Omega

Después Estella, fértil en buen pan y excelente vino, así
como en carne y pescado, y abastecida de todo tipo de
bienes

Aimeric Picaud

Codex Calixtinus

13 de julio de 2013

Al día siguiente, había quedado con Pedro y Amaia en encontrarme en la cafetería de la calle Mayor en la que tomé mi desayuno. Tras recorrer esta deliciosa calle jalonada de iglesias y casas señoriales, salimos en dirección a Estella, final de la tercera etapa del *Codex Calixtinus* por el admirable puente románico de seis arcos que da nombre a la localidad, fundada en el siglo XI sobre el antiguo asentamiento vascón de Gares, topónimo cooficial en euskera de esta hermosa villa que, además de su rico patrimonio, ha aportado a la humanidad al compositor Emilio Arrieta, famoso por su ópera *Marina*.

Intenté trasladarme mentalmente al siglo XI, cuando la reina Doña Mayor de Navarra dio la orden de construir ese precioso puente para salvar las aguas del caudaloso río Arga que, junto al Ega y Aragón, hacen al Ebro varón, según reza un dicho popular. En aquel momento, el puente contaba con tres torretas, dos en los extremos y una en el centro. En la actualidad, solo sobrevive una de ellas.

La historia de este puente está vinculada a la leyenda de la Virgen del Puy o Virgen del *Txori*, palabra que en euskera significa pájaro. Hasta 1843, el puente contaba con una torre central con una hornacina en la que se hallaba una estatua de la Virgen. Según la leyenda, un pajarito cogía a diario agua del río en sus alas y lavaba el rostro de la estatua. Tras demolerse la torre del puente, la estatua en cuestión fue trasladada a la iglesia de San Pedro.

—¿Viste la Virgen del *Txori*? —me preguntó Amaia después de leer un cartel explicativo del puente.

—Sí, está aquí al lado. Me pareció una iglesia interesante.

Tras cruzar el puente, Pedro quiso echarme en cara mi escepticismo de los días anteriores y me preguntó:

—Y bien, hombre de poca fe. ¿Qué te ha parecido el nuevo enigma?

—El báculo y la mitra parecen sugerir que debemos buscar en algún lugar que esté relacionado con algún obispo —le respondí—. La frase en latín es una famosa cita del Apocalipsis: "Yo soy el alfa y el omega, el primero y el último". No sé qué relación tiene con lo que tenemos que buscar, pero podría estar en algún lugar románico. Por esa época se creía que el fin del mundo era inminente por una mala interpretación del Apocalipsis.

–Si no me equivoco, eres experto en historia del cristianismo primitivo, ¿no? –me preguntó Pedro.

–Sí, es un tema que he investigado, aunque nunca me canso de repetir que lo que soy se lo debo a mis maestros, que saben más que yo.

–¿Y qué piensas del Apocalipsis, de su famosa bestia, de la gran ramera y del 666?

–Pienso que el Apocalipsis es uno de los libros de la Biblia más maltratados y sobre el que se dicen muchas tonterías. Hay mentirosos que han escrito libros y páginas web de esoterismo barato diciendo que la bestia es el Vaticano, Barack Obama, la Unión Europea... ¡incluso hay algún loco que ha identificado el 666 con las tres www de Internet! La realidad es mucho más sencilla.

–¿Nos lo puedes decir?

–¡Con mucho gusto, Pedro! Ya sabéis que es un libro simbólico. El autor dice de sí mismo que se llama Juan, aunque no dice que fuese de los Doce apóstoles. También dice que está exiliado en la isla de Patmos por ser cristiano y que quiere transmitir a sus lectores, a los que llama "compañeros de la tribulación", unas visiones que ha recibido. ¿Creéis que a esos lectores preocupados por la represión de Roma les interesaba saber lo que iba a ocurrir muchos siglos después?

—No parece muy lógico —respondió Amaia.

—¡Claro que no! Escribió un libro de símbolos que debían descifrar sus lectores y, para entenderlo en el siglo XXI, hay que ponerse en el lugar de los cristianos del siglo I que leyeron por primera vez el Apocalipsis. No puede leerse un libro escrito hace dos mil años con nuestra mentalidad actual. En él se dice que la ramera y la bestia están asentadas sobre siete colinas. ¿Qué ciudad es conocida como la de las siete colinas?

—Muy fácil, Roma —dijo Pedro.

—¡Exacto! La bestia y la ramera son el Imperio romano perseguidor de cristianos.

—¿Y el 666? —me preguntó Pedro—. Si no me equivoco, se dice que el número de la bestia es el 666 y que es el nombre de un hombre.

—Intentaré explicarme. Los números que tenemos ahora son árabes, excepto el cero, que es indio. Antes de eso, las letras eran también números. Todo el mundo sabe que, en el alfabeto latino, la I es uno, la V es cinco, la X es diez, etc. Pues con el alfabeto hebreo y el griego ocurría lo mismo, que las letras eran también números. El autor del Apocalipsis reta a sus lectores a que averigüen un nombre cuyas letras-números suman 666.

—¿Y se sabe qué nombre suma 666? —siguió preguntando Pedro.

–Sí, Nerón César, el perseguidor de cristianos. Los que usan el Apocalipsis para meter miedo a la gente, o mienten o no tienen ni idea.

Cuando llevábamos poco más de una hora andando, alcanzamos Mañeru, el primero de los cuatro pueblos intermedios de la etapa. Allí contemplamos su iglesia barroca y sus palacios de los siglos XVII y XVIII, buena muestra de su pujante pasado. Poco más tarde, hacia las 8:30, nos encontrábamos en Cirauqui, al que accedimos atravesando un arco medieval. Sus calles estrechas con casas blasonadas, su bonito ayuntamiento barroco, su iglesia gótica de San Román, que cuenta con una preciosa portada gótica y, sobre todo, el silencio de sus calles, roto únicamente por el canto de los pajaritos, hicieron que tuviésemos la agradable sensación de retroceder en el tiempo.

Saliendo de Cirauqui, íbamos a adelantar a un trío de peregrinos cuando uno de ellos exclamó:

–¡Hombre, el de Vitoria!

–¡Juanra! ¡Me alegro de verte! Pero, ¿no eras del Jaén? –pregunté al ver que vestía una camiseta con un escudo del Barcelona.

Tras saludarnos, hicimos las oportunas presentaciones. Juanra iba acompañado de un hombre de unos 45 años y de una guapa chica de 30 años, aspecto oriental, morena y de pelo largo.

–Este es Maxi, de Elche. Y ella es Seon Mi, de Seúl, pero le llamamos Rocío –dijo Juanra mientras ella sonreía.

–Tiene mucho mérito hacer el Camino así –dijo Maxi a Pedro.

–También tiene mérito hacerlo con esos mochilones.

–Tienes algo de razón –respondió Juanra– Maxi y yo hemos pagado la novatada y hemos salido con demasiados kilos. Yo estoy regalando parte de mi ropa en los albergues. En Logroño empaquetaremos algunos kilos y los enviaremos por correo a casa.

–Habéis cometido un error muy típico. No es bueno que el equipaje pese más de seis kilos. En un foro me enseñaron que está prohibido el "por si acaso", salvo el botiquín –comenté.

Después de separarse Pedro del resto, los cinco restantes, alternando el castellano con el inglés, conversamos alegremente hasta llegar a Lorca. Al llegar al puente medieval sobre el río Salado, situado poco antes de llegar al pueblo, dije guiñando un ojo:

–El *Codex Calixtinus* dice que las aguas de este río son venenosas y que los lugareños se aprovechan de ello para robar a los peregrinos. Tendremos que andar con cuidado.

–Pues con este calor yo me arriesgaría a bañarme en estas aguas envenenadas –respondió Seon.

De allí, tras tomar un pincho, fuimos a Villatuerta, el último pueblo intermedio. Su principal atractivo es un puente medieval y su esbelta iglesia de la Asunción, en donde nos estaba esperando Pedro, que parecía estar algo nervioso.

A diferencia de las iglesias de los pueblos anteriores, ésta la encontramos abierta y pudimos visitar su interior, que cuenta con hermosas bóvedas e interesantes obras de arte, que se encargó de explicárnoslo una amable mujer de pelo cano.

–Si os fijáis, en las naves laterales hay pinturas murales muy bien conservadas. Se descubrieron por casualidad en una restauración que se hizo en 1986.

Al salir, Maxi, mirando una estatua en la que aparecía un hombre con barba y vestidura religiosa, preguntó:

–¿De quién es esa estatua?

–De san Veremundo. Fue abad del monasterio de Irache y es el patrono del Camino de Santiago en Navarra porque ayudaba mucho a los peregrinos. Antes de ser abad, les llevaba comida a escondidas. Su día es el 8 de marzo. Hay un refrán que dice: "Mientras el mundo sea mundo, el 8 de marzo, san Veremundo".

–Un refrán muy *naburro* –dijo Amaia sonriendo.

–¿Nació aquí? –preguntó Juanra.

–Nosotros decimos que sí, pero los del pueblo de Arellano dicen que nació allí. Hace mucho los dos pueblos acordaron que sus reliquias estén cinco años en Arellano y cinco en Villatuerta.

Discretamente, Pedro me agarró del brazo y me señaló su estatua. Enseguida capté por qué parecía nervioso. ¡El santo llevaba báculo y mitra!

–Si el contacto está aquí, no está ni en la iglesia ni en el albergue –me dijo Pedro.

Mientras mis compañeros de viaje empezaban a andar, me quedé algo rezagado para hacer algunas preguntas sobre San Veremundo a esa amable mujer, que parecía disfrutar cuando entraban peregrinos a visitar la iglesia. Tras despedirme y darle las gracias, envié un mensaje a Pedro con una recomendación para esa misma tarde.

El río Ega y la iglesia del Santo Sepulcro son la cordial bienvenida que dispensa al peregrino la histórica y monumental Estella, "la Toledo del norte", fundada en el siglo XI junto al pequeño burgo de Lizarra. Al escribir sobre ella, Americ Picaud la trata de modo muy diferente al resto de Navarra y, tras sus duras palabras sobre los "impíos navarros", elogia tanto la ciudad como el Ega, "de agua dulce, sana y extraordinaria".

Aunque tenía ganas de llegar al albergue, me paré para admirar la fachada principal de aquel templo, mezcla de románico y gótico, que cuenta con una portada con doce arquivoltas y un tímpano ricamente esculpido, aunque lo que más impacta es el apostolado que contienen sus hornacinas y que hacen muy feliz el final de etapa.

Aunque no nos gustaba la violencia, Seon y yo contemplamos con placer el torneo en el que Roldán mataba al gigante Ferragut clavando su lanza en el ombligo, único punto débil de su adversario. *Martinus de Logroño me fecit*. Gracias a esta inscripción conocemos el nombre del escultor de ese magnífico capitel que decora una de las columnas que enmarca el llamado palacio de los Reyes de Navarra.

La galería de arcos de la parte inferior y los grandes ventanales del primer piso, divididos en cuatro arquitos mediante columnas con capiteles decorados, hacen que sea una bendición la contemplación de la bella y armoniosa fachada de este edificio del siglo XII, una de las mejores muestras de arquitectura civil del románico.

Mientras Pedro y Amaia fueron a buscar el siguiente enigma a un lugar que les había recomendado, Seon y yo fuimos a comprar comida y, de paso, a disfrutar de algunas de las muchas bellezas de Estella, aunque conscientes de que no podíamos visitar todos sus lugares de interés. Tras contemplar con la atención que se merecía aquel palacio, nos adentramos en el pulmón de Estella, un bonito parque situado a orillas del Ega, para después subir a la iglesia románica de San Miguel.

–En las arquivoltas tenéis los 24 ancianos del Apocalipsis, personajes del Antiguo Testamento, ángeles, mártires... ¡hay cerca de 100 figuras! –nos explicó un hombre que estaba en el interior de la iglesia– Pero lo mejor es el tímpano, en el que aparece Jesús rodeado de los símbolos de los evangelistas.

A las 19:30 me había citado con Amaia y Pedro. Puesto que Seon no sabía castellano, podía decirme con pocas palabras si su búsqueda había tenido éxito o había fracasado. Tal y como les había recomendado, se dirigieron al monasterio de Irache, un edificio románico situado a unos tres kilómetros de Estella que, en el pasado, además de monasterio, también fue universidad y el primer hospital de peregrinos del Camino en Navarra. En sus momentos de mayor esplendor era una parada obligada para los peregrinos, pero esta importancia declinó tras la fundación de Estella.

No les había recomendado esa visita por motivos artísticos, aunque indudablemente los había, sino porque, como supimos en Villatuerta, san Veremundo fue durante muchos años su abad. En un principio, la pista parecía buena, pues, según me contaron, en la iglesia del monasterio había una estatua románica de Nuestra Señora de Irache con el Niño Jesús, que portaba una filacteria con la cita en latín del Apocalipsis. Sin embargo, el resultado fue infructuoso y no hubo nadie que se dirigiese a él, pese a llevar su colgante bien visible.

El lugar en el que nos habíamos citado era la iglesia de San Pedro de la Rúa, del siglo XIII, encaramada en un alto al que se accede por una escalinata y cuya principal joya es, probablemente, su claustro románico, que cuenta con capiteles ricamente decorados con motivos vegetales y escenas bíblicas y de vidas de santos.

–Aunque supongo que la habréis visto más de una vez, ¿nos acompañáis a Seon y a mí? Ya veis que hace poco han puesto un ascensor para subir al claustro y a la iglesia.

Además de unos pocos visitantes, en su interior había algunos fieles, pues iba a celebrarse una misa de vísperas. Un joven que ensayaba tocando el órgano se acercó a Pedro preguntándole:

–¿Eres peregrino?

–Sí, ¿se me nota?

–Un poquito. Tus chancletas y tu camiseta te delatan. Yo también he hecho el Camino –y, extendiéndole la mano derecha, añadió–: ¡*Ultreia*!

Al igual que había hecho en Puente la Reina, decidí no mirar el enigma que había entregado el organista hasta el momento de meterme en mi saco, no solo por discreción, sino para disfrutar del fenomenal ambiente que había en el albergue cuando llegamos. Tras echar un vistazo a la comida que habíamos comprado, Juanra nos dijo:

–¡Bien! Con esto y con la paella que estamos preparando creo que no nos quedaremos sin hambre los quince comensales que estamos.

–¿Has dicho quince?

–Sí, quince. No sé por qué te sorprendes. Los andaluces somos muy buenos relaciones públicas. Te presento a los que me han ayudado con la comida, Claudio y Claudia. ¡No es broma! Se llaman así y son de Argentina.

Tras una divertida y animada velada, nos retiramos hacia las diez. Poco antes de acostarme, miré discretamente la foto del trozo de pergamino. Junto a los tres números, había dibujado un perro blanco y un texto en latín: *Qui se humiliat exaltabitur.*

6

Horror vacui

Bienaventurado eres,
peregrino,   si
descubres que el
Camino te abre los
ojos a lo que no se
ve.

Autor desconocido:
Bienaventuranzas
del peregrino

14 de julio de 2013

Entre Estella y Logroño hay unos 50 kilómetros. Para dormir en la ciudad, como pretendíamos, teníamos dos opciones: hacer 21 kilómetros en la primera etapa y 29 en la segunda o, por el contrario, 29 en la primera etapa y 21 en la segunda. No era posible hacer dos etapas equilibradas de 25 kilómetros, así que nos decidimos por la primera opción y acabar la etapa en Los Arcos.

Al comenzar la marcha, nuestro sexteto se había ampliado y se había convertido en un septeto, pues iniciamos la marcha acompañados por una guapa diseñadora gráfica catalana de 33 años llamada Montse, que había tomado parte en la paellada de la noche anterior.

Amaia y Pedro atravesaron el llamado puente de la Cárcel, un llamativo puente medieval de un solo arco, aunque reconstruido en el siglo XIX como consecuencia de la guerra. Cuando nos juntamos, comenzamos a andar por la calle Mayor, mirando por última vez sus palacios y casas blasonadas.

–¿Qué tal en vuestro albergue? –pregunté a Pedro y Amaia.

–¡Estupendamente! Lo atienden hospitaleros voluntarios con discapacidad intelectual que nos han tratado muy bien. Ha sido una bonita experiencia y no creo que me olvide nunca de una chica que se llama Saioa, aunque, por otro lado, ha sido una lástima no haber podido cenar con vosotros –respondió Amaia.

–Nosotros también estamos muy contentos con nuestros hospitaleros. Uno de ellos sabía ser amable cuando había que ser amable y firme cuando había que ser firme –dijo Maxi.

–Sí –añadí–. Pudimos dormir bien gracias a que evitó que un grupo de *turigrinos* organizase una fiesta a la hora de dormir. Parece que creían que por pagar cinco euros podían hacer lo que quisieran.

–¿Turigrinos? –preguntó Amaia– ¿Qué quieres decir con turigrinos? Nosotros estamos visitando monumentos y tú pareces un guía turístico con tus explicaciones. ¿Somos turigrinos?

–No, no lo somos. Hay gente que disfruta entrando en iglesias y museos y gente que prefiere ir a playas fluviales, o estar en un bar, o en el albergue... No es esa la diferencia entre peregrinos y turigrinos. Tampoco lo es el motivo por el que uno hace el Camino.

–¿Y yo soy turigrino? –dijo Pedro–. Mientras que la mayoría improvisa y lleva su mochila a cuesta, yo pago para que me la lleven y tengo que reservar plaza en los albergues.

–Eso no te hace un turigrino –respondí–. El año pasado conocí a un auténtico peregrino que hacía lo mismo. Era uno de los diseñadores de las campañas publicitarias de una famosa marca de cava. Sobrevivió a un cáncer y la quimio le dejó muy debilitado, por lo que no podía cargar con muchos kilos. Tampoco puede decirse que un peregrino no deba reservar plaza. No van los tiros por ahí.

–¿Y cuál es entonces la diferencia? –me preguntó Juanra.

–Hay más de una. La fundamental es que el turista exige y el peregrino agradece. Los peregrinos asumen las normas de los albergues y no andan como Pedro por su casa ni se quejan si no les gustan los horarios, no se deja usar la cocina o si los propietarios tienen animales. Los turigrinos creen que los albergues deben tener los servicios de un hotel de cinco estrellas. Un ejemplo. En el Camino hay albergues con jardín y piscina. El hospitalero de uno de ellos me dijo que una vez escuchó a uno decir: "¡Pues no es para tanto la piscina!" ¡El albergue valía seis euros y se quejaba de que la piscina era pequeña!

—¡Impresionante! —dijo Amaia—. ¿Hay alguna diferencia más?

—Sí, como las hay entre montañeros y domingueros. Los peregrinos respetan a otros peregrinos. No tiran basura al monte, no organizan fiestas mientras otros duermen, ni tienen horarios que puedan molestar a otros. Muchos turigrinos se levantan a las cuatro de la madrugada sin importarles molestar a otros, hacen las etapas de noche con linternas para hacer cola en los albergues públicos antes de que abran, sin tener en cuenta que hay peregrinos de largo recorrido, gente mayor o con lesiones.

—Tal vez sean jóvenes con poco dinero —me dijo Maxi.

—En ese caso, si no quieren ir a un albergue privado, en los sitios masificados suelen habilitarse polideportivos u otros locales. No me parece motivo suficiente para andar molestando —respondí.

—Nosotros nos despertamos a las seis, pero entiendo que haya gente que madrugue más para evitar el calor —comentó Amaia.

—No me convence —replicó Montse—. Andando despacito y con descansos, uno que se despierte a las seis acabaría una etapa de 25 kilómetros antes de las dos de la tarde. No me parece motivo suficiente para molestar. Además, en los albergues suele haber carteles que dicen que la hora de silencio es entre las diez de la noche y las seis de la mañana. Que suene un despertador a las cuatro o a las cinco es una falta de respeto.

–Estoy totalmente de acuerdo. Soy partidario de que los albergues cierren con llave y no dejen salir antes de las seis –añadí.

Casi sin darnos cuenta, llegamos al pueblo de Ayegui, situado al pie de Montejurra, lugar en el que tuvo lugar una famosa batalla en la que los carlistas derrotaron a los liberales. Este pueblo es famoso en el Camino por el monasterio de Irache y por la fuente que mana vino que, en realidad, es un grifo puesto por una bodega para obsequiar a los peregrinos. Allí Pedro se separó de nosotros para ir por carretera hasta el siguiente pueblo, Azqueta, adonde llegamos tras atravesar un agradable bosque autóctono. Mientras atravesábamos sus calles, Montse, mirando una guía, comentó:

–Aquí dice que hay un entrañable señor llamado Pablito que regala varas a los peregrinos, pero parece que hemos llegado muy pronto.

–Es una lástima. Me hubiese gustado conocer a ese ángel del Camino –respondí.

Al salir del pueblo, pasamos junto a una nave en la que había atado un mastín y un cartel que decía: "¡Atención, perro peligroso!". Haciendo caso omiso del aviso y de nuestras peticiones, Juanra se acercó al enorme perro que, en lugar de atacarle, le besó dócilmente la mano. Cuando vio mi cara de susto dijo:

–Trabajo con animales y sé cómo tratarlos. Sabía que no me iba a hacer nada.

Al oír eso, Amaia le preguntó:

–¿Entiendes de razas de perro?

–Sé algo.

Entonces, Amaia sacó un papel de su bolsillo, en el que había copiado el perro blanco que aparecía en el trozo de pergamino que custodiaba Pedro y, enseñándoselo a Juanra, le preguntó:

–¿Sabes que raza de perro es la de este dibujo?

–No estoy seguro, pero creo que es un lebrel –le respondió–. ¿Por qué? ¿Qué es ese dibujo?

Recorriendo los dos kilómetros que hay entre Azqueta y el siguiente pueblo, Amaia buscó una ocasión para preguntarme sin que escuchasen los demás:

–¿Qué opinas de este nuevo enigma del lebrel blanco y de la cita en latín?

–No domino el latín, pero la cita es fácil de traducir. Dice que el que se humilla será ensalzado. Es una frase bíblica, de Jesús.

–¿Y el lebrel blanco?

–No lo sé, pero puede que sea parte de algún escudo. Voy a llamar a una compañera de trabajo para ver si me puede echar una mano –respondí sacando el teléfono móvil.

81

Vigilado por un castillo situado sobre una escarpada roca, se encuentra Villamayor de Monjardín, un pequeño pueblo con algunos palacios y una esbelta iglesia dedicada a san Andrés, en la que se encuentra una monumental cruz de plata de alrededor del siglo XIII, verdadera joya de orfebrería. Se trataba del último pueblo intermedio de la etapa, al que llegamos tras pasar junto a un aljibe medieval conocido como Fuente de los Moros. A partir de ahí hasta Los Arcos teníamos diez kilómetros sin ningún pueblo en medio, en los que el Camino discurre entre cultivos por una monótona pista de tierra. Cuando llevábamos recorridos unos cinco kilómetros, Pedro, que en esta ocasión pudo venir con nosotros, dijo:

–He hecho senderismo muchas veces, pero siento que esto es distinto. No sé cómo explicarlo porque es indescriptible, siento como buenas vibraciones. Noto una paz interior que no había sentido desde mi accidente.

–Déjame adivinar. ¿Te dan ganas de hacer respiraciones profundas o de estirar los brazos? –le pregunté.

–Exacto. Veo que sabes de lo que te hablo.

–Lo sé muy bien. Estás empezando a sentir la magia del Camino. El contacto con los hospitaleros, con los peregrinos y con la naturaleza hace maravillas.

–Sí. Y veo que tenías razón en tu consejo de olvidarnos del MP3 y escuchar a los pajaritos, el agua, los grillos o el viento.

–¡Bienvenido al club, peregrino! –dije dándole una palmadita en la espalda.

–¿Te vienes con nosotros?

A la sombra de un pequeño pinar se encontraba descansando una chica italiana de 23 años, morena, fuerte, pelo largo y unos bonitos ojos verdes. Según nos contó, era jugadora de balonmano y estaba lesionada y, al no poder jugar, se le ocurrió hacer algunas etapas del Camino de Santiago para recuperarse de su lesión. Elena, que era como se llamaba la joven, aceptó gustosamente la invitación que le habíamos hecho de unirse a nuestro grupo, que cada día era más amplio.

Poco después de aquel encuentro, llegamos a Los Arcos, localidad fundada en el siglo XII y declarada Conjunto Histórico-Artístico. Sus palacios barrocos y casas blasonadas hablan bien del pasado de aquella villa. Atravesando sus bonitas calles llegamos a la porticada plaza de Santa María, a la que la peregrinación otorga una gran animación. Allí se ubica la iglesia del mismo nombre, rodeada de un pórtico y con una esbelta torre que da gran monumentalidad a aquel templo. A su lado se encuentra el Portal de Castilla, un arco barroco enmarcado por tres grandes escudos.

Mientras hacíamos compras para comer en el albergue, sonó mi teléfono móvil. Era mi amiga y colega Maite. Lo que me dijo fue como un jarro de agua fría:

–Hay esculpido un lebrel blanco en la catedral de Pamplona, en el sepulcro de Carlos III el Noble y su mujer Leonor.

–¿Y sabes si hay algún escudo de algún pueblo del Camino de Santiago o de alguna casa nobiliaria que tenga un lebrel blanco? –le pregunté pensando que no era posible que tuviésemos que retroceder a Pamplona.

–En Navarra hay algunos pueblos con lebreles en sus escudos, pero no en el Camino, que yo sepa.

–Muchas gracias de todas formas. *Agur!*

–De nada. ¡Buen camino!

–*Molto bella!*

–Si estuviese en la provincia de Barcelona, llevaría de excursión todos los años a mis alumnos de Historia de Arte –comentó una mujer de mediana edad.

–Yo soy cura y he visto muchas iglesias en mi vida, pero ninguna como esta.

Tras la oportuna siesta, Amaia, Pedro y yo acudimos a visitar el interior de la iglesia de Los Arcos junto con Elena y Seon y, lo que descubrimos, nos impresionó a todos. Metiéndome en la conversación de un grupito de peregrinos que comentaban extasiados su interior, dije:

—A mí me recuerda a la iglesia del monasterio de San Jerónimo, en donde está enterrado El Gran Capitán y su mujer. Es una impresionante iglesia renacentista que recibe pocas visitas porque tiene la mala suerte de estar en Granada. Me pregunto si los responsables de turismo de Navarra quieren proteger esta iglesia de la masificación, no saben vender lo que tienen o si ni siquiera saben lo que tienen.

—Pecando de egoísmo, creo que es mejor que visitemos esta maravilla solo los que hacemos el Camino. Si se populariza, puede que a alguien se le ocurra la infeliz idea de cobrar por verla y que los peregrinos tengan que pagar para rezar —me respondió el cura.

—Es como una buena película: se puede estar mirando hora y media sin aburrirse —comentó otro peregrino mientras echaba dos euros en una máquina para iluminar los retablos.

Aquellos comentarios no eran exagerados. Quien entra al interior de aquel templo tras atravesar su bella portada plateresca, queda deslumbrado ante lo que constituye un ejemplo de libro para explicar en qué consiste el *horror vacui* o miedo al vacío. Además de disfrutar de su majestuoso retablo mayor y de otros más pequeños, el visitante descubre maravillado que sus paredes, su cúpula y sus bóvedas están pintadas, no quedando un solo hueco sin cubrir por hermosísimas pinturas murales.

Subiendo al coro, nos encontramos con una sillería de esculturas policromadas y con una magnífica vista del fastuoso órgano rococó, también pintado con bellas tonalidades azules y doradas y, de postre, paseamos por un tranquilo y magnífico claustro gótico.

Hacia las ocho de la tarde, cuando nos reunimos para hacer la cena y preparar la mesa, Juanra, actuando como portavoz del resto del grupo, me dijo:

–Hemos visto la iglesia y nos has convencido de que hay que entrar en ellas.

Poco antes de acostarme, busqué una ocasión para hablar con Pedro y Amaia sin que nadie nos escuchase y les dije:

–Creo que sé dónde está el siguiente contacto.

7

Algo se muere en el alma

Bienaventurado eres, peregrino, si tu mochila se va vaciando de cosas y tu corazón no sabe dónde colgar tantas emociones.

Autor desconocido:

Bienaventuranzas del peregrino

15 de julio de 2013

La etapa de aquel día se preveía larga: 29 kilómetros hasta Logroño. Por ese motivo, nos levantamos un poco antes de las seis. Pretendíamos evitar las horas de más calor y, al mismo tiempo, hacer toda la etapa con luz natural para no privarnos de ningún paisaje. Antes de empezar a andar, Montse cogió mi equipaje y me dijo:

–¡Qué mochila más ligera!

–Sí, son seis kilos. La pesé antes de salir. Se recomienda que la mochila no pese más del 10% del peso corporal de uno.

–Podrías cambiársela a Juanra para que deje de regalar su ropa. O a Maxi

—Mejor aún —terció Juanra—. ¿Por qué no se la cambias a Elena, que está lesionada? Ella lleva unos diez kilos.

—¡Eso! —añadió Maxi riendo—. ¡Demuestra que no eres un turigrino!

—¡Acepto! —dije cogiendo su mochila entre las sonrisas y risas del grupito.

Los primeros kilómetros eran unos monótonos campos de cultivo, aunque el buen ambiente hacía que se nos hiciesen cortos y amenos. En un breve momento que estuve a solas con Amaia y Pedro, les dije que, siendo optimistas, ese mismo día tendríamos el siguiente enigma.

—¿Y qué sabéis de Olga?

—Nos hablamos todos los días. Se niega a decirnos dónde está, pero parece que está bien y contenta con nuestros progresos. También os dice que intentemos disfrutar de esta experiencia.

Después de algo más de una hora de paseo, llegamos a Sansol, el primer pueblo de la etapa, que cuenta con una esbelta iglesia y, a su lado, un excelente mirador sobre Torres del Río, en donde realizamos una pausa. Su iglesia románica del Santo Sepulcro, edificada en el siglo XII y Bien de Interés Cultural desde 1931, aunque austera, es una delicia para la vista. Su planta octogonal recuerda a Eunate, aunque su esbelta torre hace que destaque por su verticalidad. Mirando aquella iglesia, Pedro me preguntó:

–¿Es templaria esta iglesia?

–Parece que no. En Eunate aprendiste que no todas las iglesias octogonales son templarias ni todas las iglesias templarias son octogonales. Además, no hay documentación que lo pruebe. Parece que perteneció a la Orden del Santo Sepulcro y que era una iglesia funeraria.

–Si Eunate y esta iglesia no son templarias, ¿hay algo templario en el Camino? –siguió preguntándome Pedro.

–Sí, sí que lo hay. Parece que la iglesia del Crucifijo de Puente la Reina fue templaria. También hay más muestras templarias, pero muchos kilómetros más allá. Seguro que te fascinará.

Antes de partir, pasamos al interior de la iglesia que, aunque pequeña, bien merece la pena visitarse. Una mujer nos explicó que, al parecer, en lo alto de la torre se encendía un fuego para que la iglesia fuese vista desde largas distancias por los peregrinos, sirviendo así de faro.

–Lo mejor de esta iglesia es la bóveda, que representa una estrella de ocho puntas. Esto recuerda al arte islámico, por lo que se piensa que los maestros constructores fueron cristianos procedentes de la España musulmana.

–Maravillosa –dijo Seon.

–En los capiteles tenéis un Descendimiento de la Cruz y la Resurrección, con las tres Marías ante el sepulcro vacío. Como es una iglesia funeraria, se quiere representar el triunfo sobre la muerte.

La mujer que amablemente nos dio estas interesantes explicaciones, se volvió hacia Pedro y le dijo:

–Tiene mucho mérito hacer el Camino así. ¿Adónde queréis llegar hoy?

–A Logroño.

–Pues me temo que de aquí a Viana tendrás que ir por la carretera, porque parte del Camino va entre barrancos. ¿Y ya tenéis alojamiento reservado?

Después de despedirnos de esa mujer amable y algo preguntona, reanudamos la marcha pensando y vimos que, tan pronto como empezamos a andar, sacó su teléfono móvil y comenzó a teclear.

CESAR BORGIA. Generalísimo de los ejércitos de Navarra y pontificios. Muerto en campos de Viana el XI de marzo MDVII

Dos horas después de salir de Torres del Río, nos encontrábamos frente a la tumba de César Borgia, hijo del papa Alejandro VI y que, en opinión de muchos, es el personaje que inspiró a Nicolás Maquiavelo al escribir *El*

Príncipe, aunque otros muchos creen que su inspirador fue Fernando el Católico.

Atravesando la Puerta de Estella, habíamos accedido a la monumental Viana, cuna del gran escritor romántico Navarro Villoslada y última población navarra del Camino, fundada en 1219 por el rey navarro Sancho el Fuerte sobre una colina para defender Navarra del expansionismo castellano. Los palacios y casas blasonadas de su centro histórico delatan la prosperidad pasada de aquella villa cabeza de un principado cuyo titular era el heredero del Reino de Navarra.

–No sabía que murió aquí César Borgia –dijo Elena.

–Sí –respondí–. Nació en Roma, pero murió aquí en una emboscada.

Mientras mirábamos aquella lápida, situada frente a la preciosa iglesia gótica de Santa María de la Asunción que, por su tamaño, bien podría ser una catedral, vimos salir del templo a Claudio y Claudia, el matrimonio argentino que conocimos en Estella. Al vernos, nos dijeron:

–Tenéis que ver la iglesia por dentro. ¡Es una joya!

Siguiendo su recomendación, pasamos al interior para comprobar que, efectivamente, era una joya. Declarada Bien de Interés Cultural en 1931, se trata de una iglesia de tres naves y un espectacular retablo barroco con imágenes centradas en la Virgen María.

–Es curioso. Su girola es cuadrada, cuando lo normal es que sean redondas –comenté mientras la recorríamos.

–También me llama la atención su triforio. Es precioso –dijo Amaia señalando con el dedo sus elegantes tracerías.

Como aún quedaban unos diez kilómetros para llegar a Logroño, decidimos hacer una pausa para avituallarnos y nos sentamos frente a la iglesia, para continuar admirando su impresionante portada renacentista y su riquísima decoración de esculturas, como si fuese un retablo. Por un momento, pensé en lo envidiable que era aquella vista y en cuánta gente querría estar en mi lugar, pero Amaia, que estaba más callada de lo habitual, antes de acabar nuestros pinchos se levantó diciendo:

–¡Perdonad! Voy un momento al baño.

Cuando volvió, le pregunté:

–¿Estás bien? Te veo muy pálida.

–No, no estoy bien. Acabo de vomitar. Creo que tengo que pasar aquí la noche.

–Podemos quedarnos nosotros también aquí –dijo Seon.

–No, no podéis. Elena y tú tenéis sacado el billete de avión para volver a vuestros países. Si os quedáis aquí podéis perder un día. Seguid vosotros. Tal vez nos encontremos.

–Yo me quedo con ella. Espero que alguno de los tres albergues que hay no tenga barreras.

Con tristeza, finalmente acordamos que Amaia y Pedro se quedarían en Viana y buscarían el consultorio médico, mientras que yo iría a Logroño a recoger el equipaje de Pedro y volvería a Viana en autobús o en el coche de algún familiar, pues tenía tíos y primos en Logroño.

Abandonamos la villa admirando el precioso ayuntamiento barroco y las ruinas del templo gótico de San Pedro, víctima de la guerra carlista. Poco antes de llegar a Logroño, vimos a María, un ángel del Camino que ofrece a los peregrinos agua, higos y amor, una tradición que comenzó su madre Felisa, fallecida en 2002 a punto de cumplir noventa y dos años.

Entramos a la capital por el puente de piedra que, según la tradición, fue construido por San Juan Ortega, patrono de los arquitectos técnicos o, como se les llama ahora, ingenieros de la construcción, aunque, si fue así, debe ser muy poco lo que queda de lo que hizo el santo constructor.

Al llegar al albergue en el que iban a alojarse mis amigos y en donde estaba el equipaje de Pedro, me quité la mochila de Elena, que había llevado hasta el final. Ella, sonriendo, abrió los brazos y me abrazó haciendo que me sonrojara diciendo:

–¡Mi héroe!

Con tristeza por la despedida, abracé uno a uno a Elena, Seon, Montse, Juanra y Maxi, quedando en seguir en contacto con ellos.

–Hemos estado juntos poco tiempo, pero ha sido muy intenso. Espero que podamos alcanzaros antes de llegar a Santiago.

–Como dice la canción de mi tierra: algo se muere en el alma cuando un amigo se va y hoy se nos van tres amigos –me dijo Juanra–. Os llamaremos esta noche para ver cómo está Amaia.

El día anterior, como ya he dicho, mi amiga y colega Maite me dijo que había esculpido un lebrel blanco en el sepulcro de Carlos III el Noble y su mujer Leonor en la catedral de Pamplona. Tras ese jarro de agua fría, caí en la cuenta de que los príncipes herederos del Reino de Navarra tenían el título de príncipe de Viana y que fue Carlos III el que creó ese título, por lo que pensé que era posible que el siguiente contacto estuviese en Viana.

Volví a llamar a mi colega para preguntar si había alguna relación entre lebreles y el príncipe de Viana. Su respuesta me llegó pocos minutos después. El lebrel blanco era muy utilizado por la dinastía que reinaba en Navarra, pero me pareció más interesante saber que Carlos de Viana, yerno de Carlos III y que no llegó a ser rey de Navarra, utilizaba como divisa, entre otras, un retrato suyo con un lebrel blanco a sus pies y, más interesante todavía, una filacteria con la frase *Qui se humiliat exaltabitur*. Por lo tanto, la conexión entre Viana y la pista que seguíamos parecía clara.

Para intentar buscar al siguiente contacto, teníamos pensado separarnos por unas pocas horas de nuestros compañeros con la excusa de quedar con alguno de mis familiares y, en realidad, volver a Viana, pero, por pura casualidad, la indisposición de Amaia hizo que no fuese necesario buscar ninguna excusa. Después de la triste despedida, me dirigí a la estación de autobuses y, a las ocho de la tarde, estaba reunido con Amaia y Pedro en Viana.

–Tengo gastroenteritis. Me han recetado un suero y me han dicho que tome una dieta astringente y guarde reposo. Ahora me noto mejor, pero tengo que procurar estar cerca de algún baño y no sé si mañana podré ir andando hasta Navarrete, que es adonde suelen ir los que duermen aquí. Aparte de eso tenemos una noticia buena y otra mala.

–No importa. Lo importante es que te recuperes. ¿Cuáles son la noticia buena y la mala?

Hemos considerado oportuno que, por segunda vez, abandone momentáneamente la narración para que, en esta ocasión, sea Amaia la que cuente lo que les pasó.

* * *

Desde que empezamos el viaje, aquel fue el primer día que lo pasamos mal. En parte por mi enfermedad, pero, sobre todo, por haber tenido que despedirnos de unos amigos. Aunque solo habíamos hecho juntos tres etapas, nos habían marcado y vimos que el Camino no era simplemente hacer senderismo y turismo.

—¿No te ha sorprendido que ese charlatán pedante haya decidido quedarse en Viana con nosotros en vez de seguir hasta Logroño con los demás? —me preguntó Pedro.

—La verdad es que sí me ha sorprendido. Tengo que reconocer que ha sido un gesto noble y a lo mejor acaba cayéndome bien.

A media tarde, comencé a sentirme mejor y decidí arriesgarme a levantarme de la cama y volver a la iglesia de Santa María para una visita guiada.

—Cuando murió César Borgia, se le enterró en el interior de la iglesia, hasta que, en el siglo XVI, un obispo dijo que era un sacrilegio que ese personaje estuviese enterrado en lugar santo y decidió que se le enterrase en la calle Mayor, para que fuese pisado por personas y bestias. Finalmente, en 1953 se le dio un entierro honorable en donde está la placa.

Tras la visita, la joven y simpática cicerone, estudiante de último año de Historia del Arte, se despidió uno a uno de todos los que formaban el pequeño grupito de visitantes.

—Viana es un pueblo precioso —dijo una mujer.

—Sí, por eso lo elegí para hacer prácticas.

96

Acercándose a Pedro le extendió la mano diciéndole:

–Ha sido un placer. *¡Ultreia!*

* * *

–Esa es la noticia buena. Este es el trozo de pergamino que nos ha dado –dijo Amaia–. ¿Te dice algo?

El nuevo enigma era un dibujo de un recipiente que parecía contener unas flechas.

–No, no me dice nada, salvo que se nota que es un escudo. ¿Y cuál es la mala noticia? –pregunté.

–Que antes que nosotros se pasó por ahí alguien con un crucifijo igual que el mío. Dijo la contraseña, pero cometió el error de no agarrarle del brazo mientras la soltaba, así que se quedó sin enigma. Primero el tal Felipe y ahora esto. Parece que hay competencia seria –dijo Pedro.

–Tal vez era casualidad lo del colgante –respondí mostrando escepticismo.

–¡Ojalá! Pero la chica nos dijo también que creía haberlo visto mientras me entregaba el nuevo enigma –siguió diciendo Pedro.

8

El juego de la oca

Por Logroño pasa un río enorme, llamado Ebro, de
saludables aguas y abundantes peces.

Aimeric Picaud:
Codex Calixtinus

16 de julio de 2013

Aunque Amaia estaba mejor, decidimos ser
prudentes e ir solo hasta Logroño, que conocía muy bien
porque allí vivieron muchos años mis difuntos abuelos
paternos. Al sur de esta ciudad tuvo lugar una de las
grandes leyendas relacionadas con el Camino: la batalla
de Clavijo que, supuestamente, tuvo lugar el año 844
entre Ramiro I de Asturias y tropas musulmanes. Según
la leyenda, apareció el apóstol Santiago sobre un caballo
blanco e inclinó la balanza en favor del bando cristiano y
dio origen a la figura de Santiago Matamoros. Sin
embargo, no solo este hecho es ficticio, pues también lo
es la propia batalla, que nunca tuvo lugar.

El que alguien hubiese intentado hacerse con el
enigma que teníamos que descifrar, parecía preocupar a
Pedro que, entrando en la ciudad, dijo:

—En el vídeo de mi madre se decía que había gente que estaba interesada en que el secreto no saliese a la luz y que había desaparecido para despistarles, pero parece que no ha servido de mucho.

—Tal vez esa gente forme parte de otra sociedad secreta que no quiera que los documentos que buscamos salgan a la luz —respondí.

—Es verosímil. Y, hablando de sociedades secretas, ¿crees que existe la orden de los *Illuminati*? —me preguntó Pedro.

—¿Te refieres a esa sociedad de la que trata una famosa novela que fue llevada al cine?

—Sí, esa misma.

—¡Por supuesto que existe! A diferencia de la sociedad secreta en la que está tu madre, de la que nadie sabe nada, la orden de los *Illuminati* es una sociedad secretísima de la que se sabe todo. Basta con hacer una búsqueda en internet para saber sus perversos objetivos de dominar el mundo, la cantidad de famosos que forman parte de ella, los símbolos que van dejando por todas partes para dejar su rastro… ¡En serio! Es una sociedad que existió, pero fue perseguida y desapareció. Los *Illuminati* no son nuestros adversarios ni nuestros aliados porque no existen.

Sonriendo ante mi ironía, Pedro continuó diciendo:

—Yo también soy escéptico, aunque como periodista no debo descartar nunca ninguna hipótesis y, el autor de la novela, dice en una nota que esa sociedad existe realmente.

–Lo sé. Aunque no la he leído, sé gracias a un foro que dice que Galileo y Bernini, dos italianos del siglo XVII, formaron parte de esa sociedad fundada en Baviera a finales del siglo XVIII. ¡Fastuoso! Y ese señor no se pasea con escoltas y no les tiene miedo. ¡Qué cosas! Mientras que los agentes de la CIA que desvelan sus secretos tienen que esconderse, los que desvelan los secretos de una sociedad poderosísima como los *Illuminati* no le pasa nada, pueden vivir tranquilos y ni siquiera hackean las webs en las que se difunden sus conocidos secretos. ¡Los *Illuminati* no existen! Hace más de 200 años que desaparecieron.

Logroño suele gustar a los peregrinos por el ambiente de algunas de sus calles peatonales como Portales y Laurel. Como nos sobraba el tiempo, comenzamos haciendo una ruta cultural que tuvo como primera parada la iglesia de San Bartolomé, la más antigua de la ciudad, con cabecera románica y una bonita portada gótica recién restaurada con muchas esculturas.

–Son 19 escenas de la vida de san Bartolomé y del hallazgo de sus restos. Aquí podéis ver al santo, que es el patrono de Logroño, en una escena *gore* con su piel en la mano. La tradición dice que fue desollado en Persia. Por eso es patrono de los carniceros, peleteros y otras profesiones similares.

–¿Y qué piensas de eso como historiador? –me preguntó Pedro.

–Que no tiene ninguna credibilidad.

–¡No estarás diciendo que no existió! –dijo Amaia.

–¡En absoluto! ¡Por supuesto que sí existió! Fue uno de los doce apóstoles de Jesús. Pero creo que las primeras noticias que hay sobre su martirio son del siglo IV. Lo que quiero decir es que no sabemos prácticamente nada de su vida y que algún cristiano escribió una novelita situándolo en Persia y con una muerte heroica. Lo mismo se hizo con los otros apóstoles. Se inventó para cada uno un martirio distinto y en distintas partes del mundo, pero son cuentos piadosos. Los mártires cristianos eran el equivalente a los héroes militares de otras culturas.

–¿Y mi santo murió crucificado o también es un cuento? –preguntó Pedro.

–El Evangelio de Juan insinúa que murió crucificado, aunque no cabeza abajo. También sabemos que Santiago fue decapitado en Jerusalén, pero de los otros diez no sabemos cómo ni dónde murieron. La mayoría de los cristianos lo asume con naturalidad, pero alguna vez me encuentro con alguien a quién no le gusta oír eso.

Pedro sonrió y dijo:

–Sí. No quería decírtelo, pero sé de un matrimonio de Pamplona que fue a una conferencia tuya y que, desde entonces, no te tienen mucha simpatía.

–¿Por qué? ¿Qué fue lo que les molestó?

–Son muy católicos y, también, les fascina la India. Llamaron a su hijo Tomás por la tradición de que llegó a la India y murió allí de una lanzada. Te pidieron en el turno de preguntas que les explicases su historia y tú respondiste que el Tomás histórico, probablemente, murió en la cama y en Oriente Próximo. No les gustó oír eso –dijo riéndose.

–¡Ya! En mis conferencias suelo encontrarme con algunos que no comulgan mucho con lo que digo y yo intento convencerles, respetuosamente, de que se equivocan. Los he clasificado en tres grupos. Uno de ellos, bastante minoritario, es el de los que se creen a pies juntillas todas las tradiciones cristianas, como la de que Santiago está enterrado en Compostela y viajo a Hispania.

–¿Y cuáles son los otros dos grupos con los que te tienes que pelear, en sentido figurado?

–Otros dos extremos. Por un lado, a veces me encuentro con alguien que cree que Jesús de Nazaret es un personaje de ficción. Yo les doy una serie de argumentos de que existió realmente. El otro extremo es el de los que se creen tonterías sensacionalistas como que los merovingios eran descendientes de Jesús o que está enterrado en Francia o Cachemira. Pero vamos a cambiar de tema, que tengo que enseñaros algo que creo que os gustará.

Lo que creía, acertadamente, que les iba a gustar era la plaza de Santiago, en cuyo pavimento hay un curioso juego de la oca en el que, además de las casillas que no pueden faltar, también muestra algunos monumentos representativos del Camino Francés, tanto de la variante navarra como aragonesa.

–He oído que el juego de la oca fue inventado por los templarios y que se jugaba en el Camino. ¿Crees que lo que tenemos que hacer puede tener algo que ver con este juego? Al fin y al cabo, tenemos una meta y varias etapas y, además, el crucifijo que llevo colgando parece una pata de oca –preguntó Pedro.

–El juego de la oca no lo inventaron los templarios. Otra cosa es si tiene o no algo que ver con lo nuestro. No lo descarto, pero soy escéptico. Habrá que esperar.

Las siguientes visitas fueron la iglesia de Santa María de Palacio y la postal de Logroño: la sobria Concatedral de Santa María de la Redonda, con una bonita fachada retablo barroca y dos grandes y esbeltas torres que la dotan de gran verticalidad. En su interior, vimos sus tesoros como el mausoleo de Espartero o un cuadro de Miguel Ángel representando el Calvario, aunque lo que más nos gustó fueron sus pinturas murales.

—Os habréis dado cuenta de que su fachada es parecida a la de Viana. Es casi seguro que se basaron en ella. La iglesia de Viana ha servido de inspiración para otras –expliqué.

—¿Y sabes por qué se llama "La Redonda" si es rectangular? –dijo Pedro.

—Sí, me lo explicó una vez uno de mis tíos. Antes, había aquí una iglesia románica circular que se conocía como "La Redonda". En el siglo XVI se decidió derribarla para hacer un templo grandioso, pero la gente siguió llamando a la iglesia "La Redonda", hasta hoy.

Cuando salimos, les dije:

—Si os parece, voy a ver si encuentro algo sobre el último enigma en el archivo o en la biblioteca. Si no conocéis el Espolón, os lo recomiendo. Así comprenderéis un famoso dicho que habréis oído: "Tienes los cojones como el caballo de Espartero".

17 de julio de 2013

Al día siguiente, Amaia estaba ya completamente recuperada, así que decidimos hacer los 29 kilómetros que separan Logroño y Nájera, final de la cuarta etapa del *Codex Calixtinus*. Poco después de encontrarme con ellos pregunté a Pedro:

—Sobre la conversación que tuvimos ayer sobre los *Illuminati*, ¿sabes cuáles son sus símbolos según las webs que hablan de ellos?

—Creo que una pirámide y un ojo de Horus, aunque ya te dije que soy escéptico.

—Lo sé, no te ofendas. Pero mira, aquí los tienes –dije enseñándole una pirámide y un ojo de Horus– Los compré ayer en una tienda de bisutería. El símbolo de los verdaderos *Illuminati* era un búho, pero los que fantasean con que siguen existiendo, dicen que son un ojo y una pirámide porque son símbolos que se pueden ver en cualquier sitio. Así, se puede acusar de ser de ellos al grupo de Alan Parsons por haber grabado un disco titulado *Pyramid* y otro titulado *Eye in the Sky* o a cualquiera que lleve alguna camiseta con una pirámide. Y los crédulos no se paran a pensar dónde se ha visto una sociedad secreta tan poco discreta.

—Un buen truco –dijo Amaia–. Y, cambiando de tema, ¿has averiguado algo sobre ese escudo de ese recipiente con flechas?

—Sí, lo he descifrado. Y tiene bemoles la cosa, porque resulta que hablo de ello en mi libro. No son flechas, son flores.

Tras abandonar el casco urbano de Logroño, seguimos por un agradable paseo hasta llegar al parque periurbano de La Grajera, un agradable oasis con embalse, merenderos y muchos árboles, además de

105

Marcelino, un hombre con una larga barba blanca que tiene una caseta de madera para obsequiar a los peregrinos con fruta, oportunidad que aprovechamos y agradecimos dejando unas monedas de donativo.

Unos doce kilómetros después de comenzar la etapa, nos vimos deslumbrados por una grandiosa explosión dorada que contemplamos admirados durante algunos minutos. Aunque la renacentista iglesia de la Asunción de Navarrete es hermosa por fuera, su mayor atractivo es el magnífico y fastuoso retablo mayor barroco. Curiosamente, Jovellanos no pensaba como nosotros y dijo que era espantoso por su altura, anchura y profusión de oro.

–Parece que te gustan mucho los retablos –me dijo Amaia.

–Sí, no solo por el arte, sino porque me gusta leerlos y jugar conmigo mismo a descifrar las escenas y personajes que representan. Hay que tener en cuenta que estaban pensados para enseñar a los que no sabían leer. Mis favoritos son los renacentistas, aunque este, que es barroco, me encanta.

–A nosotros nos gusta mucho el arte, pero tú lo disfrutarás más que nosotros por saber más que nosotros–, me dijo Pedro.

–No necesariamente. A los que me dicen que no entienden de arte les respondo que es cuestión de sensibilidad. ¿Es necesario saber solfeo para apreciar la buena música? No. Por la misma razón, no es necesario saber de arte para que a uno le impresione este retablo.

–Estoy de acuerdo, pero sabes más de religión que nosotros y puedes leerlos, como dices, mientras que otros estamos en desventaja –me dijo Amaia.

–Ahí puede que tengas razón. Por eso soy partidario de que se enseñe obligatoriamente en las escuelas, aunque de forma neutral, historia y cultura de las religiones. El ejemplo que suelo poner es que, si entra en el Museo del Prado alguien que no sabe nada de cristianismo ni de mitología griega, no se entera de nada.

–Y has dicho que tus retablos favoritos son los renacentistas. ¿Cómo los distingues? –me preguntó Pedro.

–Generalmente están más recargados de esculturas o pinturas, como el de Viana o los que veremos en otros sitios. Los barrocos tienen más oro y suelen tener columnas retorcidas y, los góticos, suelen estar hechos a base de tablas con pinturas, aunque no todos los retablos con cuadros son góticos.

Con cinco arquivoltas de estilo gótico ricamente decoradas en su puerta de entrada, el precioso cementerio de Navarrete nos dio una buena despedida de aquel pueblo que nos dejó buen sabor de boca. Después de unas tres horas caminando entre viñedos y de descender una montañita en donde, según la leyenda, Roldán mató al gigante Ferragut, Amaia y yo llegamos a

Nájera, final de la cuarta etapa del *Codex Calixtinus*, en donde nos encontramos con Pedro.

Aunque lo más famoso de Nájera es, probablemente, su industria del mueble, es una ciudad que aporta una buena dosis de historia y de arte. En tiempos pasados llegó a ser capital del Reino de Navarra y, como recuerda una placa, tuvo lugar una famosa batalla entre Pedro I y su hermano bastardo Enrique de Trastámara. En esta batalla resultó triunfante el rey castellano, llamado por unos "el Cruel" y por otros "el Justiciero", aunque finalmente la guerra la ganó su hermanastro.

—Vitoria y Nájera compartimos patrón: San Prudencio. He estado aquí algunas veces porque tengo familia y aquí se han casado un primo y una prima, pero la iglesia más famosa de Nájera nunca la he podido ver. Parece que está gafada para mí. Espero poder verla hoy por primera vez.

Tras cruzar un puente sobre el río Najerilla que sustituye a uno construido por San Juan Ortega, nos instalamos en uno de sus albergues y, tras nuestra merecida siesta, llevé a Amaia y Pedro a enseñarles el pueblo, no sin antes pasar por su Oficina de Turismo. En ella, la mujer que nos atendió, después de preguntarnos de dónde veníamos nos dijo:

—Una lástima que no hayáis empezado el Camino más tarde. Os vais a perder las Crónicas Najerenses.

—¿Qué es eso? —preguntó Amaia.

–Es un espectáculo teatral que suele hacerse el mes de julio de cada año. Más de 200 actores representan historias y leyendas de la Nájera medieval. Es Bien de Interés Cultural Inmaterial.

Tras un paseo junto al Najerilla, nos dirigimos al monasterio de Santa María la Real, un edificio gótico del siglo XV catalogado como Monumento Nacional desde el siglo XIX. Tras dar varias vueltas a su hermosísimo Claustro de los Caballeros, pasamos a su iglesia y, al ver el sepulcro de don Diego López de Haro, uno de los muchos que contiene el edificio, comenté:

–Los bilbaínos dicen que Jesús fue muy humilde porque, pudiendo haber nacido en Bilbao, fue a nacer a Belén. Me pregunto qué les parecería a mis amigos de Bilbao ver la tumba de su fundador aquí, entre sepulcros de algunos reyes e Infantes de Navarra.

Antes de que pudiesen responderme algo, la joven que nos vendió las entradas, a la que ya había advertido de que no nos gustaba ser tratados de usted, nos dijo:

–Por si os interesa, a las horas en punto se abre el coro y doy una pequeña explicación, aunque me temo que tú no podrás verlo porque hay que subir unas escaleras. ¡Ah! Permíteme que te corrija. Este Diego López de Haro no es el fundador de Bilbao, sino su abuelo.

Como faltaba poco para las seis, Amaia y yo aceptamos gustosamente el ofrecimiento, lo cual fue un acierto porque su coro es espectacular, pese a haber sufrido estragos por la desamortización de Mendizábal, que provocó su abandono y que la gente se llevase madera para utilizarla como leña.

–Es uno de los coros más interesantes de España por sus esculturas. Algunas de ellas representan virtudes del clero, pero también vicios, como la lujuria o "El lameculos".

Después de bajar las escaleras, la guía nos enseñó una imagen románica de la Virgen con el Niño y nos explicó lo que había descubierto en Logroño a propósito del dibujo que teníamos que descifrar del jarrón y las flores:

–Según la tradición, en el siglo XI, cuando Nájera era capital del Reino de Navarra, el rey Don García de Nájera y García III de Navarra encontró esta estatua en una cueva, junto con un jarrón con azucenas. Entonces, hizo construir este monasterio y fundó en honor de la Virgen la Orden de los Caballeros de la Terraza o de la Jarra, que tiene como símbolo un jarrón con azucenas.

Al salir de la iglesia, pregunté a Pedro:

–¿Ha habido suerte?

–No. Creo que he hablado a solas con todo el personal de la iglesia, pero parece que no está aquí el contacto.

Mientras Amaia y Pedro hacían pesquisas visitando otros interiores de Nájera, yo me dirigí al albergue. Hacia las 19:30, me senté en una mesa al lado de tres chicos y dos chicas de entre 18 y 25 años que iban a cenar unos macarrones con tomate. Echando de menos las cenas de días anteriores con los que habían sido nuestros compañeros de viaje, les hice una llamada telefónica y, poco después de colgar, uno de aquellos jóvenes me preguntó en inglés:

–¿Quieres comer? ¡Tenemos mucho!

Aunque no tenía mucho apetito, acepté gustosamente aquella amable invitación porque, como peregrino algo veterano, sabía que el Camino es compañerismo, solidaridad y amistad, así que dije que sí únicamente para integrarme en ese grupito, formado por dos ingleses, un danés, una alemana y una vizcaína de la comarca de las Encartaciones.

Tras una frugal cena, salimos al patio del albergue. Un joven treintañero rubio con barba y aspecto de hippie, sacó un órgano y comenzó a tocar una bonita melodía. Aunque no podía asegurarlo, tenía la sensación de haberlo visto antes.

–¿Cómo se titula la canción que has tocado? –le pregunté.

–*Ultreia*. Es de un músico gallego –me respondió en castellano, pero con un acento que no supe identificar.

Jonás, que así se llamaba, parecía ser un peregrino de verdad. Era bávaro y, desde que salió de su

111

tierra, hace unos años, llevaba recorridos miles de kilómetros en los diferentes caminos a Santiago.

–Vivo en el Camino y toco el órgano en varias iglesias. Hace pocos días estuve en Estella.

Cuando oí eso, un escalofrío me recorrió la espalda, recordando que fue precisamente el organista de esa iglesia el que nos entregó una de las pistas que habíamos descifrado. ¿Sería por eso por lo que me era familiar su cara?

–Sin embargo, hace unos pocos días estuve ahí y juraría que no eras tú el organista.

–No soy el único organista de Estella. Además, ya te he dicho que también toco en otras iglesias del Camino –dijo sonriendo y guiñándome el ojo.

Cuando estaba a punto de acostarme, recibí un mensaje en el teléfono que decía: "Ya tenemos el siguiente enigma, aunque parte es ilegible: *M... G... audentes fortuna iuvat*".

9

Noticias inquietantes

Hay que visitar el cuerpo de Santo Domingo, confesor,
que construyó el tramo de calzada en el cual reposa, entre
la ciudad de Nájera y Redecilla del Camino.

Aimeric Picaud:
Codex Calixtinus

18 de julio de 2013

La siguiente etapa era fácil, prácticamente sin desniveles y relativamente corta, 21 kilómetros hasta Santo Domingo de la Calzada, aunque estaba dudando si continuar algo más allá para seguir una recomendación que me había hecho Jonás, el bávaro que vivía en el Camino.

Nuestro trío comenzó la marcha en compañía de dos peregrinos llamados Aritz y Endika. Eran dos jóvenes psicólogos vizcaínos de 25 años que, además, eran miembros de un grupo de rock. Con ellos aprovechamos la ocasión para refrescar algo nuestros conocimientos del euskera.

–Yo estudié Periodismo, pero, sin ser psicólogo ni psiquiatra, me estoy dando cuenta de que el Camino es una terapia natural contra la ansiedad, el estrés y la depresión –dijo Pedro.

Aproveché un momento en el que Amaia hablaba con nuestros nuevos acompañantes de su trabajo como psicólogos para decirle a Pedro:

–La frase en latín es de la Eneida de Virgilio. Dice que la fortuna favorece a los valientes. Lo que no entiendo es lo de la M y la G.

–Te dije que parte del texto es ilegible. Solo hemos podido distinguir esas dos letras–, dijo tendiéndome el trozo de pergamino.

Efectivamente, lo que había escrito entre la M y la G era ilegible incluso para un experto en paleografía. El texto estaba emborronado y parecía que la tinta se había corrido, como si hubiese caído agua. Afortunadamente, podían leerse los tres números que debíamos utilizar en Santiago para acceder al tesoro que custodiaba la sociedad desde hacía siglos.

–Parece que son dos palabras, una empieza por M y otra por G. No es mucho para investigar. Llamaré a mi colega Maite para ver si hay alguna casa nobiliaria o algún personaje histórico en alguno de los pueblos por los que vamos a pasar que encaje con esas letras.

Mientras descansábamos y comíamos algo en el primero de los dos puntos intermedios de la etapa, Azofra, un acogedor pueblo con algunas casas blasonadas, dije:

–Por trece kilómetros de propina, se puede dar un pequeño rodeo para ver los monasterios de Suso y Yuso en San Millán de la Cogolla. Son Patrimonio de la Humanidad porque allí están las primeras palabras escritas del castellano y del euskera. Además, los dos monasterios merecen la pena visitarse.

–¡Qué chispa tienes! –me dijo Amaia–. Nosotros ya los conocemos, pero, además del pequeño rodeo que dices, hay que dedicarles bastante tiempo.

Saliendo de Azofra, se produce un cambio en el paisaje, pasando los campos de cereal a sustituir progresivamente a las viñas. Un kilómetro después de retomar la marcha, pasamos junto a una columna cilíndrica de piedra rematada en una bola. Al verla, expliqué a mis compañeros:

–Esto es un rollo de justicia medieval. Aquí solían tener lugar las ejecuciones y otros castigos. En algunos casos, estos rollos servían para marcar el límite del señorío o conmemorar la conversión de algún pueblo en villa. Las Cortes de Cádiz ordenaron demolerlos, pero sobreviven muchos, especialmente en Castilla y León y en Cáceres.

No eran todavía las doce del mediodía cuando llegamos a Santo Domingo de la Calzada, una bonita localidad de más de 6000 habitantes que debe su nombre a su fundador, Domingo García, un ermitaño que, en el siglo XI, construyó con sus propios medios un puente sobre el río Oja, abrió una calzada en el bosque y construyó un hospital y una iglesia para peregrinos. Por estos motivos, se le hizo patrón de los ingenieros de caminos y de obras públicas.

–Murió con más de 90 años. Quiso ser benedictino, pero no lo consiguió y se hizo ermitaño – expliqué–. Los ermitaños eran gente incómoda para las autoridades civiles y religiosas, porque reclamaban fuero religioso, pero no estaban sometidos a la autoridad de ningún obispo ni clérigo.

Entrando por la calle Mayor, una bonita calle peatonal con algunas casas blasonadas, Pedro y Amaia entraron en el albergue en el que iban a quedarse. Finalmente, Aritz, Endika y yo habíamos decidido seguir la recomendación de Jonás y continuar unos kilómetros más.

–¡Bienvenidos! –les saludó cariñosamente un hospitalero voluntario.

Tras dejar sus equipajes, salieron para acompañarnos a realizar una visita guiada a la catedral, una de las joyas más valiosas de La Rioja.

–Tenéis que estar aquí antes de las diez de la noche. Si no, dormiréis en un hotel de muchas estrellas – les dijo sonriendo el hospitalero cuando salían del albergue.

Declarada Bien de Interés Cultural en 1931, la catedral es un edificio principalmente gótico y, a su lado, cuenta con una esbelta torre barroca de 70 metros de altura que, curiosamente, no está adosada a la catedral sino exenta. Mientras admirábamos su exterior durante una visita guiada, uno de los visitantes dijo:

–Me hace recordar una serie de televisión de hace unos cuántos años sobre un asesino en serie el Camino de Santiago, con guion de Arturo Pérez Reverte. Recuerdo que era una coproducción y que trabajaban Charlton Heston, Robert Wagner, Imanol Arias, Anabel Alonso y muchos otros. Cuando la vi fue cuando me entraron ganas de hacer el Camino.

–Sí, yo trabajé en esa serie como extra cuando era estudiante –respondió la guía–. Se hizo en 1999. Cuando acabamos el rodaje, Anthony Quinn, muy simpático, nos abrazó uno por uno a todos los extras.

Una vez en el interior, nuestra simpática guía, a la que habíamos pedido que nos tutease, nos explicó:

–Hace unos años se hicieron unas excavaciones y se encontraron unas estatuas románicas. Por eso, se trasladó el retablo mayor a un lateral. Lo empezó Damián Forment, uno de los grandes escultores del Renacimiento y que tiene su obra principalmente en Aragón, pero murió antes de acabarlo y lo terminaron sus discípulos.

Con una alta densidad de esculturas policromadas, coexisten Jesús, María, los evangelistas, los apóstoles y personajes del Antiguo Testamento con tritones, nereidas, centauros y sátiros. Una curiosa combinación de motivos religiosos y profanos que tienen en común la grandeza de un escultor que borda detalles como la musculatura o las venas de los personajes.

–Si os fijáis –siguió diciendo la guía–, el retablo es de madera policromada, pero el zócalo de alabastro. Esto es porque Damián Forment quiso dejar claro que dominaba tanto la talla de la madera como la de la piedra. Este gesto de chulería lo hizo porque algunos desconfiaban de él porque no solía esculpir en madera sino en piedra. Tal vez alguno haya visto alguna otra de sus obras, como los retablos de piedra del monasterio de Poblet o los de las catedrales de Zaragoza o Huesca, entre otras.

Después, nos enseñó la tumba de Santo Domingo y un gallinero del siglo XV situado a unos metros de altura del suelo en el que había un gallo y una gallina albinos que se cambian cada dos o tres semanas. Los de repuesto viven en el jardín de uno de los dos albergues del pueblo. La guía continuó explicando el origen del gallinero:

–En el siglo XIV peregrinó a Compostela un joven alemán junto con sus padres. En el mesón donde se hospedaron, trabajaba una muchacha joven que se enamoró de él, pero el joven la rechazó. Despechada, guardó en el zurrón del joven una copa de plata, le acusó de haberlo robado y, poco después fue condenado a morir ahorcado. Cuando sus padres se acercaron a su cuerpo ahorcado para despedirse, oyeron que su hijo les habló desde la horca y les dijo que estaba vivo gracias a Santiago. Entonces, sus padres fueron donde el juez que le condenó y, al oírlo, se burló diciendo: "Vuestro hijo está tan vivo como este gallo y esta gallina que me voy a comer". Y en ese momento, las aves se levantaron del plato y se pusieron a cantar y cacarear. Por eso se dice: "Santo Domingo de la Calzada, donde cantó la gallina después de asada".

Al acabar la visita le dije a Pedro, sin que los demás me oyesen:

—Aunque no hemos descifrado la última pista, procura estar a solas con los guías de la catedral y con los hospitaleros voluntarios, por si acaso.

Tras la visita a la catedral, Aritz, Endika y yo salimos en dirección a Grañón, no sin antes hacer una breve visita a los dos paradores de Santo Domingo y a su plaza Mayor barroca. Al despedirnos de Pedro y Amaia, vi que uno de los hospitaleros llamaba a alguien por teléfono, aunque en ese momento no di importancia a ese gesto.

Afortunadamente, había nubes y claros y el calor era llevadero cuando llegamos a nuestro destino, el último pueblo de La Rioja en el Camino. Tras subir las escaleras de su único albergue, situado en la trasera de la iglesia, salieron a recibirnos un hombre y una mujer italianos llamados Nino y Rosanna. Como de costumbre, saqué mi credencial para que me la sellasen, pero Rosanna me dijo:

–No tenemos sello.

–Este es el sello –dijo Nino dándome un efusivo abrazo.

Estando en Grañón recordé cuando fui a la India en un viaje organizado. Comparando, valoré mucho más el abrazo de los hospitaleros que los collares de flores con que me obsequiaban en los hoteles de cinco estrellas; más las colchonetas, la guitarra y el piano desafinado que el lujo de aquellos hoteles. También disfruté mucho más trabajando codo con codo con otros peregrinos en vez de ser atendido por un amable personal encargado de hacer la pelota a los clientes. Es la magia del Camino.

Hacia las 17:30 me encontré con la sorpresa de ver a Amaia y Pedro en Grañón, bajándose del coche de una de las hospitaleras de su albergue.

–Ya que no pueden alojarse en Grañón, por lo menos he querido que conozcan a sus hospitaleros y que vean la iglesia, por si mañana se la encuentran cerrada – explicó la amable mujer.

Mientras Pedro hablaba con la hospitalera, le dije a Amaia:

–Me alegro mucho de que hayáis venido, porque hace poco me he dado cuenta de algo interesante. ¿Qué te parece el nombre de esta calle?

Mirando el rótulo leyó en voz alta.

–Calle Martín García. ¿Qué tiene de…? ¡Claro! – exclamó–. ¡M. G!

–Exacto. Según una leyenda medieval local, Santo Domingo y Grañón se disputaban un encinar y, para evitar una guerra, decidieron que se celebrase un combate entre dos caballeros, uno de cada pueblo. El representante de Santo Domingo se untó de grasa para que su rival, que era Martín García, no le pudiese agarrar. Entonces, lo que hizo Martín fue meterle la mano por el culo y lanzarlo al aire, matándolo. Martín García murió pocos días después a consecuencia de las heridas.

–Interesante.

–Ahora, el 25 de agosto los habitantes de los dos pueblos hacen una romería, una ofrenda floral y una comida de confraternización a base de caparrones junto a una sencilla cruz de madera que veréis mañana en el Camino y que, según esta leyenda, es el sitio donde tuvo lugar el combate. Nosotros la hemos visto hoy, pero no sabíamos que se llama la Cruz de los Valientes. Por eso nuestra pista dice que la victoria es de los valientes.

–Pero, si la cruz está en medio de los dos pueblos, ¿cómo sabemos en cuál de ellos está nuestro contacto?

–Es una buena pregunta.

Pocos minutos después, nos reunimos con Nino y Rosana en la terraza de un bar próximo a la iglesia, dedicada a San Juan Bautista. Allí se incorporó posteriormente un hombre con gafas que parecía ser

121

amigo de ellos. Cuando eran cerca de las 19:15 el hombre en cuestión dijo:

–Por fuera esta iglesia es bonita, pero no espectacular. Lo que sí os gustará es lo de dentro y, como podéis ver, hay rampas para entrar. Tiene un precioso retablo renacentista que diseñó Damián Forment cuando trabajaba en Santo Domingo, aunque lo esculpieron su sobrino y otro escultor.

–Me gusta la idea –dijo Pedro.

–Por un euro se ilumina, pero si os quedáis a la misa que voy a dar dentro de unos minutos lo veréis iluminado gratis y luego os puedo enseñar los tesoritos que guarda la sacristía. Mi favorito es un códice medieval.

Un poco sorprendido al enterarme de que ese simpático señor era el cura de Grañón le dije:

–No sabía que eras el párroco, pero me alegro, porque quería darte un saludo de parte de Jonás.

Mientras Pedro y Amaia entraban a la iglesia acompañados del cura, Nino me dijo:

–Ha trabajado mucho por el Camino y por los peregrinos.

Efectivamente, el retablo mayor de la iglesia, dedicado a San Juan Bautista y San Juan Evangelista, es precioso y deslumbrante, bien nutrido de esculturas ricamente policromadas y figuras llenas de movimiento, expresividad y realismo.

Cuando acabó la misa, antes de despedir a la gente, el cura nos dijo a los siete peregrinos que estábamos:

–Los peregrinos que habéis venido, ¿podéis acercaros al altar para que os dé una bendición?

A las nueve, todos los que nos alojábamos en el albergue disfrutamos de una maravillosa cena comunitaria que fue preparada por Aritz y Endika, mientras el resto colaboramos en recoger la mesa y fregar los cacharros. Tras la cena, me di cuenta de que había recibido hacía un tiempo un mensaje de Pedro y Amaia y una llamada de un número desconocido, pero, antes de atenderlos, quise acudir a un acto espiritual voluntario que tuvo lugar en el coro de la iglesia, con una vista envidiable del retablo iluminado.

–Vamos a pasarnos esta vela encendida para reflexionar sobre nuestro Camino. El que quiera, puede decir algunas palabras sobre el Camino, formular un deseo... lo que le parezca oportuno y, el que no quiera, puede simplemente pasar la vela –dijo Nino, ejerciendo de maestro de ceremonias.

Después de que todos hubiésemos tomado la vela en nuestras manos y hubiésemos escuchado los buenos deseos formulados por algunos peregrinos, el trío vasco cantamos en nuestra lengua la canción *Txoria Txori*, una preciosa balada de los años 80 de un compositor llamado

Mikel Laboa, que hoy forma parte del repertorio de muchos coros de distintos países. Para acabar, Nino dijo:

–El sello de Grañón es un abrazo, para que reflexionéis acerca de qué es lo importante en el Camino, así que ahora vamos a darnos un abrazo, uno a uno.

Abrazando al que tenía a su lado le dijo:

–¡Buen Camino!

Tras la abrazada colectiva deseándonos buen Camino, leí el mensaje que me habían enviado Pedro y Amaia. Me decían que habían dado con el contacto, aunque no me dieron detalles. Después, llamé al teléfono desconocido y comprobé que era el de un antiguo alumno mío, con el que había tenido un trato muy cercano, aunque no recordaba haberle dado mi número de teléfono particular. Lo que me dijo, me dejó bastante inquieto.

19 de julio de 2013

Al día siguiente, me desperté con los acordes de guitarra del *Cumpleaños Feliz* que Endika y Aritz dedicaron a Daniela, una simpática italiana de pelo castaño que conocimos en la cena y que cumplía 38 años.

–¡Qué sorpresa más agradable! –dijo sonriendo y todavía somnolienta–. ¿Dónde tenéis pensado parar hoy?

–En Tosantos –respondió Endika–. A unos 21 kilómetros de aquí. Supongo que la mayoría de los que hemos dormido aquí iremos a Tosantos o a alguno de los pueblos siguientes, que también tienen albergues. ¿Te vienes con nosotros?

–No lo sé –respondió–. Una amiga mía está en Santo Domingo y tiene una ampolla. Si ella puede, iremos a Tosantos. Si no, nos quedaremos en Belorado.

Como la llamada telefónica de mi antiguo alumno me había dejado inquieto, no pasé buena noche y me desperté algo tarde, así que, para no hacer esperar, pedí a Endika y Aritz que no me esperasen. Además, quería hacer algo de tiempo para quedar con Amaia y Pedro.

Poco después de que saliesen, me di cuenta de que había empezado a llover, así que esperé unos minutos más. Al ver que llovía menos, dije a Nino y Rosanna:

–¡Bueno! Voy a despedirme de vosotros con el sello de Grañón.

No había transcurrido una hora desde aquellos abrazos cuando me encontraba contemplando las murallas y torres de Jerusalén. Concretamente, de la Jerusalén celestial, plasmada en los magníficos relieves del siglo XII que cubren por completo la pila bautismal de la iglesia románica de la Virgen de la Calle, en

Redecilla del Camino, primer pueblo de la provincia de Burgos.

Poco antes de llegar a esta pequeña localidad de menos de 200 habitantes, que también cuenta con un bonito palacio blasonado, los carteles de la carretera invitan a los automovilistas a desviarse para visitar aquella joya de más de un metro de altura en forma de copa alzada sobre ocho columnas. Allí me había citado con Amaia y Pedro, con quienes tenía que hablar sobre nuestro "juego".

–Perdona si te hemos hecho esperar, pero hemos estado sacándonos unas fotos con los hospitaleros y unos peregrinos –dijo Amaia.

–No hay nada que perdonar. Me alegro de que os lo estéis pasando bien y espero que, a estas alturas, hagáis el Camino para algo más que para resolver este misterio.

–Que no te quepa la menor duda –me dijo Pedro–. Sobre nuestro tema, tenemos que darte una noticia buena y dos malas. La primera noticia mala es que alguien se nos ha adelantado y se ha hecho con el trozo de pergamino que buscábamos. Y la noticia buena es que nuestro contacto sabía su contenido y nos lo ha dicho, por lo que, si somos rápidos, podemos llegar antes que nuestro adversario.

–¿Y la segunda noticia mala? –pregunté con cara de preocupación.

–Que, aunque recordaba el contenido de la pista, no recordaba los números que contenía. No sé las consecuencias que tendrá eso cuando se junten todos los papeles.

Llevándome la mano a la barbilla les pregunté:

–¿Y qué es lo que tenemos que descifrar?

–Una palabra –dijo Amaia–. Arancón. Aunque nos dijo que el trozo de pergamino parecía roto y que era posible que estuviese incompleto. Hemos tecleado esa palabra en Internet y resulta que es un pueblo de Soria. Esto no me cuadra.

–Y yo he buscado si alguno de los pueblos que hay de aquí a Burgos ha cambiado de nombre y se llamaba antiguamente así o algo parecido. Negativo. Y parece que tampoco existe como apellido o nombre antiguo –añadió Pedro.

–Y, vosotros que sois policías, supongo que habréis intentado averiguar algo sobre la persona que se nos ha adelantado, ¿no?

–¡Por supuesto! –respondió Amaia–. Era un hombre moreno y con barba. Se hizo con ella al mediodía, mientras estábamos en Santo Domingo. Y parece ser que durmió en Grañón.

–Puede ser –respondí–. Había uno que era como decís y que no recuerdo haber visto los días anteriores. Si sabe quién eres, habrá calculado que tú te quedarías en Santo Domingo.

—Hay otra cosa rara —dijo Pedro—. La descripción de ese hombre es distinta de la del que se nos intentó adelantar en Viana. Entonces, una de dos, o se disfraza, o nos enfrentamos a una banda.

Después de abandonar Redecilla, paró la lluvia y continuamos nuestra marcha por una pista entre cultivos de cereales cercana a la carretera, hablando de temas distintos. Así, comprobé con alivio que Pedro parecía alegre y que no le había afectado a su estado de ánimo el golpe recibido. Cuando llegamos a Viloria de Rioja, un pueblo con algunas bonitas casas con entramados de madera expliqué a mis acompañantes:

—Esta comarca se llama Riojilla Burgalesa. Por eso el nombre de este pueblo. Aquí nació Santo Domingo de la Calzada, pero su casa se derrumbó hace unos años y solo quedan escombros. Dentro de esta iglesia está la pila bautismal en la que lo bautizaron y, por supuesto, una estatua suya.

Poco después, saliendo del pueblo les dije:

—Por cierto, no me habéis dicho quién fue ayer el contacto.

—Seguro que te sorprendes —dijo Pedro sonriendo—. El cura de Grañón. Habló conmigo a solas poco antes de empezar su misa.

–Tienes razón, me sorprende. ¡Con la Iglesia hemos topado! Es preferible tenerla de nuestra parte que en contra.

Hacia las doce del mediodía llegamos a Belorado, una localidad de unos 2200 habitantes ubicada al pie de un castillo en ruinas, bien dotada de albergues y con una famosa industria peletera. Como lo conocía bien por haber pernoctado allí dos veces, ejercí de guía y llevé a mis compañeros a visitar las iglesias de Santa María y de San Pedro, renacentista la primera y barroca la segunda, que albergan interesantes tesoros en su interior, en particular sus retablos mayores barrocos.

Tras la visita a las iglesias, recorrimos su particular paseo de la fama, consistente en una serie de baldosas metálicas con la marca de la mano y el pie de una serie de personajes famosos del mundo del deporte, las artes, la comunicación, etc. Así, mirando al suelo uno puede ver huellas de personajes como Edurne Pasabán, Alberto Contador, Miguel Indurain, Martin Sheen o su hijo Emilio Estévez, entre otros.

–Una chica de la Oficina de Turismo me contó que hubo problemillas para hacer la huella de Fernando Romay, que creo que calza un 53. Echo de menos la huella del ex ciclista Peio Ruiz Cabestany, que ha hecho varias veces el Camino andando y ha dado conferencias a los presos de algunas cárceles.

Tras este recorrido, acompañé a Pedro y Amaia al albergue en el que iban a quedarse. En la puerta, saludaron cariñosamente a un hombre con chaqueta azul que parecía bastante mayor.

—Te presentamos a Enio, de Florencia —me dijo Amaia.

—¿Cómo Ennio Morricone, el gran músico? —dije sonriendo mientras le estrechaba la mano.

—¡Ja, ja, ja…! Tendrá más o menos mi edad, pero él es Ennio, con dos enes. Y yo Enio, con una ene, de Eugenio —me dijo en un correcto castellano—. ¿Es tu primer Camino?

—No, el tercero.

—El mío es el cuarto. Me gusta mucho el Camino por el paisaje, los monumentos y la gente. Mientras mi mujer se queda con sus amigas, yo me voy al Camino. Hice el primero cuando tenía 78 años. Ahora tengo 84.

Tras una breve y animada charla con aquel admirable hombre, mayor pero jovial, me dirigí hacia la plaza Mayor, una bonita y típica plaza castellana arbolada con quiosco de música y soportales. Me disponía a sacar el teléfono cuando vi a un joven alto que se dirigía hacia mí con su mano derecha extendida.

—¡Hola Dani! —le dije saludándole efusivamente—. Me alegro de verte, pero me dejaste preocupado con tu petición de ayuda. ¿En qué puedo ayudarte? ¿Qué es de tu vida?

–Te cuento. Como no es fácil trabajar con la carrera de Historia, oposité a policía y estoy trabajando en mi Galicia natal. No sé si te sorprende.

–Un poco. Sé que hay muchos policías graduados, sobre todo entre los menores de 40 años. Precisamente estoy haciendo el Camino con dos licenciados que son policías locales. Pero me sorprende que tú precisamente seas policía. Creo que podrías haber opositado a profesor de educación secundaria.

–¡Cosas de la vida! El caso es que quiero hablar contigo de un caso. He sabido que estabas haciendo el Camino por una red social y, siendo policía, no ha sido difícil dar con tu número de teléfono.

Viendo que guardaba silencio, continuó hablando:

–Te comento. El 12 de julio hubo una profanación en una iglesia de Pontedeume. Alguien hizo una pintada con espray en una estatua de Santiago que, afortunadamente, puede arreglarse. Parecía un acto de gamberrismo, pero el autor dejó un papel que decía: "Liberemos el Camino". Haciendo unas comprobaciones rutinarias, se supo que hubo otra profanación en la capilla de San Mamede, en una aldea que se llama Os Martores. Fue el 3 de julio.

–Pues yo tengo coartada –dije sonriendo–. El 3 de julio estaba en Pamplona y el 12 hice una etapa entre Cizur Menor y Puente la Reina.

–Veo que eres tan graciosillo como siempre –me dijo sonriendo–. Te pido ayuda porque me he enterado de que te has convertido en un experto en el Camino. Y te pido discreción porque no nos interesa ni a nosotros ni a la Iglesia que se haga publicidad de estas profanaciones.

–De acuerdo, pero, si las profanaciones han sido en dos pueblos, ¿no tendría que encargarse la Guardia Civil?

–Sí. Oficialmente lo llevan ellos y yo solo colaboro. No sé si sabes que soy sobrino de un alto cargo eclesiástico y, como la Iglesia se teme que no sea considerado un asunto prioritario, más aún cuando parece que el profanador es itinerante, digamos que ha rogado que me dejen colaborar. Lo que había pintado en Pontedeume era esto:

–Es un símbolo celta. No hace falta ser experto en historia. Casualmente, he conocido a una peregrina con un colgante con ese símbolo, pero eso se puede comprar en cualquier mercadillo.

–Lo sé, no es por ese símbolo solo. En Os Martores la profanación fue distinta. Alguien dejó también la misma nota de liberar el Camino, lo cual me descoloca, porque Os Martores no está en ningún Camino. Además, el profanador sustituyó el pan y el vino de la misa por leche y uvas. Mi hipótesis es que detrás hay una secta, pero mis compañeros especialistas en sectas no conocen ninguna que encaje con esto y quiero saber si en el pasado hubo algo parecido. ¿Te dice algo lo de la leche y las uvas?

–¡Sí, Prisciliano!

–¿El hereje?

–El mismo, aunque él nunca se sintió hereje. Además, hay quien defiende que su tumba puede estar en Os Martores. Los defensores de esta hipótesis argumentan que la capilla es del siglo IV y que hay sarcófagos con forma humana de esa época. Y la palabra Martores puede derivar de Mártires, que haría referencia a la muerte de Prisciliano y sus seguidores.

Al ver que miraba el reloj, Dani cayó en la cuenta de que estaba haciendo el Camino y, al decirle que mi intención era andar hasta Tosantos, situado a cuatro kilómetros y medio de Belorado, se ofreció a acompañarme al menos un rato mientras hablábamos de su caso. Abandonamos el pueblo por una pasarela paralela a un puente medieval sobre el río Tirón y anduvimos por una agradable pista con vegetación en sus bordes y, a veces, algunos arbustos.

133

–¿Sabes si hay alguna conexión entre Prisciliano y ese símbolo celta? –me preguntó.

–A bote pronto, no se me ocurre, pero haré todo lo posible por ayudarte. Prometo llamarte si averiguo algo.

–Me pregunto si algún iluminado pretende reconstruir alguna secta priscilianista.

Tosantos es una aldea de poco más de cincuenta habitantes permanentes, aunque en verano se duplica o triplica la población. Su iglesia es un edificio sencillo con un gran castaño de indias a su lado y, junto a ella, se encuentra el albergue parroquial. Atendido durante todo el año por un hombre llamado José Luis, al que le asistían hospitaleros voluntarios que pasaban periodos de quince días, el albergue parroquial es un bonito edificio de color amarillo con listones de madera y en el que, al igual que el de Grañón, no se duerme en camas, sino en finas colchonetas. Cuando llegué me encontré a Aritz y Endika, que estaban con Daniela y una treintañera morena de pelo corto.

–Te presento a mi amiga Chiara –me dijo Daniela–. Le estamos curando su ampolla.

Como todos los días, José Luis organizó una excursión voluntaria para visitar una ermita rupestre llamada Virgen de la Peña, excavada en un pequeño monte en donde también había otras cuevas. Desde el exterior, solo se ve la fachada de la ermita, formada por un arco renacentista y una espadaña con huecos para dos campanas. Su interior, tiene unos 15 metros de profundidad y guarda un retablo barroco con una imagen de la Virgen.

–Hay muy pocos datos sobre la historia de este monumento –explicó la amable mujer que tenía la llave–. El día de la Virgen de la Peña, el 8 de septiembre, se sube en procesión a esta ermita, con danzantes vestidos de trajes típicos.

Tras escuchar las explicaciones de aquel monumento, sencillo pero interesante, un hombre de 33 años, con gafas, fornido y con barba que estaba sentado junto a mí en un banco de la ermita, me dijo.

–Me alegro de haber parado aquí. Si no, no lo hubiese visto.

–Lo mismo digo. ¿De dónde eres?

–De Getxo. Me llamo Luismi.

Saliendo de la ermita, saqué mi teléfono para escribir a Pedro y Amaia. Sin embargo, no había nada de cobertura a causa del monte en el que se encontraba la cueva.

Como es habitual en muchos albergues parroquiales, aunque no en todos, se hizo una cena

135

comunitaria presidida por José Luis. A su derecha e izquierda estaban los dos hospitaleros voluntarios, un hombre y una mujer jóvenes y muy simpáticos y amables. Además, pude ver con gozo que estaba presente el grupo multinacional con el que cené en Nájera. Después de habernos servido varios platos, José Luis golpeó una botella para pedir silencio y dijo:

–Ahora, el postre.

Entonces, la hospitalera se acercó al centro de la mesa con una tarta con velas y la colocó en frente de Daniela que, como era de esperar, se sorprendió muy gratamente. Con la ayuda de su amiga Chiara, que dominaba varios idiomas, José Luis, ejerciendo de maestro de ceremonias, continuó diciendo:

–Junto a la tarta hay una tarjeta con un poema firmado por los peregrinos que estamos aquí. Ahora, todos los presentes vamos a felicitarle cantando en su propio idioma.

–¡Hay un error! Mi cumpleaños no es hoy, es mañana –dijo Daniela sonriendo emocionada después de que se le cantase en castellano, italiano, euskera, danés, alemán, francés, inglés, japonés y árabe.

–Seguimos con la música. En este albergue tenemos la costumbre de que, después de cenar, todos tenemos que cantar algo. Empiezo yo con los hospitaleros, para dar ejemplo. Aunque somos españoles, vamos a cantar una canción en francés que se titula "Ultreia". *Tous les matins nous prenons le chemin...*

136

De nuevo, comenzó una ronda musical, en la que Aritz, Endika, Luismi y yo cantamos en euskera un popular villancico. Cuando acabamos, José Luis dijo:

–Esta cena y el desayuno comunitario de mañana es posible gracias a las donaciones de los peregrinos que durmieron ayer aquí. Os agradeceríamos que hicieseis un donativo para pagar la cena de mañana y para los gastos de agua y electricidad, aunque si alguien no dona no le vamos a decir nada. Ahora, tenemos un acto espiritual y de oración en una capilla que tenemos arriba. A los que no quieran asistir, les agradeceríamos que colaboren en recoger la mesa y limpiar los cacharros.

Tras subir a una pequeña habitación, José Luis explicó:

–Otra costumbre nuestra es que, los peregrinos que quieran, dejen escrito un mensaje pidiendo algún deseo o explicando los motivos por los que hacen el Camino. El mensaje se deposita en una urna cerrada, que se abre al día siguiente.

Cuando nos sentamos en torno a unas velas, se abrió la urna y se repartieron los mensajes que habían escrito el día anterior entre los presentes, según el idioma en el que estaban escritos.

–Cometí un aborto. Estoy haciendo el Camino para perdonarme y ser perdonada –decía el papel que leyó Chiara en italiano.

–Decidí hacer el Camino cuando descubrí que mi padre había abusado de menores, entre ellos mi prima – decía otro impactante mensaje escrito en castellano.

–Descubrí que mi padre fue un estafador y un asesino que no pagó por sus crímenes. Con el tiempo, he aprendido a perdonarle…

Tras este emotivo acto, salimos de aquella salita impactados y conmocionados por los dramas personales que mueven a algunos a peregrinar y viendo que, en ocasiones, la realidad supera a la ficción. Poco después de acabar el acto, escuché que Luismi decía a José Luis:

–Esas cuevas que hay en la montaña cerca de la ermita rupestre, ¿eran de ermitaños?

–Sí, aunque son inaccesibles. Se cree que las hicieron los moros. Se llaman Cuevas de los Arancones.

Al escucharlo me dio un escalofrío y pensé:

–¡Y yo aquí sin cobertura!

10

De oca a oca

Entonces era Castilla un rincón.
Era de castellanos Montes de Oca mojón.

Autor desconocido:

Poema de Fernán González

20 de julio de 2013

Para descansar bien sin molestarnos los unos a los otros, se nos había ordenado que nadie se levantase de su colchoneta antes de las seis, lo cual agradecí profundamente. Tras el desayuno comunitario, los peregrinos nos pusimos en marcha escalonadamente. Yo partí con Aritz, Endika y Luismi, después de despedirnos y sacarnos unas fotos con los hospitaleros. La noche anterior había enviado un mensaje a Amaia y a Pedro sobre mi descubrimiento de Tosantos y confiaba en recuperar pronto la cobertura para que lo pudiesen recibir y actuar en consecuencia.

El primer pueblo, Villambistia, está a dos kilómetros escasos de Tosantos. Según una leyenda local, su fuente de cuatro caños tiene la facultad de acabar con el cansancio de los que se remojan la cabeza en ella, aunque nosotros no lo hicimos por encontrarnos frescos. Veinte minutos después llegamos al siguiente pueblo, Espinosa del Camino.

—En mi guía del Camino se dice que esta iglesia tiene un buen retablo barroco. ¡Lástima que esté cerrada! —dijo Luismi.

Sin sentir necesidad de descansar, continuamos andando poco más de 3 kilómetros hasta el siguiente pueblo, Villafranca Montes de Oca, por donde discurre el río Oca, que da nombre al pueblo y a los montes. En ese tramo pasamos junto a las ruinas de la iglesia mozárabe de San Félix, en donde, según la tradición, reposaron los restos del fundador de Burgos, el conde Diego Rodríguez Porcelos. En Villafranca hubo más suerte y pudimos hacer una visita a la iglesia neoclásica de Santiago Apóstol.

—Lo que más llama la atención es esta vieira, que es una pila bautismal traída de Filipinas —nos explicó un joven de unos veinte años—. Al lado de la iglesia tenéis el antiguo Hospital de San Antonio Abad, del siglo XIV. Fue uno de los mejores del Camino porque lo fundó la reina doña Juana, mujer de Enrique II.

Tras el descanso, nos adentramos en un remanso de paz, alejados del tráfico del puerto de la Pedraja. Aunque teníamos algunos kilómetros de subida, no excesivamente pronunciados, aquel bonito bosque autóctono de robles, enebros y brezos compensaba con creces el pequeño esfuerzo que realizábamos. Aquel espacio verde de los Montes de Oca es un oasis entre kilómetros y kilómetros de llanura de cultivos que nos esperaban. La tranquilidad que respirábamos poco tenía que ver con épocas pasadas, en las que los peregrinos se enfrentaban a bandidos que acechaban en aquellos montes, tal y como advertía el *Codex Calixtinus*.

Después de unos cinco kilómetros de subida, nos sentamos a reponer fuerzas en un merendero situado junto a un monumento dedicado a los fusilados en esa zona en 1936 tras el golpe de Estado. En esos minutos de descanso, se unieron a nosotros Pedro y Amaia, que me hizo un guiño que interpreté como que iba a darme alguna buena noticia.

—Pensábamos que iríais por la carretera —dijo Endika saludando alegremente.

—Pasaban muchos coches y camiones, así que decidimos meternos por el Camino. Ya sabéis cómo somos los *naburros*, aunque tengo el cuerpo dolorido por los baches —respondió Pedro.

—Lo que me preocupa es lo que viene justo ahora —respondí con cara seria.

Después de levantarnos, mis compañeros vieron a qué me refería. A pocos metros del monumento está el conocido como tobogán o "V" de La Pedraja, una larga bajada seguida inmediatamente de una fuerte subida. Comenzamos la bajada lentamente, aunque era menos difícil de lo que parecía a primera vista. Lo que más nos preocupaba a todos era la subida. Cuando habíamos bajado la mitad del tobogán, Pedro gritó asustado:

—¡Es una pared!

141

—Tranquilo, es solo un efecto óptico –dijo una voz que me resultó familiar.

—¡Jonás! Me alegro de verte. No esperaba encontrarte –le dije.

Llevando sus manos a la silla de Pedro, le dijo:

—Aunque pareces fuerte, voy a ayudarte a subir la cuesta. Son unos 100 metros de subida y ya verás como no es tan terrible.

Tras la bajada, cruzamos un estrecho puente de un metro de ancho sobre un regato y empezó una subida dura, pero menos de lo que parecía desde lejos. Cuando la subimos, para mi sorpresa, Jonás no parecía cansado, pese a haber empujado la silla sin quitarse su equipaje y su inseparable órgano. Como si fuese inmune al cansancio dijo:

—Después de esto es típico sacarse una foto con el tobogán de fondo. Os la saco yo, que a mí no me gusta salir en las fotos.

Después de sacarnos las fotos, nos despedimos de Jonás, que nos dijo que quería sentarse un rato a la orilla del Camino para comer algo antes de seguir hasta San Juan de Ortega.

—¿Quién es ese chico? –me preguntó Amaia.

—Lo conocí en Nájera. Desde hace unos años vive en el Camino. Es el "culpable" de que haya dormido en Grañón y Tosantos.

–Dicen de mí, pero también tiene mérito hacer el Camino con ese órgano a la espalda –dijo Pedro.

–No me sorprende demasiado. La gente quiere sentirse como en casa y llevan lo que les hace sentirse bien: guitarras, perros, ositos de peluche... Creo que he visto de todo.

Tras el tobogán, el bosque autóctono dio paso a un pinar que se extendía a lo largo de unos 7 kilómetros hasta San Juan de Ortega. En un momento de ese agradable paseo pregunté a Pedro:

–¿Cómo os ha ido?

–¡Bien! El contacto era un hospitalero voluntario de Tosantos. Tenemos la clave.

–¿Y sabéis si alguien ha intentado hacerse con ella antes que vosotros?

–Sí, pero se le ha dado una pista falsa para despistar que le mandará a Tardajos, más allá de Burgos. Esta vez ha sido una mujer la que se ha intentado adelantar.

–¿Y qué es lo que dice la verdadera clave?

–Un dibujito y otro latinajo. Esta vez son dos palabras y es muy fácil de traducir: *finis regis*, o sea, fin del rey. El dibujito es una pata de oca.

–Lo del dibujito es muy impreciso. Hemos pasado el río Oca, estamos en los Montes de Oca y algunos pueblos de esta zona llevan la palabra "Oca" en su nombre, como Santovenia de Oca o Villafranca

143

Montes de Oca. Puede ser cualquiera de los pueblos que tenemos que pasar, si es que no lo hemos pasado ya.

–Pues conviene que lo descifremos bien. Mi madre ha dicho que, como medida de seguridad, el gran maestre ha exigido que no se entreguen pistas sin que el que las pida explique su significado.

Hacia las 11:30 llegamos a San Juan de Ortega, un pequeño pueblo cuyo interés y encanto es inversamente proporcional a su tamaño y en donde nos juntamos con nuestras amigas italianas Daniela y Chiara. Con la compañía de dóciles perros que buscan la generosidad de los peregrinos para llevarse algo a la boca, repusimos fuerzas y disfrutamos de la vista que nos brindaba aquella plaza, en la que su monasterio y su bonito santuario gótico son una delicia para la vista.

Siguiendo nuestra costumbre, pasamos al interior del santuario, declarado Monumento Histórico en 1931. Lo primero que llama la atención al entrar es un ostentoso sepulcro de mármol de estilo gótico isabelino construido en 1464, según algunos por Gil de Siloé, uno de los grandes escultores del Renacimiento en España. Aunque su riquísima decoración contiene imágenes del santo, no es él quién está enterrado ahí. El sepulcro del continuador de la obra de Santo Domingo de la Calzada es una sencilla tumba rectangular.

Otra de las joyas de la iglesia es el Capitel de la Anunciación, en donde aparecen representadas escenas de la Visitación, la Anunciación y la Natividad. Si la climatología lo permite, en los equinoccios de otoño y de primavera, sobre las cinco de la tarde, un rayo de luz entra por una pequeña ventana y va iluminando durante unos diez minutos el capitel de la Anunciación en lo que se conoce como "el milagro de la luz", descubierto en los años 70 del siglo XX. Nadie parece dudar que este hecho no es casual y se debe a la pericia de los maestros constructores.

–Este santuario fue visitado por Isabel la Católica cuando tenía dos hijas –nos explicó una joven hospitalera voluntaria que se ofreció de cicerone–. La reina pidió al santo tener un hijo varón y, un año después, dio a luz a un hijo al que llamó Juan. Después tuvo una hija que fue la reina Juana. No le llamo "Juana la Loca" porque soy escéptica de esa historia escrita por los vencedores.

Tras nuestra dosis de alimentación y de cultura, continuamos nuestra marcha. Aunque la hospitalera nos informó de que solía obsequiarse a los que se quedaban en el albergue con sopas de ajo, costumbre que inició el párroco José María Alonso Marroquín, fallecido en 2008, decidimos continuar nuestra marcha.

–¡Buen Camino! –nos dijeron unos peregrinos que decidieron quedarse en ese magnífico lugar.

Tras salir de ese precioso enclave, un bonito bosque autóctono nos hizo sombra unos 4 kilómetros hasta que una cuesta nos condujo al siguiente pueblo, Agés. Al llegar, nos despedimos de Luismi, que había

145

decidido andar dos kilómetros más hasta Atapuerca, mientras que el resto decidimos quedarnos. Nos dirigimos a uno de sus tres albergues y, al ver a Pedro, el hospitalero, un hombre muy simpático con bigote, dijo:

—Tú debes ser el hijo de Olga y tocayo mío que me llamaste ayer, ¿no?

Después, al verme a mí, se sorprendió alegremente y me dijo:

—¡Hombre, qué alegría! ¿Has venido con tu mujer?

Agés es una aldea fundada hacia el año 900. Durante un tiempo fue localidad fronteriza del Reino de Navarra y, mucho tiempo después de pasar a depender de Castilla, sus habitantes seguían siendo llamados navarros. Gracias al Camino, cuenta con albergues, restaurantes y una masajista. Incluso organiza visitas guiadas pese a su pequeño tamaño. Antes de la cita de Pedro con la masajista, dimos un paseo por sus agradables calles con casas típicas castellanas con traviesas de madera. Señalando un estrecho camino, dije a mis compañeros:

—Por ahí abajo hay un puentecito románico sobre el arroyo Vena. No tiene demasiado interés artístico, pero sí histórico, porque lo construyó Juan de Ortega.

Más tarde, mientras Pedro era atendido por la masajista del pueblo por tener el cuerpo dolorido a causa de algunos tramos empedrados del Camino, dije a Amaia:

–Creo que el siguiente contacto va a estar aquí o en Atapuerca. El enigma que buscamos se escondió en un mojón que está entre los dos pueblos. La cuestión es en cuál de los dos está el contacto.

–¿La has descifrado?

–Sí. En la Edad Media los pueblos creaban hermandades para defenderse. Los pueblos de esta zona se agruparon en la Hermandad de los Montes de Oca. Por eso hay una pata de oca dibujada.

–¿Y lo de fin del rey?

–En 1154 tuvo lugar la Batalla de Atapuerca, entre los reyes García de Navarra y Fernando I de Castilla, que eran hermanos. En esa batalla, en algún lugar entre Agés y Atapuerca cayó muerto el rey de Navarra. Eso explica lo de fin del rey. Desde 1996 se hace una recreación de esa batalla un fin de semana en torno al 20 de agosto, en la Semana Medieval de Atapuerca.

Mirando la iglesia de Agés, un pequeño templo románico con una elegante espadaña, continué diciendo:

–El rey García está enterrado en Nájera y vimos su tumba hace poco. Una leyenda local de Agés decía que estaba enterrado en esta pequeña iglesia, bajo una lápida que ocupa un lugar honorable, pero parece que quién está ahí es un cura que fundó un hospital en el siglo XV.

–Hasta la hora de cenar tenemos un tiempo para ver si está por aquí el contacto.

–Otra cosa. Me he fijado en la cara que habéis puesto tú y Pedro cuando el hospitalero ha preguntado si vengo con mi mujer. Si pensáis lo que creo que pensáis, estáis equivocados: no estoy divorciado. No es raro encontrar hombres o mujeres que hacen el Camino sin su pareja.

–¿Y tienes hijos?

–Sí, trillizas de diez años. Se llaman Arrate, Alaitz y Edurne. Ahora están con su madre y luego van a estar un par de semanas de colonias. Todos los días hablo por teléfono con ellas.

–Me sorprende que no nos hayas dicho nada hasta ahora.

Pese a que parecía estar molesta por lo que, al parecer, consideraba desconfianza por mi parte, todo siguió igual entre nosotros y, unas horas después, junto a nuestros nuevos amigos vizcaínos e italianas, cenamos y pasamos una agradable sobremesa cantando canciones de los Beatles. En un momento en que nuestras miradas se cruzaron, Pedro levantó discretamente el dedo pulgar de su mano derecha. Casi al mismo tiempo, recibí un mensaje de Daniel, mi amigo policía.

11

Una clave heráldica

Tras cruzar el bosque de Oca, la tierra de España continúa
hacia Burgos; es Castilla y sus campos. Esta región está
llena de riquezas, de oro y de plata; produce felizmente
forraje y caballos vigorosos, y el pan y el vino, y la carne
y el pescado, y la leche y la miel abundan allí.

Aimeric Picaud:
Codex Calixtinus

21 de julio de 2013

Al levantarme, pensé que el día podía resultar
muy intenso. La etapa no era muy larga, pero nuestra
meta, Burgos, final de la quinta etapa del *Codex
Calixtinus*, es una ciudad estupenda en la que hay
muchos lugares para visitar. Además, tenía que pensar en
resolver el siguiente enigma, de la que solo me habían
podido decir que era un escudo y, por si fuera poco, mi
amigo Daniel me había pedido que le llamase a la tarde
porque había tenido lugar otra profanación en la iglesia
de Redondela, en el Camino Portugués.

También iba a ser una jornada de despedidas, así
que madrugamos un poco más de la cuenta. Para llegar a
Burgos hay dos variantes que se juntan en un pueblo
llamado Castañares. Como el terreno mandaba, Amaia y

Pedro se dirigieron por una variante que transcurre por localidades cuyo nombre delata que fueron repobladas por vascos, como Zalduendo e Ibeas de Juarros, mientras el resto fuimos por otra alternativa.

–¿Cómo tienes tu ampolla, Chiara? –preguntó Aritz.

–Creo que está ya curada. Espero poder ir con vosotros si no vais demasiado rápido –dijo sonriendo.

Tras pasar el pequeño pueblo de Atapuerca, famoso por el importante hallazgo del *Homo Antecessor* en un yacimiento declarado Patrimonio de la Humanidad, subimos un pequeño puerto cuya cima está señalada por un vértice geodésico.

–¡Mirad, ahí está Burgos! –dijo Endika señalando la ciudad, que parecía estar casi al alcance de la mano.

–Sí, pero no hay que engañarse. Según nuestra guía llevaremos unos cinco kilómetros y la etapa tiene unos 23 –respondió Chiara.

Unos kilómetros más allá, junto a unas viviendas unifamiliares, había que elegir entre dos variantes y elegimos la que se dirigía hacia Castañares, rodeando la valla del perímetro de seguridad del aeropuerto.

–Lo siento por los pies, los oídos y la cabeza de los pobres que elijan la opción que hemos rechazado. Van a tener que atravesar un polígono industrial de varios kilómetros con asfalto y mucho tráfico de coches y camiones que es una tortura física y psicológica.

Siendo cerca de las diez de la mañana, llegamos al bar de Castañares, en donde habíamos quedado en reagruparnos y nos llevamos la grata sorpresa de ver que Pedro y Amaia, que habían llegado antes que nosotros, estaban tomando un café con Luismi. Mientras descansábamos, propuse a mis compañeros:

–El camino más corto va por un horrible y ruidoso polígono industrial que sufrí en mi primer Camino y que no creo que sea muy accesible para sillas de ruedas. Lo mejor es ir junto al río, por un parque con caminos peatonales y carriles-bici. Esa variante no es histórica, pero creo que no somos menos peregrinos por evitar esa pesadilla.

El fuerte calor de aquel día quedaba mitigado gracias a las sombras que proyectaban los muchos árboles que escoltaban el parque de Fuentes Blancas, situado a la vera del río Arlanzón. La vista del río, sus cascadas y sus patos eran una delicia para los sentidos, aunque la vista de bañistas en su playa fluvial provocaba cierta envidia.

Como nuestro tiempo nos lo permitía, nos desviamos ligeramente para hacer una visita a la Cartuja de Miraflores, un monasterio de estilo gótico isabelino del siglo XV diseñado por el arquitecto Juan de Colonia, bonito por fuera y maravilloso por dentro. Cerca de la entrada de la iglesia, nos encontramos con un monje vestido de blanco que miraba ensimismado con rostro expresivo el crucifijo que sostenía en su mano derecha.

Aunque no es de buena educación, señalé con el dedo a ese monje diciendo:

–No os ofendáis porque no nos salude. Es san Bruno, el fundador de la orden de los cartujos. Se dice que no habla porque es cartujo.

Junto a esa preciosa estatua barroca de madera policromada de Manuel Pereira, también destaca en su interior su magnífico retablo mayor, del genial escultor Gil de Siloé y, del mismo autor, los espectaculares sepulcros de alabastro en forma estrellada de Juan II e Isabel de Portugal, padres de Isabel la Católica, así como de su joven hermano el Infante Alfonso. Las figuras de los finados y sus múltiples adornos representando santos, apóstoles, los cuatro evangelistas, escudos reales, animales y motivos vegetales, hacen de esta joya una de las mejores obras escultóricas del Renacimiento español.

–Seguro que si no estuviese en la periferia de Burgos estaría abarrotado de visitantes –dijo Luismi mientras regresábamos al parque.

Habíamos recorrido unos siete kilómetros de ese agradabilísimo paseo cuando atravesamos el puente de San Pablo, adornado por soberbias esculturas medievales, por el que se accedía a una plaza con una estatua ecuestre del Cid. Dejándola a un lado, seguimos el río por el bonito paseo arbolado del Espolón, repleto de estatuas de reyes de Castilla.

–Algunas de estas estatuas estaban en lo alto del Palacio Real de Madrid –expliqué– Pero a Carlos III, que venía de Nápoles, le pareció demasiado barroco y mandó retirar la mayoría. Ahora están dispersas. Algunas están aquí y otras están en plazas y jardines de Madrid, en Toledo, en el Paseo Sarasate de Pamplona y en otros sitios. También en Vitoria tenemos algunas de reyes godos en el parque de La Florida.

Tras el Espolón, pasamos por el bonito arco renacentista de Santa María, con estatuas de Fernán González y otros personajes relacionados con Burgos, para acceder a la gran joya de Burgos, la catedral gótica de Santa María, Patrimonio de la Humanidad desde 1984. Aunque uno haya visto decenas de veces en fotos o en la tele sus esbeltas y majestuosas agujas, su soberbio cimborrio adornado de pináculos y sus esculpidas portadas, siempre impacta verla al natural.

Aunque la había visitado varias veces, me gustó reencontrarme con el simpático papamoscas abriendo la boca al dar las horas y visitar las sencillas tumbas del Cid Campeador y su esposa Doña Jimena. Pero, como amante del arte, suelo disfrutar mucho más con sus valiosos tesoros artísticos como la Escalera Dorada de Diego de Siloé, el retablo mayor renacentista, el coro, el claustro y el museo de arte religioso. Pero, el lugar por el que siento más debilidad es por la capilla del Condestable, en donde se puede gozar contemplando los sepulcros de alabastro con las figuras esculpidas del Condestable y su esposa.

Como a mí me gusta escuchar y hacer preguntas a los

cicerones, tanto a los expertos como a la gente sin estudios que enseña con ilusión lo que sabe de su pueblo, hice el gesto de rebeldía de rechazar la fría audioguía incluida en el precio de la entrada.

–Preferiría pagar como los demás y poder acceder a todas las capillas con mi silla. Una rampa de madera portátil no daña la estructura –protestó Pedro frente a la hermosa capilla de Santa Ana.

–Tienes razón –le respondió una mujer de mediana edad que estaba dando explicaciones a un grupo a nuestro lado– Lo hemos propuesto muchas veces. Desde luego, me parece muy grave que no puedas entrar a esta capilla, que es de Gil de Siloé.

Aprovechando que nuestros compañeros estaban escuchando con atención la audioguía, pregunté a Pedro y Amaia:

–Me habéis dicho que otra vez tenemos que lidiar con un escudo.

–Sí, este es el escudo. Parece que el dibujo está incompleto, pero creo que se ve lo fundamental –me dijo Amaia tendiéndome un trozo de pergamino.

Como soy un gran desconocedor de heráldica, el dibujo no me decía nada, aunque tenía la esperanza de que estuviese más allá de Burgos. Lo que más me llamó la atención fue la presencia de una mujer guerrera con espada.

–De heráldica no tengo ni idea. Tendré que sacar una foto y enviársela a mi amiga Maite, que tiene acceso a libros. No creo que los buscadores de internet puedan ayudarnos mucho.

–Ciertamente –respondió Pedro–. Hasta ahora la red nos ha prestado muy poca ayuda.

Después, llamé por teléfono a Daniel para interesarme por la nueva profanación, pero me saltó su buzón de voz.

Después de una frugal comida en los soportales de la plaza Mayor, llegó otro momento triste de despedidas. Aritz y Endika tenían que tomar un autobús para Pamplona, en donde habían comenzado su Camino, mientras que Chiara y Daniella iban a Bilbao para regresar a Italia.

–¡Buen Camino! –nos dijeron a los que nos quedamos abrazándonos efusivamente.

–¡Y buen camino de la vida! No dejéis de avisarnos cuando vuestro grupo sea famoso y haga un concierto en Vitoria –dije a Aritz y Endika.

Después de que se hubiesen ido, Luismi nos dijo:

–Yo quería seguir hasta Tardajos, pero he decidido quedarme porque tengo tocada una pierna.

–Haces bien. Además, hace mucho calor y, aunque tengas cariño al Camino, no es necesario que contribuyas a embellecerlo con una nueva cruz o monumento con tu nombre.

–¡Qué humor negro tienes! –me dijo riendo–. ¿Tienes alguna sugerencia cultural para esta tarde?

–Si me lo permitís, yo puedo haceros una, si es que no lo habéis visto ya.

Nos volvimos a la persona que nos había hablado. Se trataba de un hombre moreno, de mediana edad, pelo corto y apariencia de buena persona.

–Aceptamos sugerencias. ¡Faltaría más! Además, cuando viajo me gusta preguntar a los lugareños si conocen algún sitio con encanto y poco masificado – respondí.

–Pues os recomiendo ver la iglesia de San Nicolás de Bari. Está subiendo unas escaleras que hay en la plaza de la fachada principal de la catedral. No creo que esté masificada. Si no la habéis visto y os interesa, puedo acompañaros para enseñaros un camino sin escaleras. Si os gusta el arte, os gustará.

El amable caballero nos acompañó por un cantón a la calle Fernán González, en donde está el más grande de los tres albergues de Burgos. Ahí, en la cola, pudimos apreciar una fuerte discusión entre los hospitaleros y unos que estaban en la cola.

–¿Qué ocurre? –pregunté discretamente a un grupo de jóvenes cuyas chancletas delataban que estaban haciendo el Camino.

–Que han pillado a un grupo de tres chicos que hacen las etapas en coche y luego se cuelgan unas mochilas haciéndose pasar por peregrinos. Los hospitaleros no les dejan entrar y ellos protestan.

–¡Menudos turigrinos! –exclamó Amaia.

–Esos no llegan a la categoría de turigrinos –le corregí–. Son impostores que quieren vacaciones baratas y no les da vergüenza quitar plazas de albergue a los que van andando.

Continuando un poco más allá del albergue, llegamos a una pequeña iglesia con decoración sencilla desde la que se veía una buena vista de la catedral. Al llegar, nuestro cicerone voluntario dijo:

–Como veis, hay escaleras. Voy a entrar a preguntar si hay alguna entrada alternativa, porque lo mejor de esta iglesia está dentro.

Para nuestra sorpresa, alguien apoyado en una barandilla a quién no habíamos visto, dijo:

–No es necesario. Vivo parte del año entre navarros y todo se pega. Yo puedo subir al amigo en brazos y alguien puede subir la silla.

–Pero peso…

Antes de que Pedro pudiese desvelar su peso y de que los demás reaccionásemos, el hombre que apareció por sorpresa diciendo eso, que resultó ser Jonás, cogió a Pedro y lo levantó de su silla tomándolo en brazos como si fuera un niño, con una facilidad que nos sorprendió a todos y que hizo que tardásemos unos segundos en ser conscientes de la situación y subir su silla para sentarlo de nuevo.

Eclipsada por la extraordinaria belleza de la catedral, la pequeña iglesia gótica de San Nicolás de Bari pasa desapercibida. Sin embargo, quién entra en ella se queda maravillado ante la vista de su retablo mayor realizado en piedra parcialmente policromada. Resulta curioso que esa iglesia de pequeño tamaño esconda uno de los retablos más bonitos del Camino, en el que su blanco radiante y la policromía y tonos dorados de algunas de sus partes, hacen una combinación de gran belleza. No sé si era más impresionante la hermosura del retablo o que estuviese vacía la iglesia y fuese desconocida. Nuestro anfitrión nos explicó:

—La mayoría de las escenas giran en torno a San Nicolás porque los que lo pagaron, que eran santanderinos, tenían un barco y San Nicolás es patrono de los navegantes. En la parte baja están sus sepulcros. Lo diseñó Simón de Colonia, un gran arquitecto y escultor del Renacimiento en España, pero lo ejecutó su hijo Francisco. El padre y abuelo de ambos también era escultor y arquitecto. Fue el que diseñó la Cartuja de Miraflores.

—Pues es impresionante. Muchas gracias por habérnoslo sugerido. Ha merecido la pena el susto —dijo Pedro—. Por cierto, Jonás. No te he dado las gracias por el shock que me has provocado.

—Tranquilo, ya me darás las gracias cuando te saque —respondió guiñándole el ojo.

Cuando salimos de la iglesia, nuestro guía espontáneo nos dijo:

—Es un placer enseñaros mi ciudad. A mí me gustaría hacer el Camino. Por donde vivo pasan muchos peregrinos y procuro tratarlos como me gustaría que me tratasen el día que me ponga a hacerlo.

—¿Hay algo más que nos recomendarías visitar? —pregunté.

—Sí, varias, pero tendréis que elegir una por cuestión de tiempo y dejar el resto para otra vez. El Museo de la Evolución Humana, que es muy didáctico; el Museo del Retablo, que solo abren en verano; la iglesia de San Gil, que tiene un retablo de Gil de Siloé y; el monasterio cisterciense de las Huelgas. Tiene tumbas de algunos reyes e infantes y es muy interesante. Está a unos veinte minutos andando. Podéis ir en autobús, aunque no tiene buenas frecuencias.

—Yo elegiría el monasterio de las Huelgas, pero soy demócrata —dije. Después, dirigiéndome a nuestro amable cicerone le dije— Parece que sabes mucho de arte. ¿Eres profesor o historiador?

—¡No, qué va! —dijo riendo— Me gusta el arte y mi ciudad, pero soy economista y auditor. Por cierto, me llamo Eduardo. ¿Adónde vais mañana? Los que empiezan en Burgos suelen ir a Hornillos y, los que llevan varios kilómetros en las piernas, a Hontanas. Los dos pueblos son muy bonitos.

–Yo a Hornillos. Llevo andando desde Roncesvalles, pero estoy algo tocado –respondió Luismi.

–Nosotros también. Más que nada porque queremos conocer a fondo Castrojeriz –añadí.

–Pues mañana, si os desviáis del Camino unos metros a la derecha un poco más allá de donde estamos ahora, podréis ver desde un castillo una magnífica vista panorámica de Burgos. Ahora, si me perdonáis, he quedado aquí con mi mujer y no os puedo acompañar. Ha sido muy agradable estar con vosotros. ¡Buen Camino!

Tras despedirnos, nos percatamos de que Jonás había desaparecido en silencio y nos encaminamos hacia el monasterio de las Huelgas, que resultó ser una buena elección. Volví mi cara discretamente para mirar una vez más a aquel amable caballero y vi que estaba saludando a una guapa mujer de pelo castaño. Mientras estábamos de camino, recibí de Daniel unas imágenes de la profanación, aunque no quise mirarlas en aquel momento.

Pocas horas después, anduvimos en compañía del cuarteto de gaditanas y toledanas que conocimos en Roncesvalles y con las que habíamos departido ocasionalmente en los días previos. Por un momento, me quedé algo rezagado con una de ellas, lo que aprovechó para preguntarme:

–¿Estáis jugando a algún juego de rol?

–¿Por qué me preguntas eso?

—Porque os he visto hablando con un señor y, después de despediros, la mujer con la que se encontró le preguntó: "¿eran ellos?" Y él le dijo: "Sí. Si no cambian de opinión, mañana estarán en Hornillos y pasado en Castrojeriz. Tendremos que dar el aviso".

12

Tritono

¿Santiago? ¿Prisciliano? Cabe dudar de que cualquiera de
ellos esté enterrado en Compostela.

Claudio Sánchez Albornoz:

España, un enigma histórico.

22 de julio de 2013

A diferencia de la salida de otras ciudades del
Camino, la de Burgos resulta muy amable. Primero se
recorre parte del Burgos amurallado y, a continuación, se
pasea junto al río Arlanzón. Como la etapa era de apenas
20 kilómetros, nos lo tomamos con tranquilidad. Luismi
tenía una pierna algo tocada y nos pidió que no le
esperásemos, así que caminé con Pedro y Amaia.
Aprovechando esta situación y dado que ambos eran o
fueron policías, decidí comentarles el asunto de las
profanaciones.

–Prisciliano es el hereje del siglo IV que dicen
algunos que está enterrado en Compostela, ¿no? –me
preguntó Pedro.

–Más o menos. Aunque lo de hereje es algo
complicado. Como dice uno de mis maestros en un libro

titulado *Cristianismos Derrotados*, él no se sentía un hereje y, de hecho, cuando el emperador le declaró hereje, acudió a Roma para intentar defenderse ante el papa, aunque no fue recibido. Más tarde, consiguió que el emperador anulase su condena.

–¿Puedes explicarte un poco mejor? ¿Era o no hereje? –me pidió Amaia.

–Los que les gustan los perdedores piensan que era un verdadero cristiano que quería reformar la Iglesia sin romper con ella, como Erasmo de Rotterdam. Era muy asceta y defensor del celibato sacerdotal en una época en la que los curas podían estar casados. Quería una Iglesia pobre y era enemigo declarado de las riquezas del clero y de algunos abusos que se cometían, recomendaba ayunar una vez a la semana y defendía una participación mayor de la mujer en el culto, aunque, eso sí, sin que pudiesen llegar a ser curas. Era muy culto y elocuente y tuvo mucho éxito. De hecho, se le nombró por aclamación obispo de Ávila cuando esa plaza quedó vacante.

–Eso no suena mal –me respondió Amaia–. ¿Estamos ante una historia tergiversada escrita por los vencedores?

–El tema es complicado. Durante mucho tiempo, las fuentes que había eran testimonios de sus enemigos y confesiones obtenidas bajo tortura. Se le acusaba de ser maniqueo y gnóstico. Afortunadamente, en el siglo XIX se encontraron textos escritos por priscilianistas en los que negaban esas acusaciones.

—Según eso, no sería un hereje, ¿no? —preguntó Pedro.

—Es opinable. También tenía algunas diferencias serias. Por ejemplo, era partidario de utilizar en la liturgia textos de los evangelios apócrifos. No es seguro, pero parece que no coincidía del todo con la idea de la Trinidad, tal y como se proclamó en Nicena. Y también parece que consideraba que la materia era mala y que había que librar el alma de la carne, que venía a ser su cárcel.

—¡Ya! Y como la Iglesia no podía condenar a muerte, lo hizo por ella el emperador —dijo Pedro.

—Exacto. Como he dicho antes, el emperador anuló el rescripto por el que se le declaraba hereje. Pero ese emperador fue sustituido por un usurpador que, para llevarse bien con la jerarquía eclesiástica hispana, decidió atacar a Prisciliano y convocó un concilio en el que se le declaró hereje. Entonces, Prisciliano intento entrevistarse personalmente con el usurpador y se metió en la boca del lobo. Fue arrestado y condenado a muerte junto a cuatro discípulos suyos en Tréveris.

—¿Por hereje? —preguntó Amaia.

—No, por eso no se condenaba a muerte. Se les condenó, previas torturas, por practicar la magia, tener licenciosas reuniones nocturnas con mujeres y practicar oraciones estando desnudos. Unas acusaciones muy socorridas e inverosímiles, pues defendía una vida extremadamente ascética. El obispo Martín de Tours

164

intentó sin éxito que no lo condenasen a muerte, aunque, dentro de lo malo, sí logró que no se iniciase una persecución contra sus seguidores. Según Sulpicio Severo, sus partidarios llevaron su cuerpo y el de sus discípulos a Hispania, aunque no dijo en qué lugar exacto se le enterró. Se cree que en Galicia, porque ahí es donde más duró el priscilianismo, aunque desde el siglo VII no hay ni rastro de esa doctrina.

–¿Martín de Tours es el mismo san Martín que dio parte de su capa a un mendigo? –dijo Amaia.

–Sí. Pasó de ser militar a ser profundamente pacifista, como Baden Powell, el fundador de los *boyscout*.

–Solo por una cuestión estadística, me parece improbable que los huesos que se encontraron en el siglo X en Compostela sean de Prisciliano pero, ¿no fue un obispo e historiador el que lo propuso a principios del siglo XX? –me preguntó Pedro.

–No. El obispo al que te refieres, Louis Duchesne, insinuó tímidamente que se le enterró en Galicia porque es donde más éxito tuvo el priscilianismo. Entonces, algunos con poca honestidad intelectual comenzaron a afirmar que estaba demostrado científicamente que era Prisciliano el que está enterrado en la catedral. Cada vez que doy alguna conferencia sobre el Camino siempre hay alguien que me pregunta por eso. Sobre su tumba hay varias hipótesis. La que me parece más sugestiva es la de Os Martores, donde alguien que no sabe nada de Prisciliano puso las uvas y la leche.

–¿Qué te hace pensar que el profanador no sabe nada de Prisciliano? –me preguntó Amaia.

–Prisciliano era muy asceta y no era partidario del alcohol. Por eso, sustituía el vino por zumo de uvas o por leche. El autor de la profanación debió pensar equivocadamente que las uvas sustituían al pan. Yo creo que la policía está ante una o varias personas con pocas luces que toman información de fuentes poco o nada rigurosas.

–¿Y sabes cuál ha sido la última profanación? –me dijo Pedro.

–Ha vuelto a poner el eslogan de liberar el Camino y ha pintado con un espray una pequeña partitura. Sé algo de solfeo y puedo leerla, pero no me dice nada. Es una pena que se hayan ido Aritz y Endika. A lo mejor a ellos si les sugiere algo.

Entre Burgos y León, el Camino discurre mayormente entre monótonos cultivos de cereal que, en ocasiones se alternan con otros más vistosos de girasoles. La escasa presencia del verde en el verano hace que algunos caminantes toman en esta ciudad un autobús o tren en dirección a León, lo cual es comprensible si se debe a una cuestión de agenda, aunque, en mi opinión, es un grave error porque supone perderse la belleza de algunos pueblos castellanos y leoneses y porque el Camino está lleno de contrastes que hay que saber apreciar. En los primeros kilómetros, la monotonía solo es rota por un puente sobre el río Arlanzón, al que ya no se vuelve a ver.

El primer pueblo intermedio, en el ecuador de la etapa, es Tardajos. Se trata de una población repoblada en el siglo IX y construida sobre una antigua calzada romana. En su entrada nos recibe un mapa del Camino realizado en granito. Además de la pausa-café, en la que nos juntamos con Luismi, cumplimos con nuestra buena costumbre de visitar el interior de su iglesia de la Asunción, de estilo gótico, que cuenta con un interesante retablo barroco.

Apenas a dos kilómetros de Tardajos, se encuentra el segundo y último pueblo intermedio de nuestra etapa, Rabé de las Calzadas, al que se llega siguiendo una calzada que cruza por un puente el pequeño río Urbel.

–Hace muchos años no existía esta calzada y el río solía desbordarse. Por eso se decía: "De Rabé a Tardajos, no te faltarán trabajos. De Tardajos a Rabé, ¡liberanos Domine!".

Rabé de las Calzadas es un hermoso pueblo castellano de poco más de 200 habitantes, con bonitas casas rústicas de piedra y pocos servicios, entre ellos, un museo de arte contemporáneo. A la entrada nos recibe el palacio del Conde de Villariezo y, en su interior, los peregrinos pueden llenar sus cantimploras en una fuente decorada con vieiras y echar un vistazo a su iglesia de Santa Marina.

–Una cosa que me está gustando del Camino es que lo mismo podemos disfrutar de la grandiosidad de ciudades como Burgos que de pueblecitos medievales como este. A veces da la sensación de que viajamos al pasado –dijo Pedro.

Salimos de Rabé pasando junto a la ermita de Nuestra Señora de Monasterio. Como en la mayor parte de la Meseta, el Camino era una larga pista entre cereales, sin árboles y con la compañía de nuestra sombra. Para empeorar las cosas, hacía calor y el terreno era ligeramente ascendente durante unos seis kilómetros y medio, hasta llegar a un punto en el que, a lo lejos, situado en un valle, se veía Hornillos del Camino, nuestro fin de etapa. Sin embargo, esta visión no nos alegró, sino que nos preocupó.

–¡Lo siento! No recordaba esta cuesta –les dije mirando el firme pedregoso.

–La pendiente no es problema. Lo que me preocupan son estas piedras. Va a ser muy difícil mover las ruedas –dijo Pedro con cara de suma preocupación.

–Esta cuesta se llama "Matamulas" –dijo una voz a nuestras espaldas–. ¿Qué prefieres, que te ayudemos entre los tres a moverte con la silla o que te vuelva a coger en brazos y tus compañeros mueven la silla unos metros?

–¡Hola Jonás! –dijo Pedro sonriendo–. Por curiosidad, ¿eres mi ángel de la guarda? ¡Siempre apareces cuando estoy en apuros!

En esta ocasión, no se le cogió a Pedro en brazos, sino que colaboramos entre los tres. Luismi y yo sujetamos la silla por atrás, mientras que Amaia y Jonás agarraban cada uno un manillar para ayudar a moverlo cuando la rueda delantera se quedaba entre las piedras. Tras este susto y el esfuerzo extra realizado, alcanzamos nuestra meta. Se nos debía notar cara de cansancio por el esfuerzo de la "Matamulas" y el fuerte calor, pues, al entrar en el pueblo, una joven treintañera, acompañada de dos hombres de constitución fuerte, también treintañeros, salió a nuestro encuentro y nos dijo:

–Hola. ¿Estáis bien? ¿Queréis agua?

La amable joven en cuestión era rubia, de pelo largo y vestía una reivindicativa camiseta verde, dejando bien claro que se dedicaba a la enseñanza. Entablamos conversación y supimos que era de Ziordia, un pequeño pueblo navarro cercano a Álava.

–Me llamo Izaskun –Después, miró a sus dos acompañantes y añadió–: Este es Iñaki, mi marido. Y Diego, de un pueblo de Castellón.

–Exacto, de Cabanes, al lado del flamante aeropuerto sin aviones.

Hornillos es un pequeño pueblo-calle con bonitas casas rústicas de mampostería de dos alturas que en el pasado contó con hospital para peregrinos y donde la vida social se desarrolla en torno a la plaza, en la que se encuentra la iglesia gótica de San Román y una fuente decorada con un gallo.

–Este es un pueblo muy importante en la historia contemporánea del Camino –expliqué mientras charlábamos animadamente en la plaza del pueblo–. En 1989, una chica catalana, Lourdes Lluch, después de llegar a Santiago, vino aquí y alquiló durante un mes una casa para ofrecerla como alojamiento a los peregrinos. Fue la primera hospitalera voluntaria. Ahora vive en Frómista y tiene un albergue que abre solo en invierno, cuando los demás cierran. Se llama Betania y es de donativo.

–¡Betania! –dijo Luismi–. Como el pueblo de Lázaro y sus hermanas. Un nombre muy apropiado para un albergue de donativo.

–Para que se vea que los catalanes no somos tan malos –nos dijo sonriendo una mujer llamada Maribel que se incorporó a nuestra conversación al oír mi explicación.

Aquella animada tarde, me enteré de que Diego, el castellonense, era profesor de música. Al saberlo, saqué mi teléfono móvil para buscar la foto de la partitura pintada en la pared de la iglesia profanada de Redondela. En aquella pequeña partitura, que no estaba dividida en compases, aparecían dos notas, un do natural y un fa sostenido, seguidos por un acorde de ambas notas. Después aparecía otra serie formada por un fa y un sí, seguidos de otro acorde de las dos notas. Enseñando la foto a Diego le dije:

—Un gamberro ha pintado esto con un espray en la pared de una iglesia. ¿Qué te parece? Yo sé algo de solfeo y sé leerla, pero no me dice nada. Solo veo que primero pone dos notas y luego hace un acorde con ellas.

—No creo que signifique nada. Lo que veo es que son tritonos. ¿Lo ves? Del do al fa sostenido hay tres tonos y del fa al si otros tres. Es un ejemplo de libro para explicar los intervalos. Este tipo de acordes de tres intervalos suelen ser habituales en la música heavy metal porque generan tensión y suena siniestro.

En ese momento, apareció de repente Jonás a nuestras espaldas con su órgano y nos dijo:

—Disculpad, pero no he podido evitar escuchar esa explicación del tritono. Es totalmente cierto todo lo que has dicho. ¿Sabíais que, al parecer, ese intervalo de tres tonos estaba prohibido por la Iglesia en la Edad Media? Como se buscaba lo divino, ese intervalo no gustaba y se decía que el Diablo se colaba a través de él. Se conocía como la partitura del Diablo.

13

Un cambio inesperado

E dest' un muy gran miragre vos quer' [eu] ora contar
que en Castroxeriz fezo esta reynna sen par
por un bon ome pedreiro, que cada dia lavrar
ya ena sa ygreja, que non quis leixar morrer.

Alfonso X el Sabio:
Cantiga n° 212

23 de julio de 2013

La aridez era la nota dominante de la primera mitad de nuestra etapa, en la que nuestro objetivo era el antiguo *Castrum Sigerici* celtibérico, hoy convertido en el conjunto histórico-artístico de Castrojeriz, que forma parte de la asociación "Los pueblos más bonitos de España". Los primeros diez kilómetros, en los que lo único que rompe la monotonía del paisaje son algunos montículos de piedra, fueron un penoso paseo, en el que fue preciso ayudar a Pedro en algunos momentos por el mal estado del firme. Afortunadamente, la temperatura era bastante llevadera en esas primeras horas matutinas.

–En mi opinión, el paisaje más feo del Camino es el de las etapas de ayer y de hoy, con permiso del de la salida de León, aunque, por lo menos, los pocos pueblecitos que hay son muy bonitos –dije.

–No conozco lo que viene a partir de mañana, pero te creo –me respondió Pedro–. Cambiando de tema, entre el buen ambiente que estamos teniendo con otros peregrinos y lo de las profanaciones casi se me ha olvidado que llevamos dos días sin descifrar nuestro escudo. ¿Tienes alguna noticia de tu amiga Maite?

–Negativo. Ha mirado las casas blasonadas que hay entre Burgos y Sahagún y no ha encontrado nada. He caído en la cuenta de que hubo un periodo breve en el que el Camino pasaba por Sasamón, un pueblo que está a pocos kilómetros de donde estamos ahora, al lado de la autovía Burgos-León. No me importaría mucho que estuviese allí, porque está en mi lista de sitios de España pendientes de visitar. Sé que tiene un castillo y una muy bonita iglesia, que es la tercera más grande de la Provincia.

–¿Y si estuviera en algún sitio por el que hemos pasado y tenemos que retroceder, como en el juego de la oca? –preguntó Amaia.

Tras algo más de dos horas de paseo, llegamos a Hontanas, un bonito pueblo con más peregrinos que habitantes permanentes ubicada a lo largo de una cuesta. Aparece de repente desde lo alto como una maravillosa visión.

–En mis dos peregrinaciones anteriores dormí aquí. Como veréis, es un pueblo medieval rústico y agradable. En temporada alta tiene mucha vidilla por el

Camino y por una piscina que hay en la salida del pueblo. Además, la gente de aquí es muy amigable.

Antes de reponer fuerzas, bebimos agua fresca y limpia en la fuente del pueblo, en un gesto de desprecio y rebelión a la burocracia que hizo poner el cartel de "agua no potable", pese a que el pueblo, llamado Fontanas en el pasado, debe su nombre a su saludable agua, de la que siempre han bebido sus vecinos.

Habíamos recorrido casi once kilómetros y faltaba algo más de nueve para llegar a la meta, así que, además de la visita a su iglesia, resultaba obligatorio sentarse y comer algo. En la mesa de al lado había sentado un hombre alto y delgado de mediana edad, acompañado de dos adolescentes, un chico y una chica. Cuando nos sentamos, ellos se estaban levantando y, el hombre, con acento foráneo pero en un correctísimo castellano, dijo a Pedro:

–Me quito el sombrero ante lo que haces. Acabo de despedirme de un señor de 84 años que va a Castrojeriz y ahora veo a alguien que hace el Camino en silla de ruedas.

–¿Un señor de 84 años? ¿Era italiano? –preguntó Pedro.

–¡Exacto! Veo que habéis coincidido con él antes. Me gusta mucho lo de ver un día a alguien en un sitio y otro día en otro. Esto es una de las cosas por las que estoy haciendo por segunda vez el Camino, esta vez acompañado.

–¿De dónde sois? –preguntó Amaia.

–De Bélgica. Concretamente de Flandes, que quede claro –dijo sonriendo y levantando el dedo índice– Nosotros vamos a seguir nuestra marcha. Seguramente nos veremos más veces. Es parte de la magia del Camino. ¡Buen Camino!

Lo que restaba de etapa era más agradable y tenía cara y cruz. Por un lado, había que andar algunos kilómetros por odioso asfalto, aunque, viendo la botella medio llena, me quedé con que la carretera local estaba escoltada por árboles que aliviaban algo nuestro sudor y con que el paisaje era menos árido.

Unos cinco kilómetros después de Hontanas, mis compañeros de etapa se llevaron una grata sorpresa al encontrarse con las más que interesantes ruinas del Convento de San Antón, del que se conservan algunas arcadas góticas, un muro lateral y algunas esculturas de sus arquivoltas.

–Este sitio tiene su historia. Los monjes curaban el fuego de San Antón, una enfermedad cutánea de algunos peregrinos del norte de Europa. Esa curación tiene una sencilla explicación científica. Esa enfermedad se debía a un hongo del pan de centeno y, el remedio milagroso, era pan de trigo. La curación era progresiva: comenzaba aquí y acababa al cabo de unos días. De todas formas, algunas publicaciones de esoterismo barato hablan de que los monjes tenían conocimientos esotéricos ligados a los templarios –expliqué.

Siguiendo por la carretera, pronto divisamos en lo alto de un cerro las ruinas del castillo de Castrojeriz, la primera villa de Castilla a la que se dotó de fuero, allá por el año 974. En sus buenos momentos llegó a contar con nueve iglesias y siete hospitales y, en la época contemporánea, le corresponde el honor de haber establecido el primer albergue municipal para peregrinos. Nos dio una cordial bienvenida al pueblo la ex colegiata de la Virgen del Manzano, una hermosa mole gótica del siglo XIII con un gran rosetón. Serían las 12:30 del mediodía y ya habíamos llegado a la meta.

–En mis dos Caminos anteriores solo pude ver este pueblo por fuera por llegar antes de que abriesen sus iglesias. Espero que nos dé tiempo a verlas por dentro – dije.

–No creo que nos lleve mucho tiempo. Este pueblo tiene menos de mil habitantes –me dijo Amaia.

–Sí, pero es muy alargado. ¿A que no sabías que tiene la calle más larga del Camino, de unos dos kilómetros? Dudo que andemos menos de cinco kilómetros a la tarde –le respondí.

Un gran rosetón con preciosas vidrieras de los doce apóstoles iluminaba el hermoso interior de la antigua colegiata de Santa María del Manzano, declarada Monumento Histórico y que alberga un pequeño museo de arte sacro. Sentados en un banco, admiramos durante algunos minutos su magnífico altar mayor, en el que brilla con luz propia la preciosa Anunciación que preside el retablo, escoltada por otros cuatro hermosos cuadros con escenas de la Virgen.

–¡Vaya! –exclamé tras leer en un panel los nombres de los artistas.

–¿Qué pasa? –me preguntó Luismi.

–El cuadro de la Anunciación del centro es de Mengs, un pintor cortesano del siglo XVIII que me gusta mucho. Supongo que habréis visto cuadros suyos en el Museo del Prado o algunas bóvedas que hizo en el Palacio Real.

–¿Y era español? Su apellido no parece muy castizo –preguntó Amaia.

–Era de Bohemia. Lo que ocurre es que, lo mismo que ahora se fichan deportistas, se les da la nacionalidad española por decreto. se subvencionan los equipos y se les construyen estadios con el dinero de todos, en el siglo XVIII se fichaban artistas. Así, Carlos III, fichó al arquitecto Sabatini y a los pintores Tiépolo y Mengs, que era el mejor considerado de su tiempo. Lo que me extraña es encontrar un cuadro suyo en este pueblo.

–No estoy seguro, pero creo que este cuadro es una donación de Carlos III. Por eso está aquí –nos dijo un joven, al parecer lugareño, que estaba dando explicaciones a unos amigos suyos.

Mientras Pedro se acercó al joven para hacerle alguna pregunta, no sin antes llevarse las manos a su colgante para asegurarse de que estaba bien visible, nos dirigimos a una capilla lateral, que contenía una bonita talla gótica policromada de la Virgen del Manzano, a la que está dedicada la iglesia.

–Interesante. A esta Virgen dedicó Alfonso X el Sabio cuatro de sus Cantigas –dijo Luismi leyendo su guía–. Los sindicalistas deberían tenerle devoción, porque en ella se narran milagros en los que salva la vida a obreros que trabajaban en la construcción de esta iglesia.

Cuando salimos, miré a Pedro, que movió la cabeza negativamente.

Continuamos nuestra visita paseando junto a los restos de su muralla. Así, al cabo de unos minutos llegamos a una de las casas blasonadas que invitaban a visitar los carteles, la Casa-palacio renacentista de los Gutiérrez y Varona, hoy convertida en residencia de personas mayores. Amaia se acercó a leer un cartelito que explicaba la historia de esa casa. Cuando acabó de leer, me hizo discretamente un gesto con la cabeza para sugerirme que quería decirme algo a solas:

–En el cartel se dice algo muy interesante. Los Gutiérrez y Varona vendieron esta casa y los nuevos propietarios quitaron su blasón para poner el suyo. A lo mejor el escudo que tenemos es el de los Gutiérrez y

Varona y no hemos dado con él por este cambiazo –me dijo nerviosa.

Contagiado por su nerviosismo, llamé inmediatamente a Maite. Hubo suerte. Estaba en su casa y podía ayudarnos. Poco después me devolvió la llamada y, al colgar el aparato, dije a Amaia:

–No me ha confirmado al 100% que nuestro escudo sea de los Gutiérrez y Varona, pero es muy probable. ¿Recuerdas que aparece una mujer joven con una espada? Pues resulta que Alfonso el Batallador, un rey de Aragón, parecía ser invencible y, la primera persona que le venció en un torneo, fue una mujer que llevaba el rostro cubierto. Entonces, el rey dijo: "Quiero saber quién es el varón que me ha vencido" y, ella, se descubrió y dijo: "No soy varón, soy varona". Por eso, el rey le cambió el apellido a Varona y le autorizó a usar los colores de la bandera de Aragón. La mujer guerrera del escudo encaja como anillo al dedo con esa historia.

–Si es así, parece que, por lo menos, ya sabemos dónde puede estar el contacto. Espero que lo encontremos hoy. Si no, habrá que buscar alguna excusa para retrasar nuestra partida.

No muy lejos del palacio, llegamos a la iglesia de San Juan Bautista. Carente de portada, su apariencia exterior es austera, con una gran torre coronada por cuatro pináculos y grandes contrafuertes, que le daban un aspecto de fortaleza, más que de templo.

–Parece que fue templaria –dijo Pedro señalando un rosetón en el que se apreciaba una estrella de cinco puntas con el vértice hacia abajo.

–No necesariamente. Ese símbolo es muy habitual en el arte románico, aunque algunos escritores de esoterismo lo atribuyen a los templarios o satanistas – respondí.

Una vez dentro, en donde permanecimos unos 45 minutos, comprobamos que aquella sobria iglesia-fortaleza era como los plátanos, que lo bueno es lo de dentro.

El bello artesonado mudéjar de su claustro gótico, pintado con escudos y otros adornos, era lo que se dice un buen comienzo. En el interior de la iglesia, sus enormes columnas de las que parten nervios que se abren como palmeras, dotan de gran esbeltez a sus naves y forman espléndidas bóvedas. A ello hay que sumar una serie de cuadros, piezas de orfebrería, escultura, tapices e incluso pintura mural de calidad cerca de su cabecera. Como, sorprendentemente, la iglesia tenía muy pocos visitantes, la que nos vendió las entradas, una joven veinteañera, se ofreció voluntaria a darnos unas explicaciones:

–Se empezó a construir en el siglo XIII y se acabó en el siglo XVI. Entre otros, trabajó en ella Rodrigo Gil de Hontañón, que posiblemente fuese el mejor arquitecto español del siglo XVI. Es el que diseñó la Universidad de Alcalá de Henares y la catedral Nueva de Salamanca.

Mirando uno de sus grandes tapices, Amaia comentó:

–Son preciosos. Y se agradece que tengan escenas amables. Me parecen muy tristes las escenas de martirios. Como dijo Antonio Machado, prefiero el Jesús que anduvo en el mar al del madero.

–Los seis tapices son flamencos, de un discípulo de Rubens. Son alegorías de las artes liberales: Filosofía, Gramática, Aritmética, Astronomía, Música y la Apoteosis de las Artes. Faltan la Geometría y la Retórica. En los años 70 los robó *Erik el Belga*, pero, afortunadamente, se recuperaron y se restauraron. Estaban en la iglesia gótica de Santo Domingo, que supongo que habréis visto por fuera, pero se trasladaron aquí porque amenazaba ruina. Ahora la están rehabilitando para hacer un centro de interpretación del Camino.

Cerca de la salida, nos detuvimos junto al más grande de los tapices y un magnífico políptico de Brujas formado por doce tablas.

–Ambrosius Benson. Ese nombre me suena –dijo Luismi al ver el nombre del artista en un panel.

–Supongo que te sonará porque en la catedral de Burgos vimos algunas obras suyas. Es muy buen pintor, pero poco conocido. Se descubrió su identidad en el siglo XX. Antes lo llamaban "Maestro de Segovia". También hay cuadros suyos en el Museo del Prado y en la catedral de Segovia –respondí.

181

–Nosotros vimos en Flandes el famoso Políptico del Cordero, de los hermanos Van Eyck. Este es bastante más pequeño, pero tiene mucho encanto –comentó Pedro.

–Me gusta mucho oírte decir eso–, respondí. –El arte no es como el deporte. Un deportista siempre intenta mejorar sus marcas y hace comparaciones. Un buen amante del arte valora cada obra por lo que vale sin pararse a pensar si el cuadro, palacio, película o lo que sea es mejor o peor que algo que ha visto anteriormente. Yo he visto el Prado y el Louvre, pero no por eso dejo de visitar pequeños museos de provincias y exposiciones.

–¡Lo que darían muchas ciudades por tener iglesias como estas dos que hemos visto! –exclamó Amaia.

Tras la visita, recorrimos la larga calle Real, pasando por la plaza Mayor, muy curiosa por ser de forma alargada. Seguimos andando y nos detuvimos en una casa con un cartel que decía "Hospital del Alma". En ese momento sonó el teléfono móvil de Amaia que, a los pocos segundos, se lo pasó a Pedro:

–Es la chica de la iglesia. Se te ha caído el móvil y me ha buscado en tus contactos.

Al poco rato, Pedro nos dijo:

–He quedado con ella en la plaza Mayor. Como aquí hay escalones, ir a visitar este sitio. No me acompañéis y no os deis prisa.

El hospital en cuestión es una buena muestra de hospitalidad jacobea. Se trata de un oasis espiritual en el que los visitantes pueden ver fotos del Camino e interesantes pensamientos escritos en castellano, inglés y francés. Una agradable música instrumental invita a quedarse y pasear en silencio por su jardín, recorrer todas las estancias y beber agua o comer alguna galleta que ofrecen generosamente. Siendo un historiador interesado en las religiones como elemento de paz y de conflicto, no pude evitar sacar una foto a una sabia frase que decía: "Los hombres discuten sobre religión, escriben sobre ella, pelean por ella, mueren por ella... cualquier cosa menos vivir para ella".

Tras esta jornada intensa, Pedro, que se incorporó para la cena, puso el postre.

—Además de devolverme el teléfono, me han llevado de excursión a las ruinas de San Antón, a ver un refugio para peregrinos.

—¿Hay un albergue en esas ruinas? —preguntó Amaia.

—Sí, uno de donativo muy curioso. No tiene electricidad y las duchas son de agua fría, pero los hospitaleros tratan con mucho calor. Lo abrió en 2002 un empresario local que se llama Ovidio Campo, que ha hecho muchas veces el Camino.

En ese momento, se cruzaron nuestras miradas y, sonriendo, me guiñó un ojo.

14

Una mujer enterrada

Bienaventurado eres peregrino, sí descubres que un paso
atrás para ayudar a otro vale más que cien hacía delante
sin mirar a tu lado.

Autor desconocido:
Bienaventuranzas del peregrino

24 de julio de 2013

Amaia y yo comenzamos a andar hacia el alto de
Mostelares, un pequeño puerto situado a unos dos
kilómetros de Castrojeriz. La subida tiene un porcentaje
medio del 12%, pero durante un kilómetro y sin un solo
falso llano, lo que obliga a los ciclistas a echar pie a
tierra en algún momento. Ante la duda de cómo sería el
firme, Pedro decidió dar un rodeo de unos pocos
kilómetros pasando por Castrillo Matajudíos, localidad
natal del célebre compositor español Antonio de
Cabezón y que, en ese momento, estaban realizando los
trámites para que el municipio pase a llamarse Castrillo
Mota de Judíos pues, según el ayuntamiento, el nombre
que tenían se debía a un error de un registrador, no
constaba que hubiese habido alguna matanza de judíos y,
cuando estos poblaban el pueblo, habitaban una mota
cercana.

Antes de empezar la subida dije a Amaia:

–Hace unos diez años había en Castrojeriz un perro que, todos los días, elegía al peregrino que veía más débil, le acompañaba hasta el alto de Mostelares y luego se volvía. El pobre murió por un veneno que no estaba destinado a él. Deberían hacerle un monumento.

Antes de que me pudiese responder, nos adelantó una silla de ruedas conducida por un hombre de poco más de treinta años, bajito y con barba de tres días. Su silla era similar a la de Pedro, con una tercera rueda y un pequeño motor para ayudarle en los tramos más complicados, pero más pequeña.

–¡Buen Camino! ¿Sois vosotros los que vais con Pedro? –nos preguntó con acento claramente italiano.

–Sí –le respondió Amaia–. Veo que le has conocido.

–Sí. Le hemos visto desde la furgoneta y le hemos parado. Estamos haciendo una Guía del Camino para personas con discapacidad. Si escribís en Google *Santiago per tutti* nos encontraréis. Estamos también en Facebook. ¡Por cierto! Yo también me llamo Pedro, pero en italiano, Pietro.

–¿Y te atreves a subir el puerto sin ayuda? –le pregunté.

–Por detrás viene un compañero mío.

Pronto comenzamos a sentir los efectos de la subida a Mostelares. Aunque la pendiente no es mucha, el hecho de que no tenga falsos llanos se nota. El firme era de una tierra prensada muy buena, fruto de una obra realizada el año anterior. Estábamos comentando si Pedro hubiera podido venir con nosotros cuando escuchamos a Pietro que nos decía:

–*Excusi.* ¿Podéis ayudarme?

Nos volvimos para comprobar que se había atascado y no podía subir. Estaba claro que la potencia de su motor no era suficiente para una rampa como esa. Al ver su situación, me volví y me puse a empujarle con todas las fuerzas que me permitía la subida. A falta de unos doscientos metros para llegar al alto, al ver que mi cuerpo estaba en ángulo recto y apretaba los dientes, Amaia me dijo:

–Voy a relevarte, que no puedes.

Al oír sus palabras, poniéndome rojo por el esfuerzo, aumenté la velocidad y la dejé unos metros atrás.

–¿Pero qué haces?

–Supongo que sabrás cómo se meten veinte navarros en un Seiscientos, ¿no?

–¡Por supuesto que lo sé! Diciéndoles que no caben.

–¡Bien! Pues te recuerdo que mi padre es de Pamplona, así que basta que me digas que no puedo subir a Pietro para que no te deje agarrar esta silla.

Cuando llegamos arriba, estando yo resoplando con la lengua fuera, Pietro dijo:

–Escribiré en la guía que se puede subir con ayuda. ¿Queréis sacaros una foto conmigo para poner en la página de Facebook de la asociación?

Una vez recuperados del esfuerzo, para lo que hay habilitado en la cima un pequeño merendero, admiramos la amplia vista panorámica de varios kilómetros cuadrados de llanura cerealística castellana, rodeada de montes. También se podía divisar Castrojeriz, Castrillo y otros pueblos Aquella vista compensaba con creces el esfuerzo de la subida.

–Me gustaría subir aquí en primavera, para ver estos campos verdes y con amapolas. ¿Sabes? Tu suegra me dijo en este mismo sitio que una de las cosas más bonitas del Camino es ver amanecer desde Mostelares – le dije.

–Sí, tiene que ser precioso. ¡Por cierto! ¿Dónde os conocisteis Olga y tú?

Haro, julio de 2012

Afortunadamente, habían anunciado temperaturas suaves para aquel día, así que decidimos dormir más de lo habitual y, como la etapa que teníamos por delante era de apenas veinte kilómetros, retrasamos algo nuestra salida y dimos un paseo de despedida por la localidad riojana de Haro. El turismo enológico y su gran ambiente eclipsan sus encantos culturales como la iglesia de Santo Tomás, en donde se encuentra el retablo más grande de La Rioja; las pinturas murales de la iglesia de la Virgen de la Vega, algunos palacios blasonados y la neoclásica casa consistorial, obra de Ventura Rodríguez.

Dos días atrás habíamos salido de Vitoria con la intención de empalmar con el Camino Francés en Santo Domingo de la Calzada, lo cual es una decisión difícil, pues no faltan encantos a la otra variante, como el placer de recorrer andando el precioso desfiladero de Pancorbo. En las dos etapas recorridas, que en gran medida se solapan con dos itinerarios de senderismo GR, habíamos subido montes de no mucha altura, disfrutamos de una impresionante vista de La Rioja desde lo alto del Puerto de la Lobera y visitamos pueblos de sabor medieval como Salinillas de Buradón o Lapuebla de Arganzón que, además, alberga un magnífico retablo renacentista en su iglesia.

Tal vez porque el día había salido algo gris y por lo injustamente poco transitado de la ruta, nos resultó algo anodino aquel paseo entre campos de regadío, aunque, como amantes del arte, disfrutamos de la interesante portada de la iglesia gótica de Zarratón y, sobre todo, de la ermita e iglesia de Bañares, ambas declaradas Bien de Interés Cultural.

Ya en Santo Domingo, poco antes de cenar miramos algunas fotos guardadas en el móvil, cuando una mujer dijo a nuestras espaldas:

189

–¡Qué niñas más guapas! ¿Son vuestras?

–Sí, son nuestras trillizas. Ahora están con mis padres y luego estarán con los de mi marido. Están en buenas manos, aunque las echamos mucho de menos.

–¿De dónde sois? Por vuestro acento intuyo que no sois del sur.

–De la Capital Verde Europea de este año – respondí guiñándole un ojo.

–¿VTV?

–¡Ja, ja, ja! Sí, mi marido y yo somos vitorianos de toda la vida.

–Tenéis suerte, porque vivís en una ciudad preciosa. Cuando voy, me encanta pasearme por su Casco Histórico. Además, tenéis el anillo verde, que es ideal para entrenarse para hacer el Camino. Yo soy de Pamplona. Me llamo Olga. ¿Y vosotros?

–Yo Ainara.

24 de julio de 2013

De nuevo en Mostelares, tras andar unos metros por una meseta, se inicia un descenso por una rampa de hormigón con una bajada del 18% de pendiente que finaliza junto a un pequeño monumento conmemorativo de un peregrino que falleció justo en ese lugar. A partir

190

de ahí, el paisaje alternaba el amarillo del cereal con el verde y amarillo de los girasoles.

—Ahora que estamos solos, voy a enseñarte el siguiente enigma —me dijo Amaia—. ¿Te sugiere algo?

Me tendió un trozo de pergamino en el que había un dibujo, junto con los números del libro que había que abrir en Santiago. En el dibujo se veía simplemente una mujer en un ataúd.

—Puede que sea parte de una obra de arte del Camino —le dije.

—¿Tienes alguna idea de quién puede ser la mujer que entierran?

—Ni idea. No veo ningún atributo que la identifique. Tal vez se trate de alguna mártir.

Mientras reflexionaba, escuché una voz que me decía:

—¿Veis como os dije ayer que seguramente nos veríamos de nuevo?

Nos volvimos para ver que se trataba del hombre flamenco que habíamos conocido fugazmente el día anterior.

—Creo que ha llegado el momento de presentarnos. Yo me llamo Jan y estos son mi hija Nele y mi ahijado Michiele.

Poco después, nuestra alegría fue en aumento al encontrarnos con Izaskun, Iñaki y Diego, el trío que conocimos en Hornillos. Charlando animadamente y sin pensar en la mujer del dibujo, llegamos a Puente Fitero, una capilla gótica aislada que es el único vestigio de un pueblo desaparecido. Allí nos esperaba Pedro.

–Aquí hay un albergue muy peculiar. Lo gestiona una asociación católica italiana y tratan a los peregrinos como en el pasado, con lavatorio de pies incluido –dijo Iñaki leyendo su guía del Camino.

Unos metros después, atravesamos un largo puente medieval de once arcos sobre el río Pisuerga, que marca la frontera entre las provincias de Burgos y Palencia en ese punto. Tomándome aparte, Pedro me dijo:

–Mientras os estaba esperando he mirado un rato internet en el móvil y he encontrado algo que podría interesar a tu amigo policía. He encontrado algunas webs en las que se relaciona a los templarios con la partitura del diablo. Y los templarios están relacionados con el Camino.

–Eso suena interesante, pero, ¿son fiables esas webs? –le pregunté.

–¡En absoluto! Dicen falsedades enormes, como que los templarios eran satánicos. Pero no tenemos que pensar en la verdad sino en lo que cree el descerebrado profanador. Además de la nota de liberar el Camino, que ha dejado tres veces, sus actos están relacionados con Prisciliano, con los celtas y con los templarios.

–¿Y ves alguna relación entre todo? Lo de Prisciliano lo entiendo, porque algunos creen que está enterrado en Compostela, pero, ¿y el símbolo celta y la partitura del diablo? –pregunté sin acabar de comprender adónde quería llegar.

–Antes de ser policía, cuando estaba acabando la carrera de Periodismo, hice prácticas en un medio de comunicación y me colocaron en un programa de esoterismo. Hay quienes dicen que el Camino de Santiago es una ruta celta cristianizada. Eso explicaría el símbolo celta de la segunda profanación. Y, aunque los templarios protegían a los peregrinos, parece que el profanador cree que eran herejes.

–¡A ver si lo he entendido! Insinúas que el profanador cree que la Iglesia se ha apropiado del Camino, quiere volver al pasado y ataca los templos del Camino con símbolos que cree que son anticristianos. ¿Voy bien?

–Sí. Creo que tu amigo se equivoca al creer que son una secta organizada. Yo diría que es una persona con pocas luces y muy aficionada al esoterismo que, por morbo, se cree todo lo que vaya en contra de lo que considera una versión oficial. Si no tiene todavía planeado su siguiente golpe, ahora estará buscando páginas de esoterismo de internet para elegirlo. Si no tienes inconveniente, podría hablar por teléfono con tu amigo Daniel.

Unos minutos después de haber cruzado el Pisuerga, llegamos a Itero de la Vega, un buen lugar para hacer un avituallamiento después de 13 km sin bares. Junto a su ayuntamiento, contemplamos un rollo de justicia que conmemora su independencia, concedida por Enrique IV. Tras una media hora de descanso, en los que nos encontramos con Luismi, reanudamos nuestra marcha y, siete kilómetros después, llegamos al siguiente pueblo, Boadilla del Camino, que había sido mi meta en años anteriores.

–Creo que me voy a quedar aquí. No tengo mi pierna en buenas condiciones –dijo Luismi.

–Yo también tengo mal el pie, así que voto por quedarme aquí –respondió Izaskun.

–Pues podéis elegir entre tres albergues, dos de ellos con piscina –les dije.

Ante esta situación, entramos en un albergue atravesando un gran jardín con una pequeña piscina. Al verme, el hospitalero dijo:

–¡Hombre, qué alegría! ¿Te quedas otra vez aquí?

–No, esta vez voy a Frómista, pero te dejo a unos amigos. ¡Trátamelos bien! –dije guiñándole el ojo.

–¡Descuida! Haces bien en variar, hay que conocer todo el Camino.

–Sí. ¡Por cierto! Quería presentarte al hijo y a la nuera de Olga.

Tras despedirnos, admiramos el mejor rollo de justicia de todo el Camino, profusamente decorado y muy estilizado. Tras contemplar esa preciosidad, como era también costumbre, entramos en su iglesia, no sin esfuerzo, pues se notaba que esa parroquia no tenía feligreses con discapacidad. El tiempo que se dedica a su interior merece la pena, pues cuenta con una interesante pila bautismal románica y retablos renacentistas con excelentes pinturas. Lamentablemente, no vimos nada que nos recordase a la mujer en un ataúd, como tampoco lo vimos anteriormente en Itero.

Poco después de salir de Boadilla, nos encontramos con el Canal de Castilla, una vasta obra de ingeniería promovida por el Marqués de la Ensenada en el siglo XVIII como medio de transporte, aunque en la actualidad se destina al regadío y a transportes turísticos en barco. Seguimos su verde sirga escoltada por chopos durante unos 5 deliciosos kilómetros hasta llegar a un conjunto de cuatro esclusas que dan la bienvenida a Frómista. Al observarlas, vimos que había que superar un puente con escaleras.

—No os asustéis, chicos. Un poco más abajo hay otro puente.

El que nos hablaba era un joven peregrino de unos 27 años que acababa de cruzar el puente en compañía de otro peregrino con barba y que parecía superar los cuarenta años. Siguiendo su indicación, cruzamos el otro puente y nos juntamos con aquella pareja, que nos esperó. De esta forma, supimos que el más joven era un navarro llamado Mikel, mientras que el más mayor era de Ferrol y se llamaba Xosé. Con ellos entramos en Frómista, nuestra meta y fin de la sexta etapa del *Codex Calixtinus*. ¿Encontraríamos ahí lo que buscábamos?

A las cinco de la tarde, Amaia, Pedro y yo, en compañía de Mikel y Xosé, comenzamos nuestra visita cultural y, al mismo tiempo, quisimos ver si encontrábamos algo que arrojase luz sobre el enigma que teníamos que resolver. La primera visita era a la iglesia de Santa María del Castillo. Su interior presenta una planta de salón con una hermosa bóveda de crucería.

–Hasta los años 70 tenía un impresionante retablo con 29 tablas hispano-flamencas, pero lo robó *Erik el Belga*. Por suerte se recuperó casi todo, aunque desmontado. Pese a que era un retablo muy grande, nadie en el pueblo oyó nada –nos explicó la guía, una mujer muy simpática de mediana edad.

Aunque no carece de interés, esta iglesia es poco visitada, quizás por estar situada relativamente lejos del centro. Allí contemplamos una interesante exposición audiovisual llamada *Vestigia*, en la que se proyecta historia de Frómista, un pequeño reportaje sobre su patrón, San Telmo y, en fin, una proyección de cómo quedaría el retablo.

–Muy interesante. ¡Lástima que estemos tan pocos! –comentó Xosé.

–Sí –respondió la guía–. Al principio esta exposición tuvo mucho éxito, pero ahora tiene pérdidas. A la Iglesia no le importaría quitarlo porque vienen muy pocos peregrinos y turistas, pero el ayuntamiento quiere que se mantenga porque es un servicio cultural.

La siguiente visita era a la iglesia de San Pedro, de estilo gótico. Mientras entrábamos en la iglesia, Mikel dijo:

–Probablemente sea el ateo que entra a más iglesias.

En su interior conserva un interesante retablo pero, lo que más llama la atención, es un pequeño museo en el que se encuentran las tablas del retablo robado por *Erik el Belga*. El voluntario que atendía la iglesia, un señor afable y bastante mayor que parecía no haber asumido bien el abandono de las pesetas, nos explicó:

–Queremos montarlo y llevarlo donde estaba, pero necesitamos cincuenta millones de euros.

Las tablas eran de un brillante colorido y contenían escenas del Antiguo y del Nuevo Testamento, así como de algunos evangelios apócrifos. Me fijé detenidamente en todas las tablas para intentar leer sus escenas y me detuve en una que me llamó la atención, pues tenía un hueco que ocupaba más de un cuarto de la tabla.

–Esta tabla está incompleta, ¿no? –pregunté.

–Sí, ese trozo no se pudo recuperar, aunque *Erik el Belga*, que robaba por encargo, dijo que haría lo posible por recuperarlo. Se trata de una pieza muy rara porque representa el entierro de la Virgen. Como los católicos creemos que la Virgen subió al cielo en cuerpo y alma, hay poquísimos cuadros en los que salga ella en un ataúd y es una pieza de mucho valor para coleccionistas.

Al escuchar eso, Amaia, Pedro y yo nos miramos en silencio.

Con sus dos hermosas torres cilíndricas, su elegante cimborrio octogonal, sus ábsides y sus múltiples canecillos con exuberante decoración, la iglesia de San Martín de Tours es una preciosidad y una de las grandes joyas del Románico de toda España. Su interior es aparentemente austero, pues no cuenta con retablo y su decoración se limita a un Crucificado del siglo XIII. Pero, como digo, eso solo es en apariencia, pues los capiteles de sus columnas cuentan con una bellísima decoración vegetal, animal y humana. Contemplando una maqueta de la iglesia, tal y como era a finales del siglo XIX, Xosé comentó:

–No sabía que era una reconstrucción –comentó Xosé observando una maqueta de la iglesia, tal y como era a finales del siglo XIX.

–Más bien una restauración. La iglesia amenazaba ruina y, para evitarlo, se quitaron los añadidos posteriores, que le hicieron mucho daño, para intentar devolverla a su estado primitivo. El arquitecto se tomó algunas licencias y algunos piensan que el resultado es muy artificial, aunque logró salvar la iglesia–, le respondí.

Tras escuchar un concierto de guitarra en su interior, nos separamos para dar una oportunidad a Pedro de buscar su contacto. Hacia las diez de la noche, cuando estábamos preparándonos para acostarnos, recibí de Pedro una serie de mensajes en el teléfono que decían: "Lo siguiente que tenemos que buscar es una pata de oca. También tenemos una mala noticia: se nos han vuelto a adelantar. El impostor iba en silla de ruedas".

Tras recibir esta noticia, llamé por teléfono a mi mujer, como solía hacer a diario y me dijo algo que me sentó mucho peor que la noticia de que el engaño a nuestros adversarios había durado poco.

15

Una trágica noticia

Quiero contaros un milagro hermoso y bello que tuvo
lugar en Vila-Sirga, donde la Virgen suele hacer milagros
más dulces que la miel para los que en ella ponen su fe.

Alfonso X el Sabio:

Cantiga 278

25 de julio de 2013

De todas mis peregrinaciones, aquel jueves fue el
primer día en que no me levanté contento. Lo que me
habían dicho por teléfono me sentó mal, aunque no me
impidió dormir. Nada más levantarme, un ciclista con el
que había departido un rato el día anterior se encargó de
recordármelo al preguntarme con cara de susto:

–¿Te has enterado de lo que ha pasado en
Santiago?

–¿Lo del descarrilamiento del tren? Sí, me lo
dijeron anoche por teléfono. Llevaban cinco muertos,
pero me temo que ahora sean más. ¡Ojalá me equivoque!

–No te equivocas. Son muchos más de cinco los
muertos.

El telediario que emitía la televisión del bar nos dio el desayuno a todos los presentes con los escalofriantes datos de la tragedia. Al hecho del terrible accidente se unía el que había tenido lugar en la codiciada meta a la que muchos queríamos llegar y que ese día era precisamente la festividad de Santiago. Miré en Facebook y vi que Luismi había escrito que cada paso de la etapa lo iba a dedicar a las víctimas.

–Mandaría a la mierda lo que tenemos que encontrar en Santiago a cambio de una sola de esas vidas –dijo Pedro.

Aunque no era el mejor día, nos convencimos de que no íbamos a poder hacer nada por las víctimas, así que Amaia, Pedro y yo empezamos la marcha con la intención de aprovecharla al máximo. Nuestro objetivo era llegar hasta Carrión de los Condes, una etapa corta de unos 19 kilómetros con cuatro pueblos intermedios.

–Por si no os han convencido lo suficiente Castrojeriz y Frómista, hoy vais a poder comprobar lo equivocados que están los que dicen que entre Burgos y León no hay nada que ver –les dije.

El Camino consiste en un soso andadero pegado a una carretera con poco tráfico, aunque compensaba algo el detalle de algunos automovilistas de hacer sonar el claxon para dar ánimos y los rebaños de oveja que, pasando por el andadero o por la carretera, rompían la monotonía. Tras pasar por dos capillas románicas, llegamos temprano a Población de Campos, el primer pueblo intermedio.

–Ahora tenemos que elegir entre dos alternativas: Revenga de Campos o Villovieco. Una es 300 metros más larga, pero mucho más tranquila porque se aleja de la carretera, aunque no sé cómo estará el terreno para tu silla porque va por una pista agraria. La otra continúa por el andadero junto a la carretera –expliqué.

–¿Me permitís una sugerencia? –preguntó Pedro.

–Esta iglesia no es tan espectacular como la de Frómista o la de Villalcázar, que veréis luego, pero cada una tiene su encanto.

Con estas sabias palabras, el lugareño de Revenga de Campos que custodiaba la iglesia de San Lorenzo, comenzó su explicación. Era un joven con el pelo corto, de carácter muy afable y que conocía al dedillo la historia de su pueblo. Podía decirse que el interior de la iglesia era interesante, pero no maravilloso. No obstante, las explicaciones de aquel amable joven multiplicaron el interés de la visita: que si uno de los retablos laterales fue dañado por el terremoto de Lisboa, cómo unos constructores hicieron unas columnas de madera imitando el mármol, la curiosa exigencia del cura de que el retablo mayor fuese hecho con madera de Soria y se realizase en un plazo máximo de un año... Resultó todo un ejemplo de cómo hacer una visita guiada y conseguir que pongamos en nuestra credencial el sello de la iglesia.

Tras acompañarnos a la salida, antes de despedirnos nos dijo:

–Como curiosidad, en esa casa blasonada que veis ahí pernoctó Carlos I.

Tras abandonar el pueblo, tomamos una carretera local hacia Villovieco, siguiendo una sugerencia de Pedro de alargar algo más de un kilómetro la etapa y visitar todos los pueblos de las dos variantes. Una vez en Villovieco, unas amigables mujeres nos sellaron la credencial y nos mostraron su iglesia de Santa María, que cuenta con un interesante retablo barroco y una preciosa cajonera de nogal del siglo XVI profusamente labrada con escenas bíblicas, ángeles, leones, flores y otras figuras, pero nada que recordase a una pata de oca.

Tres cuartos de hora después, nos encontrábamos en un jardín de un albergue, con una agradable música instrumental de fondo y teniendo por compañía a burros, gallinas y otros animales domésticos. Este ambiente algo *hippie* de aquel local de Villarmentero de Campos invitaba a quedarse. Gran parte de lo que llevábamos de etapa lo habíamos hecho conversando con peregrinos que nos encontrábamos, por lo que no pudimos hablar con libertad de nuestra búsqueda hasta ese momento.

–¿Qué te sugiere esta pata de oca? –me preguntó Amaia.

–Nada. Los Montes de Oca los hemos pasado. Y sé de un pueblo que se llama El Ganso, pero está a una semana de aquí. También me recuerda algo a la cruz que tienes que lucir.

–Hay otra cosa que me preocupa mucho más – dijo Pedro–. ¿Cómo es posible que nuestros adversarios nos tomen la delantera? ¿Y qué esperan ganar si tienen unos papeles y nosotros otros?

Tras salir de aquel curioso sitio y sin salir del pueblo, contemplamos a San Martín de Tours compartiendo su capa con un menesteroso en el centro del magnífico retablo mayor plateresco de la iglesia del mismo nombre, que cuenta con una rica decoración de tablas y esculturas renacentistas que una reciente restauración había devuelto a su gran esplendor. Su excelente artesonado octogonal mudéjar, descubierto pocos años atrás, no es menos admirable.

–El retablo es del pintor Francisco Giralte y del escultor Juan de Villoldo, dos discípulos de Alonso de Berruguete. Son poco conocidos, pero tienen un brillante currículum que incluye obras en las catedrales de Toledo, Palencia y Ávila –nos explicó una amable guía.

–Me sorprende que un pueblo tan pequeño tenga obras de un valor tan grande –comentó Amaia.

Una vez retomado el andadero, teníamos el último pueblo intermedio a la vista cuando un ciclista que iba por la carretera redujo su velocidad para ponerse a nuestra par. Se trataba de un joven con el pelo rapado.

–¡Buen Camino! ¿Qué tal estáis?

–¡Bien, gracias! –respondimos casi a la vez.

–Soy hospitalero voluntario del albergue parroquial de Villalcázar de Sirga –dijo presentándose el ciclista– No os podéis quedar ahí porque tenemos escaleras, pero puedo invitaros a beber agua o un refresco.

Tras una breve conversación, el ciclista siguió su camino y quedamos en aceptar su invitación. Unos minutos más tarde, llegamos a Villalcázar de Sirga, un pueblo que no llega a los 500 habitantes y una de las grandes sorpresas para quienes hacen el Camino por primera vez.

Tras posar junto a una estatua metálica que representa al Mesonero Mayor del Camino, que ofrecía vino y sopas de ajos a los peregrinos, admiramos su monumental iglesia gótica de Santa María la Blanca que, pese al pequeño tamaño del pueblo, tiene tamaño catedralicio y, de hecho, pretendía ser una catedral. El gran rosetón, sus arquivoltas historiadas y dos frisos repletos de esculturas hacen de este templo una de las grandes joyas del Camino.

–Aquí tienes una iglesia templaria –dije a Pedro dándole una palmadita en la espalda–. Por dentro es también preciosa. Tiene naves muy altas, un bonito retablo mayor con tablas hispano-flamencas, preciosos sepulcros con la imagen esculpida de los que están enterrados y una estatua de la Virgen Blanca que aparece en algunas de las Cantigas de Alfonso X.

–Sí, pero me temo que ni Jonás podría ayudarme –dijo Pedro con frustración al ver la gran escalinata que precedía a la entrada principal.

–Por el otro lado hay otra puerta. Tú rodea la iglesia, que Amaia y yo entramos y te abrimos desde dentro.

–¡Bienvenidos!

Con una sonrisa que se les salía de la boca, dos jóvenes monjas vestidas de blanco nos ofrecían un vasito de té frío a los peregrinos que estábamos en la cola de aquel albergue de Carrión de los Condes.

–Como hoy es un día especial por ser Santiago, también tenemos un trozo de sandía. A la noche haremos una cena comunitaria. La haremos nosotras, pero os pedimos que compréis algo.

Aquella villa, cuna del Marqués de Santillana, sede de concilios y de Cortes y que llegó a contar con doce hospitales para peregrinos, fue elogiada en el *Codex Calixtinus*, de la que dice que "es una villa próspera y excelente, abundante en pan, vino, carne y todo tipo de productos".

Como la siguiente localidad con albergue está a 17 kilómetros, cada día suelen pernoctar unos doscientos peregrinos, por lo que confiábamos en encontrarnos con los que habíamos conocido en las etapas anteriores y, afortunadamente, nuestra esperanza se cumplió, aunque dispersos en distintos albergues. El primero en unirse fue Luismi. Mientras comíamos los cuatro en la terraza de un pequeño restaurante, nos fijamos en una pareja con chancletas con los que habíamos hablado algo el día anterior. Ambos aparentaban unos 35 años y eran de estatura mediana. Ella era morena y llevaba coleta, mientras que él era más bien fornido.

—Aquí está todo ocupado —dijo ella a él.

—¡Cómo que está todo ocupado! Sentaos aquí con nosotros —les dijo Pedro.

Ambos aceptaron el amable ofrecimiento de Pedro, que cada vez era más evidente que no era la misma persona algo melancólica que había salido de Pamplona. La comida transcurrió en un ambiente muy alegre y supimos que la pareja en cuestión era un matrimonio de Alcalá de Henares residente en Cádiz. Ella se llamaba Paloma y él David.

Como Carrión ofrece una copiosa ración de historia y arte, dedicamos unas horas de la tarde a recorrer la villa y deleitarnos con su gran cantidad de tesoros y, de paso, buscar algo que recordase a una pata de oca.

—Aunque Carrión no es muy grande, tiene mucho para ver. Propongo empezar por unos aperitivos y continuar con el plato fuerte —sugerí ejerciendo de guía.

Siguiendo mi recomendación, visitamos en primer lugar la iglesia de San Andrés, una esbelta iglesia renacentista con un majestuoso interior que atesora un magnífico órgano barroco ricamente pintado y una interesante serie de óleos, esculturas y retablos.

–Se le llama la "catedral de Carrión de los Condes" por su tamaño y por las obras de arte de su interior. Es de Rodrigo Gil de Hontañón –Señalando con el dedo un retablo lateral que contiene un cuadro de gran tamaño representando la Adoración de los Magos, añadí–: este cuadro es una copia de Rubens.

Continuamos nuestra ruta cultural visitando el santuario de Nuestra Señora de Belén, en el que admiramos un espléndido retablo renacentista formado por ocho tablas al óleo y hermosas esculturas de madera policromada. Tras esta visita, cruzamos el río Carrión para degustar el plato fuerte.

Padres de la Iglesia, profetas, apóstoles, cardenales, santos, reyes y reinas… Las 250 figuras esculpidas en las preciosas bóvedas del espectacular claustro renacentista del monasterio de San Zoilo, obligaban a caminar con la cabeza levantada para admirar aquella maravilla arquitectónica y escultórica que constituía el plato fuerte de la visita a Carrión.

Además del claustro, visitamos una capilla en la que están enterrados los Condes de Carrión, famosos por el trato desfavorable que hace de ellos el Cantar del Mío Cid, que los retrata como unos cobardes que, por envidia al Cid, su suegro, no dudan en dar una brutal paliza a sus hijas, hecho que está demostrado que es falso.

De regreso, admiramos la magnífica fachada románica de la iglesia de Santiago, que hoy acoge la Oficina de Turismo y el Museo de Arte Contemporáneo. Situado en una estrecha calle peatonal, en su fachada están representados los doce apóstoles y Cristo en majestad rodeado del tetramorfo, los cuatro evangelistas con sus símbolos.

–¿Sabes que representa cada símbolo de los evangelistas? –me preguntó Amaia.

–Creo que nada en particular. Están tomados de un texto del Libro de Ezequiel, que describe una visión del trono de Dios con un león, un toro, un águila y un hombre.

Después, tomándome aparte, Pedro me preguntó:

–Intuyo que no has visto nada que recuerde a una pata de oca. ¿Me equivoco?

Que estás cansado de andar y de andar y caminar,
Girando siempre en un lugar.
Sé que las ventanas se pueden abrir,
Cambiar el aire depende de ti,
Te ayudará, vale la pena una vez más.

Con una hoja con letras de canciones en la mano, un grupo de peregrinos cantábamos alegremente con las monjas de nuestro albergue, que acompañaban sus cantos con guitarra y timbal en el encuentro musical al que habíamos sido convocados.

Sé que lo imposible se puede lograr,
Que la tristeza algún día se ira
Y así será. La vida cambia y cambiará.

La pegadiza melodía y la muy optimista letra de *Color Esperanza* con la que se inauguró el encuentro provocó un unánime sentimiento de emoción entre todos los que comprendíamos la letra y, posiblemente, incluso entre quiénes no captaban el positivo mensaje que transmitía la canción del cantante argentino Diego Torres.

Saber que se puede, querer que se pueda,
Quitarse los miedos, sacarlos afuera,
Pintarse la cara color esperanza,
Tentar al futuro con el corazón.

Actuaron como maestras de ceremonias del encuentro dos jóvenes monjas, una de Madrid y otra de Perú, que asumía el papel de intérprete. Tras presentarse ellas, nos hicieron presentarnos uno a uno, para luego continuar cantando algunas de las animadas canciones que tenían preparadas, todas ellas relacionadas con viajes o con la alegría de vivir. En un momento del encuentro, me dirigí hacia Iñaki e Izaskun para decirles algo, lo que aprovechó la maestra de ceremonias para decir:

–Parece que los vascos quieren cantar una canción.

La iglesia de Santa María del Camino es un gran templo románico del siglo XII con una interesante portada en la que figuran la adoración los Magos y el encuentro de estos con Herodes. A las 19:30 estaba abarrotada para la misa de peregrinos. En la cabeza de todos estaba presente la tragedia del tren de Santiago, hasta el punto de que acudieron algunos peregrinos no creyentes o de otras religiones. Tras la ceremonia, el joven y simpático cura se reunió con los peregrinos y con un papel en la mano preguntó:

–¿Quiénes sois de España?

Tras ver levantadas unas manos, dijo: – ¡Bienvenidos!

–¿*United States*?... *Welcome*!

Tras leer una larga lista y dar la bienvenida, añadió: –¿Me he dejado algún país?

Levantó la mano un peregrino de Benin. Tras la bienvenida, dio la palabra a las monjas que, en castellano e inglés, nos dieron una agradable sorpresa:

–Como buenos peregrinos, todos sabéis que una de las cosas más necesarias es la luz, para poder caminar, para ver los rostros de los peregrinos, para contemplar las maravillas de la creación... Durante la noche, esa luz es más necesaria, porque la oscuridad nos produce miedo. Por eso os hemos querido regalar una estrella de papel, pintada por nosotras, que queremos que os acompañe en el Camino y en vuestra vida.

211

Finalmente, el cura nos puso las manos en la cabeza uno a uno al mismo tiempo que las monjas cantaban una bendición de San Francisco de Asís. Mientras en nuestro cuerpo se producía una fortísima descarga de endorfinas por la hermosa música que acompañaba el acto, Amaia nos agarró del brazo a Pedro y a mí.

Os sostenga la madre tierra,
De sus frutos os dé el mejor...

En un principio, creí que era un gesto cariñoso por las buenas sensaciones que sentíamos todos, pero me equivoqué. Quería enseñarnos algo.

Que os colme de gracia por amar al Amor.

Mi primera impresión es que era un crucificado normal, pero luego me di cuenta de que no lo era. Su forma era como la del que vimos en Puente La Reina, con una cruz en forma de Y o de pata de oca, como el crucifijo que tenía que lucir Pedro para ser identificado y como el enigma que acabábamos de resolver.

16

Un extraño rostro bifronte

Viene luego Sahagún, pródigo en todo tipo de bienes, donde se encuentra el prado donde, se dice, que antaño reverdecieron las astas fulgurantes que los guerreros victoriosos habían hincado en tierra, para gloria del Señor.

Aimeric Picaud:

Codex Calixtinus

26 de julio de 2013

Jammo, jammo, 'ncoppa jammo ja'...
Jammo, jammo,'ncoppa jammo ja'...
Funiculí funiculá, funiculí funiculá...
'Ncoppa jammo ja', funiculí funiculá...

Diecisiete kilómetros más allá de Carrión, el pequeño pueblo de Calzadilla de la Cueza era una parada casi obligatoria para reponer fuerzas. Allí, se formó un coro de peregrinos en el que nuestro trío coincidió con Luismi, Izaskun, Iñaki, Diego y Jan y su familia. Todos cantábamos alegremente el estribillo de la popular canción napolitana, compuesta en 1880 con motivo de la inauguración del funicular del Vesubio. Las estrofas las dejamos para el "joven" Enio y Antonello, otro italiano de la Toscana que lo acompañaba.

Atrás quedaban diecisiete kilómetros de campos de cereales y girasol, sin núcleos de población, sin fuentes de agua potable, con muy escasos árboles y prácticamente sin sombras. La continua sucesión de horizontes durante poco más de tres horas hace que sea un tramo que puede resultar duro psicológicamente. En nuestro caso, no lo fue, porque fuimos bien acompañados de otros peregrinos y porque estábamos frescos.

En un tramo tan largo, también pudimos comentar algo acerca de la siguiente clave que debíamos resolver y que, aunque pueda parecer sorprendente, fue entregada por una monja. En esta ocasión, llegamos primero, pero, poco antes de partir, el contacto dijo a Pedro que, tras entregarnos el papel, alguien en silla de ruedas intentó en vano hacerse con él.

El contenido parecía sencillo. Era un dibujo de un ángel pisando a un demonio. Sin duda, se trataba de una representación de san Miguel Arcángel. Sin embargo, no había iglesias consagradas a este personaje hasta pasado León, lo que nos resultaba extraño, por lo que pensamos que debíamos buscar alguna obra de arte dentro de alguna iglesia.

–¿Sabes? Esta mañana he hablado con mi madre sobre los robos de *Erik el Belga*. Me ha dicho que, aunque también actuó fuera del Camino, no cree que fuese casualidad que uno de sus robos fuese la tabla de la muerte de la Virgen. Me ha sugerido que, probablemente, él o alguno de los que le pagaban buscaba lo mismo que nosotros. También me ha dicho que, posiblemente, el robo del *Codex Calixtinus* tenga algo que ver con nuestra misión y que el autor oculta el verdadero motivo.

Tras tomar nuestra consumición, los del coro de peregrinos acudimos a visitar la iglesia del pueblo, dedicada a san Martín. Al ver a Pedro, una mujer que había en la puerta dijo:

–Siento mucho este escalón. He escrito varias veces al obispado para pedir una rampa, pero todavía estoy esperando respuesta. Si quieres, puedo ayudarte.

El interior contaba con un buen retablo renacentista del siglo XVI, obra de un discípulo del famoso escultor Juan de Juni. La amable mujer, tras estamparnos el sello que, según nos dijo, es el más antiguo del Camino, nos explicó cada parte del retablo, en el que destacaban un Santiago peregrino y una Virgen con el Niño. Al finalizar su interesante descripción, añadió:

–Antes estaba en Santa María de las Tiendas, un antiguo monasterio y hospital de peregrinos del siglo XII que estaba a pocos kilómetros de aquí.

–¿Estaba? ¿Ya no existe? –preguntó Luismi.

–No, no existe. Estuvo en funcionamiento hasta el siglo XIX y Domenico Laffi escribió que era muy grande y rico. Tras la desamortización, pasó a manos de una familia y se convirtió en una granja. Al final, sus propietarios lo derribaron en 2006 y vendieron los escombros a empresas constructoras. Antes de eso se pidió ayuda a los gobernantes de Castilla y León, pero se lavaron las manos diciendo que era propiedad privada.

–¡Qué monstruosidad! Entonces, también podrían destruirse los palacios de los duques de Alba o Medinaceli. ¡Increíble! –exclamé.

–Pues no dejes de escandalizarte. Este retablo se está deteriorando por una chapucera restauración que le hicieron hace unos años. Pedimos a la Junta de Castilla y León que lo arreglase y nos respondieron que lo harían con mucho gusto, pero que una vez restaurado se lo llevaban a Astorga. Cuando les decimos que siempre ha sido del pueblo y que queremos que siga en el pueblo, nos dicen: "¡Vale, pues no lo restauramos y dejamos que siga deteriorándose!".

–¡Menudo chantaje infame! –dije sin poder contener mi indignación.

–Sí –respondió la mujer– Este pueblo es muy pequeño para los políticos. ¡Eso sí!, cuando hace unos años apareció un códice del siglo XIII, tuvimos desfile de autoridades.

Tras unos minutos de interesante conversación con aquella mujer, Luismi dijo:

–Creo que me voy a quedar aquí. Ayer forcé y creo que es mejor que pare.

216

—Pero no querías llegar a Santiago antes de tu cumpleaños –le preguntó Diego.

—Vísteme despacio, que tengo prisa. Además, después de haber estado en el cumpleaños de una peregrina, creo que celebrarlo en el Camino es lo mejor que me puede pasar.

Tras darnos un abrazo de despedida, reanudamos la marcha con algo más de vacío en nuestro interior. Mientras que nuestros acompañantes iban a improvisar, la intención de nuestro trío era hacer una etapa de casi cuarenta kilómetros hasta Sahagún, primer pueblo de la provincia de León, fin de la séptima etapa del *Codex Calixtinus* y punto de confluencia entre el Camino de Madrid y el Camino Francés. Para ello, teníamos que atravesar los pequeños pueblos de Ledigos, Terradillos de los Templarios, Moratinos y San Nicolás del Real Camino, cuatro pueblos hechos con adobe, tapial y ladrillo que, en las puestas de sol, adoptan un color ocre que se confunde con el suelo.

Al llegar a uno de los pueblos intermedios, Jan dijo:

—Nosotros nos quedamos aquí.

El resto del grupo, excepto Amaia, Pedro y yo, decidieron también quedarse con ellos. Como un año había dormido en ese albergue y conocía a los que lo regentaban, acudí a saludarles.

—Este año no me quedo aquí, pero os dejo unos amigos y aprovecho para saludaros.

217

–¿Adónde vas? –me preguntó la mujer.

–A Sahagún.

–¡A Sahagún! ¡Si está lejísimos!

–Creo que puedo llegar. ¡Por cierto! Voy con el hijo y la nuera de Olga –le respondí volviéndome hacia Pedro y Amaia.

Después de despedirnos de nuestros amigos peregrinos, un trabajador del albergue sacó su teléfono del bolsillo y comenzó a escribir a alguien un mensaje.

Serían alrededor de las 14:20 cuando llegamos a Sahagún, la capital del mudéjar del Camino. Poco antes de entrar en su núcleo urbano, visitamos la ermita mudéjar del siglo XII de la Virgen del Puente, que debe su nombre a un puente sobre el cauce, hoy desviado, del río Valderaduey. Allí nos fotografiamos junto al monumento que, al parecer, está en el centro geográfico del Camino entre Roncesvalles y Santiago.

–¿Venís desde Carrión? –nos preguntó la hospitalera examinando nuestras credenciales.

–Sí, ha sido un paseíto largo –respondí.

–Es raro. Os veo cansados, pero enteros. Normalmente, los que vienen de Carrión casi no se tienen en pie –Volviéndose hacia Pedro le dijo–: ¿Ya sabes que tú no pagas?

–¿Y eso? –preguntó sorprendido.

–Mi jefe es de una ONG de lesionados medulares y no cobra a los peregrinos que vienen en silla de ruedas. Sois pocos, pero casi todos los años viene por aquí alguno. Hoy se ha pasado uno muy preguntón, pero al final no se ha quedado. No sé si luego volverá.

Sahagún, pródigo en todo tipo de bienes según reza el *Codex Calixtinus*, es una villa de unos 2500 habitantes fundada en el siglo IX en torno al enorme monasterio cluniaciense de los santos Facundo y Primitivo que, según la tradición, murieron mártires durante la persecución de Diocleciano. Precisamente, el nombre de la localidad se debe a una evolución del primero de estos personajes, Sant Facund.

Tras una siesta algo más larga de lo habitual, comenzamos nuestra visita cultural en la que, por supuesto, buscaríamos alguna imagen de San Miguel. Nuestra primera parada fue la iglesia mudéjar de San Lorenzo, un bonito templo del siglo XIII construido íntegramente en ladrillo y que cuenta con tres ábsides con hermosos arcos ciegos y una enorme y esbelta torre troncopiramidal. Continuamos nuestra visita atravesando la plaza Mayor para llegar a la iglesia de San Tirso, también mudéjar y un siglo más antigua que San Lorenzo.

–Recuerdo que, cuando era estudiante, me cayó una foto de esta iglesia en un examen de Historia del Arte Medieval. Tenía que identificarla y comentarla –les dije.

–Pues se parece mucho a la de San Lorenzo. ¿En qué se diferencian? –me preguntó Pedro.

–En pocas cosas. Por ejemplo, esta torre tiene tres cuerpos de ventanas, no cuatro. Además, tiene algo de piedra, mientras que la otra está hecha solo con ladrillo. Son iglesias hermanas, pero no gemelas.

Tras visitar su interior, nos dirigimos a visitar otra iglesia mudéjar: el Santuario de la Peregrina, en donde nos obsequiaron con la *Carta Peregrina*, un documento que acredita haber pasado por el centro geográfico del Camino.

El interior del santuario conserva algunas decoraciones típicas mudéjares en el yeso de algunas paredes pero, sobre todo, es muy querido por la Virgen Peregrina, una talla barroca de la escultora sevillana Luisa Roldán. La imagen nos muestra a una joven María con su hijo, en una natural actitud cariñosa hacia su madre, que luce una larga cabellera y que, en opinión de los facundinos, es la Virgen más guapa del Camino, probablemente no sin razón. Según nos explicó la guía, sus ojos son de cristal y el pelo es natural, donado por una niña que se le encomendó.

–La artista solo esculpió las manos y la cara, además del niño. El resto es un maniquí, pues está pensada para que se le pueda cambiar de ropa.

No mucho tiempo después, en la cena, nos llevamos una agradable sorpresa al encontrarnos con Mikel:

–¡Hombre! ¿Tú también te has hecho la maratón? –dijo Amaia.

–Sí. Llegué al primer pueblo con un alemán que estaba muy cachas y no se paró. Entonces, yo pensé: "si él no se para, yo tampoco". Y me ha dejado hecho polvo.

–¡Di que sí! Que quede claro cómo somos los navarros –le dijo Pedro.

Mientras conversábamos de forma distendida, recibí un mensaje en el móvil. Se trataba de Daniel y, al ver que era él, pensé mal y acerté: había tenido lugar otra profanación en Galicia, esta vez en la iglesia neogótica de Santiago, en Mondoñedo.

27 de julio de 2013

Tras la maratón del día anterior, decidimos tomárnoslo con más tranquilidad. Para las siguientes etapas, teníamos dos alternativas, una más urbanizada y otra más solitaria, con tan solo un pueblo intermedio. La segunda, con algunos bosquetes y áreas de matorral, es recomendable para los que quieren aprovechar la peregrinación para meditar, pero nos decidimos por la primera opción.

–Sé de un albergue que no tiene barreras arquitectónicas. No hace falta que llamemos por teléfono para preguntarlo –le dije a Pedro el día anterior.

–¿Y cómo estás tan seguro? No es que no me fíe de tu memoria, pero me extraña que te fijases en esos detalles otros años –me preguntó Pedro con escepticismo.

–Tú confía en mí.

Abandonamos Sahagún junto a los restos del enorme monasterio que tuvo, del que solo sobreviven su torre, restos de algunas tapias y el majestuoso Arco de San Benito, uno de los lugares más emblemáticos de la villa. Diseñado como un arco de triunfo, fue construido en 1662 en estilo barroco, sustituyendo a la portada románica anterior, que estaba en ruinas.

El último monumento de interés es el puente medieval sobre el río Cea castigado con el tráfico rodado, que discurre junto a una chopera que, según la leyenda local, de la que se hace eco el *Calixtino*, surgió de lanzas que fueron clavadas en el suelo por soldados de Carlomagno y que al día siguiente se encontraron florecidas.

En esos primeros kilómetros, di a mis compañeros la noticia de la nueva profanación:

–Esta vez ha sido en una iglesia del Camino del Norte. Además de la frasecita de siempre de liberar el camino, han dibujado con un espray un señor con barba y dos caras que miran a derecha e izquierda. En las profanaciones de Pontedeume, Redondela y Mondoñedo hay algo en común, además de esa frase: han tenido lugar en iglesias dedicadas a Santiago, así que se va a avisar a todos los párrocos de iglesias gallegas dedicadas a Santiago. También me ha dicho Daniel que me mandará la imagen en cuanto pueda por si sirve de ayuda para penetrar en su cerebro. En el sentido figurado de que tenga cerebro, por supuesto.

Unos cuatro kilómetros después de salir de Sahagún, tomamos un andadero junto a una carretera local bien asfaltada por la que circulan muchos más ciclistas que coches.

—A esto lo llamo yo la senda de los arbolitos. Durante los 32 kilómetros que hay hasta Mansilla, tenemos un arbolito cada nueve metros. Son famosos porque nuestros magníficos gestores los han planificado de forma que dan sombra a los cultivos y no a los peregrinos —expliqué.

Atravesando campos de cereales, cuya monotonía solo fue rota por algunos arroyos, una laguna y un monumento funerario a un peregrino llamado Manfred Kress, llegamos al único pueblo intermedio de nuestra etapa, Bercianos del Real Camino, un pueblo medieval de adobe y tapial que, como su nombre indica, fue repoblado por gente procedente del Bierzo. Poco antes de llegar, contemplamos la ermita de Nuestra Señora de Perales, en donde los lugareños celebran una romería el 8 de septiembre.

Tras la pausa obligada, recorrimos los ocho kilómetros que restaban hasta El Burgo Ranero y, ejerciendo de guía, llevé a mis compañeros a nuestro albergue, situado en las afueras del pueblo. Acababa de llamar al timbre cuando escuchamos a nuestras espaldas una voz que decía:

–¡Hombre! ¿Otro año por aquí?

–¡Hola! Veo que me recuerdas –le respondí dándole la mano.

Nuestro interlocutor era un hombre con barba y de constitución fuerte. Pedro y Amaia enseguida comprendieron por qué recordaba con tanta seguridad que el albergue carecía de barreras arquitectónicas: nuestro amable y simpático hospitalero se desplazaba en silla de ruedas. Una vez hechas las presentaciones, nos dijo:

–Cuando os duchéis, os llevo al pueblo en mi furgoneta. Como mi albergue está a más de un kilómetro del centro, ya sabes que intento compensarlo llevando y trayendo a los peregrinos. Además, a la tarde tengo la partida de dominó con los amigos.

Después de haber comido con la música de fondo de *El Fary*, cenamos al aire libre con el sonido de las ranas que poblaban la charca del Burgo Ranero, que contaba con bastante agua pese a ser verano. El haber optado por una etapa corta, permitió que nos reencontrásemos con Iñaki, Izaskun y Diego, con quienes decidimos contemplar la puesta de sol.

Resulta curioso que el mayor atractivo de aquel pueblo de casas y bodegas de adobe, además de la iglesia, sea la visión de un atardecer. Junto a otros peregrinos, contemplamos cómo el sol y la laguna adquirían un tono anaranjado y, al quedar el sol engullido, un resplandor intenso iluminó todo el entorno produciendo.

–El año pasado dormí en Bercianos. Allí también se puede ver un atardecer mágico en su laguna –comentó un peregrino.

–¿Sabéis que esta laguna se llama "Manzanas"? –preguntó una mujer que se presentó como hospitalera voluntaria de un albergue– Hace mucho tiempo, un peregrino pidió un sitio donde poder dormir y, unos niños que jugaban junto a la laguna, que entonces estaba muy sucia y llena de bichos inmundos, le ofrecieron su casa, aunque le recomendaron que continuase hasta otro pueblo pues allí, con el ruido de los animales, era difícil dormir. Pese al consejo, el peregrino pasó la noche en la casa de la familia del niño que, al día siguiente, le dieron de desayunar. A cambio de esa hospitalidad, el peregrino le ofreció al niño una manzana y le dijo que cuando la comiera tirara el corazón al lodazal de la laguna. Horas más tarde el niño comió la manzana y tiró el corazón al agua y, entonces, las aguas se limpiaron y los bichos desaparecieron. Sólo quedaron unas ranas que deleitan a los vecinos con su croar.

–¡Déjame adivinar! El peregrino en cuestión era Santiago –respondí haciendo trampas, pues había mencionado esa leyenda en el libro que presenté en Pamplona.

Una vez en el albergue, vi que Daniel me había enviado la imagen de la profanación. Tal y como me había dicho, el hombre con barba tenía dos caras mirando a ambos lados de su perfil. Estando en la cocina-comedor, puse mi teléfono en la mesa para que pudiesen verlo bien Amaia y Pedro.

—No tengo ni idea de quién es, pero imagino que será un dios o ser mitológico –les dije.

—Parece Jano, aunque no está muy bien dibujado.

Nos volvimos con sorpresa para comprobar que se trataba de Jonás.

—Perdonad mi interrupción, pero no he podido evitar ver la imagen ni oírte decir que no sabías de quién era ese dibujo. Me alegro de veros de nuevo.

—No hay nada que perdonar, amigo –le dije–. ¿Y quién es ese Jano? ¿Algún dios celta?

—No, no es celta. Jano, o Ianus, es un dios romano que no tiene equivalente griego. Tiene dos caras y es el dios de los comienzos y de los finales. Por eso se le dedicó el primer mes del año, Ianuarius, que derivó en Janeiro, Janero y enero.

—Veo que eres experto en mitología romana –le dijo sonriendo Amaia.

–No, no lo soy. Lo que ocurre es que, como vivo en el Camino, me he interesado por su historia y sus leyendas.

–¿Y qué tiene que ver el dios romano Jano con el Camino? –preguntó Pedro.

–Parece que existió en su día una ruta de peregrinación hacia Finisterre que era conocida como el *Callis Ianus* o Camino de Jano.

–¿Y el Camino actual es un camino pagano cristianizado, como se ha hecho con algunas fiestas? –preguntó Pedro.

–No lo creo. Evidentemente, para hacer el Camino se utilizaban rutas antiguas, algunas de época romana, pero de ahí a decir que el Camino de Santiago es el Camino de Jano cristianizado como dicen algunos escritores de esoterismo…

17

Sinfonía de color

A lo largo de su vida, ha visto muchas iglesias y ninguna le ha parecido tan bella como esta catedral, que parece suspendida, más que alzada, sobre el suelo, y que asemeja un caleidoscopio de tanto cristal que tiene.

Julio Llamazares:
Las Rosas de Piedra

28 de julio de 2013

–Cada vez está más claro que el profanador es un neopagano que no tiene dos dedos de frente–, dije durante el desayuno después de cerciorarme de que no había nada que pudiera escucharnos.

–¿Qué quieres decir con neopagano? –me preguntó Amaia.

–El cristianismo fusionó tradiciones paganas con su religión. Por ejemplo, creo que todo el mundo sabe que la Navidad se celebra un 25 de diciembre para competir con los que adoraban al Sol Invicto. Antes de Constantino, el nacimiento de Jesús se celebraba en otras fechas, pero se trasladó al 25 de diciembre para cristianizar la fiesta pagana del solsticio de invierno. Otro ejemplo claro de cristianización de fiestas paganas es el de las hogueras de San Juan. Como ya comentamos, nuestro personaje cree que el Camino de Santiago ha sido contaminado por el cristianismo y quiere recuperar su pureza, pero es tonto e incoherente.

–Ya dije que el perfil de ese tipo es el de un devorador de lecturas de esoterismo, pero, ¿por qué dices que no tiene dos dedos de frente? –me preguntó Pedro.

–Por el dibujo de Jano. En una de sus primeras profanaciones puso un símbolo celta y ahora pone un dios romano, cuando los romanos hicieron lo mismo que, al parecer, reprocha a los cristianos: asimilar parte de la religión de los pueblos sometidos para competir con ellas. Parece que el descerebrado reivindica al mismo tiempo una Galicia celta y una Galicia romana y rechaza todo lo cristiano. No me parece muy coherente.

Tras estas reflexiones matutinas, comenzamos nuestra marcha. La etapa del día era de 19 kilómetros por la senda de los arbolitos. Poco después de nuestra partida, un joven ciclista redujo la velocidad para ponerse a nuestra par y, tras el saludo peregrino, inició una conversación y, al vernos receptivos, se dirigió a Pedro diciendo:

–Perdona si soy indiscreto pero, ¿estás así por un accidente?

–Sí –dijo suspirando–. Iba andando en bicicleta y me atropelló un coche que no respetó la distancia de seguridad.

–Yo me he puesto a hacer el Camino porque me ha dejado mi novia, pero veo que hay gente que tiene problemas más graves que el mío.

–Hay mucha gente que hace el Camino por problemas personales. El año pasado conocí a un señor con trastorno bipolar que hacía el Camino por recomendación de su psiquiatra. Y hace unos días escuché en un albergue unos dramones tremendos –respondí recordando la impactante experiencia de Tosantos.

Después de unos minutos de amena conversación, aquel simpático ciclista continúo su marcha. Tras casi trece kilómetros de paseo, llegamos al único pueblo intermedio de nuestra jornada, Reliegos, usado por muchos peregrinos como final de etapa. Además de parada obligada de avituallamiento, resultó un punto de encuentro con Iñaki, Izaskun, Diego, Enio, Jan y su familia.

–Allí se ve Mansilla de las Mulas, nuestra meta. Parece que está cerca, pero nos queda algo más de cinco kilómetros. Aquí hay un refrán que dice: "La legua bien medida, de Reliegos a Mansilla".

–¿Qué opinas de Mansilla? –me preguntó Amaia.

–Es agradable, acogedora y con encanto. Tiene varios metros de murallas medievales con algunos torreones junto al Esla. También tiene dos iglesias y dos arcos medievales. La parte intramuros es Conjunto

Histórico-Artístico y se agradece que la mayor parte del centro sea peatonal.

Al pie de una cruz y con un bocadillo en su mano, una mujer miraba enamorada a su compañero, que hurgaba en la mochila en busca de comida o bebida. Tras ellos, otro peregrino parecía no resistir el cansancio y optaba por una siesta en vez de por un almuerzo. Realizado a tamaño doble del natural, un original monumento a los peregrinos labrado en piedra daba la bienvenida al centro histórico de Mansilla de las Mulas y servía como punto de encuentro para Amaia, Pedro y yo, que pernoctamos en distintos albergues. Poco después de nuestra siesta, quise enseñar el albergue en el que me alojaba, lo cual fue del agrado de la simpática hospitalera que lo atendía.

–Estáis de suerte porque este fin de semana son las fiestas medievales, aunque os habéis perdido el torneo que ha habido junto a las murallas. ¿Qué tal el Camino?

–Bien –respondí– Aunque me temo que me puede estar saliendo una ampolla. Sería la primera vez en tres años que me sale una. Y eso que la etapa de hoy ha sido corta.

–Aunque se ande poco, las ampollas pueden salir por humedad, por alguna brizna de hierba que se te haya metido o por otras razones. Déjame que te mire, que tengo buena mano para esto.

Efectivamente, me había salido una ampolla y la hospitalera se ocupó de curármela con una atención exquisita con aguja, yodo y un trozo de gasa con esparadrapo.

–Veo que no exageras al decir que tienes buen mano. ¿Eres enfermera o algo así?

–Algo así. Soy veterinaria.

–Una profesión muy apropiada para tratarme –le dije sonriendo.

Mientras me curaba, pasé la vista por las múltiples fotos que adornaban la habitación y me detuve en un poster de una preciosa iglesia con un pórtico de arcos de herradura.

–Esa iglesia es mozárabe, ¿no? ¿Está cerca de aquí? –pregunté.

–Sí, es un monasterio mozárabe del siglo X. Está a unos 15 kilómetros de aquí, en el Camino Vadiniense, que une Santo Toribio de Liébana con Mansilla.

–Me suena haberlo estudiado en la carrera, en la asignatura Historia del Arte Medieval, pero no recuerdo cómo se llama.

–¡Ay, ay, ay! ¡Mira que olvidarte de una de las joyas del prerrománico español! Se llama San Miguel de la Escalada.

A la tarde, recorrimos a fondo el casco histórico de la villa y nos detuvimos especialmente en la encantadora plaza del Grano, un lugar amplio y espacioso, con soportales y casas coloreadas de escasa altura.

–Imagino que en este pueblo habrá algún taxi rural. A lo mejor podemos hacer una excursión –dijo Pedro.

–El que el enigma que nos falta esté allí la mayor parte del año no quiere decir que esté ahí nuestro contacto. Es más, si tiene que esperar a que alguien la pida, imagino que estará aquí, en Mansilla. De todas formas, podemos intentar hacer esa excursión ahora que no estamos con nadie –le respondió Amaia.

–¡Qué alegría! Pensábamos que a lo mejor no os volvíamos a ver.

Nos volvimos hacia quien nos había saludado para comprobar que se trataba de David y Paloma, la pareja con la que comimos en Carrión de los Condes y a la que no habíamos vuelto a ver desde aquel día. Poco después, alguien me agarró fuertemente los hombros provocándome un pequeño susto. Cuando me volví, el bromista nos dijo:

–¡Hola paisanos!

Era Mikel. Cruzando nuestras miradas sin decirnos nada, Amaia, Pedro y yo llegamos a un acuerdo tácito de dejar para otro año la visita a San Miguel de la

Escalada y confiar en que nuestro contacto estuviese en Mansilla y pudiésemos dar con él.

29 de julio de 2013

La etapa de este día apenas tenía 18 kilómetros, aunque nos levantamos a la hora de siempre para poder aprovechar bien el día en León, ciudad de mucha solera que debe su nombre a la *Legio VII Gemina*, que instaló un campamento que acabó transformándose en ciudad y que alcanzó esplendor cuando Ordoño II trasladó allí la capital del Reino de Asturias, que pasó a llamarse León. Tras desayunar, Pedro, Amaia y yo abandonamos Mansilla de las Mulas cruzando el puente medieval sobre el río Esla.

–Aquí no es muy grande, pero cuando desemboca es más caudaloso que el Duero. Por eso hay un dicho que dice que el Esla lleva el agua y el Duero la fama, aunque también se dice lo mismo con el Sil y el Miño y con el Pisuerga y el Duero –expliqué.

–Voy a irme con buen recuerdo de este pueblo y de sus gentes. ¡Y qué sorpresa más agradable que la madre de la hospitalera que te curó la ampolla sea nuestro contacto! –dijo Pedro.

Tras cruzar el puente, anduvimos unos kilómetros por un agradable sendero con chopos y álamos en el que los campos de trigo de los días anteriores dieron paso a verdes cultivos de maíz, regados por múltiples canales que aportaban un agradable sonido. Seis kilómetros después llegamos a Villarente, que alcanzamos tras cruzar por una reciente pasarela peatonal que permite contemplar el largo y monumental puente medieval de 17 arcos sobre el río Porma, que el *Codex Calixtinus* califica de enorme. Junto a él, en una pequeña caseta, puede disfrutarse durante unos minutos de un interesante audiovisual sobre los puentes del Camino.

–Os he dicho que no me gustan las comparaciones en el arte, pero este puente es, posiblemente, el tercero más espectacular del Camino – les dije.

–Imagino que uno de los dos primeros será el de Puente la Reina. ¿Y el otro? –preguntó Amaia.

–Lo verás muy pronto. Prefiero que lo descubras por ti misma –respondí.

Tras emprender la marcha después de la obligada pausa, dije a mis compañeros:

–Este tramo entre el Esla y el Porma es un oasis, pero lo será más cuando se acabe la autovía entre Valladolid y León, que quitará mucho tráfico a esta odiosa carretera. Pero ahora cambia el paisaje y, lo que queda a León, no es precisamente muy bonito, aunque por lo menos son pocos kilómetros.

–Perdonad que cambie de tema, pero hay algo que me preocupa –dijo Pedro–. En Mansilla, alguien intentó adelantarse otra vez a nosotros, pero esa buena mujer le dio una pista falsa porque, por casualidad, escuchó una conversación telefónica que le hizo ver que era un impostor. La cuestión es: ¿Cómo sabía el impostor que la clave era San Miguel de la Escalada? ¿Alguien pudo habernos escuchado?

—Lo comentamos en la plaza del Grano. Poco después estuvimos con Mikel, David y Paloma, pero después no se separaron de nosotros y cenamos juntos. No creo que sean ellos —dije.

—¿Y tienes todos los papeles que tenemos hasta ahora? —preguntó Amaia a Pedro.

—Sí, todos los días lo reviso y duermo con ellos. No falta ninguno.

—Entonces, si no nos han escuchado y no nos han quitado los papeles que tenemos, ¿cómo es posible que lo hayan sabido? No creo que alguno de nosotros lleve un micrófono escondido —dije.

—Yo tampoco lo creo. Suena raro, pero, ¿es posible que lo hayas dejado alguna vez en algún sitio y que alguien los haya fotografiado? —le pregunto Amaia.

—No, estoy seguro de que no —dijo Pedro. Poco después, añadió mirándome alarmado— ¡Un momento!, ¿hay alguien más aparte de nosotros que sepa lo que estamos haciendo? Para resolver algunas pistas contactaste con una colega tuya. ¿Hay alguien más a quién se lo hayas dicho?

—A mi amiga Maite he recurrido unas pocas veces. Y te aseguro que no le he dicho nada del lío en el que estoy metido, entre otras cosas porque pensaría que le estoy tomando el pelo. Además, el primer enigma que nos quitaron fue en Grañón y, para resolverla, no recurrí a ella. Pero me acabas de dar una clave, porque hay alguien que sí está al corriente de nuestros pasos: tu madre.

–¿Bromeas? ¿Quieres decir que nos mete en este lío para luego pasar la información a otros?

–No he dicho eso. No me malinterpretes. Lo que quiero decir es que, si le has informado de nuestros pasos por el móvil, alguien ha podido en algún momento cogerte el móvil a ti o a ella y leerlos. Si quieres mantenerla informada, lo mejor será que lo hagas oralmente, no por escrito.

No habían pasado dos horas de aquella conversación cuando Amaia dijo:

–Ahí se ve León a lo lejos.

–Sí, pero se va a hacer de rogar. La entrada de León es una pesadilla, por unas calles sosas y con bastante tráfico. Lo único con algo de interés es el puente peatonal sobre el río Torío, que tiene unos leones con escudos –le respondí.

Hacia las once de la mañana ya estábamos entrando en el casco histórico por una puerta de la antigua muralla. El *Codex Calixtinus*, que propone esta ciudad como fin de la octava etapa, la describe como plena de felicidades. Hoy en día, esta ciudad Patrimonio de la Humanidad, sigue siendo una bendición para los peregrinos.

–¡Ya ha terminado la pesadilla! Lo que nos espera ahora compensará con creces esta etapa, porque León es una maravilla, con el centro en buena parte peatonal, estupenda gastronomía y gente muy maja –les dije–. ¿Ya sabéis que de León sale un ramal que va a Oviedo, el Camino de San Salvador? Está bien nutrido de albergues y se hace en cinco etapas.

–No lo sabía. Yo pensaba que de Oviedo se iba a Santiago por el Camino Primitivo o empalmando en Avilés con el Camino de la Costa –respondió Pedro.

–Es distinto. El Camino Primitivo que, como su nombre indica, es el más antiguo porque fue el que hizo Alfonso II de Asturias cuando se descubrió la supuesta tumba de Santiago, va a Compostela, pero el Camino de San Salvador era un ramal por el que los peregrinos que hacían el Camino Francés se desviaban a Oviedo.

–Oviedo es una de mis ciudades favoritas de España, pero no creo que se desviasen para hacer turismo. ¿Me equivoco? –dijo Amaia.

–Se desviaban para hacer turismo religioso. Si habéis estado en Oviedo supongo que habréis visto la Cámara Santa que está en su catedral. Ahí, entre otras reliquias, hay un pañuelo con manchas de sangre que dicen que fue el que tapó la cara de Jesús cuando lo enterraron. Por eso se decía que quien va a Compostela sin pasar por El Salvador, visita al vasallo y olvida al señor, aunque creo que no hace falta que os diga que yo soy escéptico.

Al llegar al albergue de peregrinos que había elegido, me despedí de mis compañeros y, mientras esperaba en la cola, envié un mensaje por el móvil a mi amiga Maite con este texto: "*Apud Montem Iracensem. ¿Te dice algo?*".

Después de ver las dos rayitas que indicaban que el mensaje había llegado correctamente, decidí borrarlo, pues lo tenía bien memorizado.

Antes de comer, nos encontramos ante una sinfonía de luces y colores creada por los casi mil ochocientos metros cuadrados de vidrieras policromadas de la catedral de León, que uno no puede dejar de admirar por muchas veces que la haya visto. Si el exterior de la *Pulchra Leonina* impresiona, por su arquitectura y por los riquísimos programas escultóricos de su portada, mucho más lo hace el mar de luz en el que se sumergen los que visitan su interior.

–¡Qué vidrieras más maravillosas! Y el retablo y el coro tampoco están nada mal –dijo Xosé mientras salíamos.

–Sí. Y hay gente que dice que el periodo medieval es oscuro –respondí admirando la estatua de la Virgen Blanca que presidía la bellísima portada de la catedral, inspirada en la de Reims.

Allí nos habíamos reunido Amaia, Pedro y yo, junto con Mikel y Xosé, a los que nos encontramos en la taquilla. El haber tenido una etapa corta nos permitió visitarla antes de comer, lo que nos dejó una tarde holgada para disfrutar del maravilloso centro de León e incluso recorrer un agradable paseo junto al río Bernesga.

Pasear por el centro de León es recorrer en pocas horas varios siglos de historia. Además de una arquitectura popular con encantadora apariencia pueblerina como la plaza Mayor o la plaza del Grano, puede hacerse un recorrido bastante completo de la historia del arte, desde el románico hasta el modernismo de la Casa Botines de Gaudí, pasando por el gótico, el renacentista y el barroco.

–Es interesante ver juntos un edificio modernista y otro renacentista –comentó Amaia después de sacarnos una foto ante la Casa Botines–. ¿Qué edificio es este? Por las banderas, parece que es un edificio público.

–Es el palacio de los Guzmanes. La traza es de Rodrigo Gil de Hontañón, del que os hablé en Castrojeriz y Carrión, aunque lo ejecutó un discípulo suyo. Ahora tiene las oficinas de la Diputación.

–Me recuerda al palacio de Monterrey, de Salamanca –comentó Xosé.

–Es normal. Ese palacio también es de Gil de Hontañón –respondí.

Continuando con la visita, nos dirigimos hacia la románica basílica de San Isidoro, a donde entramos a media tarde, excepto Pedro.

–Es una pena que las personas con movilidad reducida no puedan ver esta maravilla. Sería interesante que hicieran alguna réplica, como han hecho con la Cueva de Altamira y otras cuevas, tal vez en alguno de los museos de la ciudad –comentó Amaia cuando entramos en su Panteón Real.

El Panteón en cuestión, en el que hay enterrados algunos reyes leoneses, es conocido como la "Capilla Sixtina del Románico" por su riquísimo repertorio de pintura mural. Sus múltiples bóvedas están pintadas con escenas de los evangelios y del Apocalipsis y, como no podía ser de otra manera en un templo románico, con la presencia de un gran Pantocrátor escoltado por los cuatro evangelistas y sus respectivos símbolos. Durante nuestra visita, escuchamos a una guía de un grupo explicar que las escenas pintadas están organizadas en torno a tres ciclos: la Natividad, la Pasión y la Resurrección de Jesús.

–¡Impresionante! Y curiosa la mezcla de escenas bíblicas con símbolos del Zodiaco o de la agricultura – dijo Mikel.

–Sí. Esa mezcla gusta mucho a los que escriben sobre esoterismo, pero tiene una explicación racional. La creencia en la astrología era típica de varias culturas y, como ha ocurrido con otros símbolos paganos, se intentó cristianizar diciendo que el zodiaco representa a Jesús dirigiendo el tiempo –expliqué.

Tras visitar esa maravilla, continuamos la visita subiendo al museo, en el que se encuentran interesantes tesoros como el precioso cáliz de Doña Urraca o arquetas de plata y marfil.

Al salir de la basílica, Mikel dijo a Pedro:

–¡No sabes lo que te has perdido! Hemos visto en el museo un trozo de la cruz de Cristo y un relicario con una mandíbula de San Juan Bautista.

–¡Ja, ja, ja! –río Pedro– Yo estudié muchos años en un colegio religioso y, mi profesor de Filosofía, que era fraile, me dijo que con los pedazos de la cruz de Cristo que hay en las iglesias podría hacerse la Armada Invencible. Y que Europa está también llena de espinas de la corona que pusieron a Jesús.

–Sí. Y en *El Nombre de la Rosa*, Umberto Eco pone en boca de Fray Guillermo de Baskerville que en una iglesia de Italia hay una cabeza de San Juan Bautista cuando tenía doce años. Y también en una iglesia de Italia hay plumas del Espíritu Santo. En la Edad Media, todas o casi todas las iglesias debían tener alguna reliquia –le respondí– Cambiando de tema, ¿qué os parece si vamos al Barrio Húmedo? Con cada consumición invitan a una tapa muy generosa. Con tres consumiciones podemos darnos por cenados.

Cuando estábamos a punto de separarnos, nos encontramos con Iñaki, Izaskun y Diego.

–Me alegro de que nos veamos para poder despedirnos –dijo Iñaki acercándose a nosotros.

–¿Os vais a volver a casa? –pregunté asombrado.

–No, nada de eso. Iñaki y yo hemos decidido quedarnos un día más aquí en un hotel para descansar y, como supongo que vosotros saldréis mañana, queríamos despedirnos, al menos provisionalmente, porque nos gustaría sacarnos una foto con vosotros en Santiago – explicó Izaskun.

–A lo mejor yo también me quedo al menos unas horas más –dijo Mikel– Han dicho en el tiempo que mañana va a estar nublado y, como estoy cojeando un poco, a lo mejor salgo al mediodía.

–¿Qué te pasa? –preguntó Izaskun.

–Me temo que puedo tener una tendinitis por el tendón de Aquiles. Si no se me pasa, iré al médico en Astorga, pero mañana tengo que dormir en otro sitio.

–Mi cuñado es traumatólogo. El año pasado tuve una pequeña tendinitis y me recomendó unas taloneras, que pueden comprarse en cualquier farmacia –le dije.

–¿Y por qué no haces una noche más en León? Para la tendinitis es bueno guardar reposo –dijo Iñaki.

–Pues porque soy de la Ribera. Y muy mal tengo que estar para dormir dos días seguidos en un mismo sitio.

–Entonces, date por lo menos de este antiinflamatorio –le dijo Diego tendiéndole una pomada que sacó de un bolsito que llevaba colgando– Si quieres puedes quedártelo, que espero que no me haga ya más falta.

Mientras Mikel se untaba la pomada, yo le pregunté:

—¿Y qué harás para entretenerte? No te conviene darte otro paseo.

—Tengo un libro para leer. La lectura es una de mis aficiones.

—¡No me digas que vienes cargado con un libro! —le dijo Diego.

—No, lo tengo descargado legalmente en un libro electrónico muy ligerito. Es de Wilkie Collins. ¿Lo conocéis?

—¿El amigo de Charles Dickens? —le respondí sintiendo un escalofrío.

—Sí, el amigo canalla de Dickens, que le daba al láudano a base de bien. Estoy acabándome de leer *La Dama de Blanco*, una de sus dos novelas más famosas.

Unos minutos después, tras los abrazos de despedida, nos fuimos a nuestros respectivos alojamientos, lo que aproveché para acudir a una entrañable bendición al peregrino organizada por las monjas Carbajalas, en pleno centro histórico.

Antes de llegar a ese acto, Amaia me dijo:

—¿Qué te ha pasado cuando Mikel ha mencionado a ese escritor? Te has puesto nervioso.

–No exageres. Solo me ha dado un escalofrío.

–No me engañas. Soy policía y psicóloga y sé bastante de expresión no verbal. Te has alterado.

–Está bien. Ha sido una asociación de ideas. Lo que ha dicho de Wilkie Collins me ha hecho recordar algo de lo nuestro. Mañana os lo cuento.

18

El *Passo Honroso*

> Bienaventurado eres peregrino, si en el Camino te encuentras contigo mismo y sabes parar, mirar, escuchar y cuidar tu corazón.
>
> Autor desconocido:
> *Bienaventuranzas del peregrino*

30 de julio de 2013

Tras el desayuno comunitario en el albergue, inicié la nueva etapa, echando un vistazo de despedida a la Casa Botines y a la catedral. Puntual a la cita, me presenté en la puerta del Hospital de San Marcos, un impresionante edificio plateresco con algunos elementos barrocos situado muy cerca del río Bernesga. Su espectacular fachada, primorosamente decorada con medallones y estatuas, está dividida en dos por un arco de medio punto con un relieve de Santiago Matamoros. Prendado de ella, un capitán de la marina británica escribió en 1829 que "nada puede sobrepasar la belleza de los arabescos y demás ornamentos de la fachada de San Marcos".

Pensado inicialmente como un hospital de peregrinos, a lo largo de su historia ha sido también sede de la Orden Militar de los Caballeros de Santiago, una prisión que tuvo como ilustre huésped a Francisco de Quevedo, cuartel tras la desamortización de Mendizábal y campo de concentración de prisioneros republicanos durante la Guerra Civil, entre otros usos. En la actualidad, gran parte del edificio es ocupado por un lujoso parador de cinco estrellas.

Admirando una vez más aquel imponente edificio, vi que Amaia y Pedro, también puntuales a la cita, salían del parador.

–¡Muy buenas! ¿Habéis cambiado de opinión y dormido aquí? –les pregunté sonriendo.

–¡Qué graciosillo! Como no nos apetecía tener un sello de un albergue que no es de peregrinos, hemos preguntado si nos podían poner el sello del parador. Y ha habido suerte. El conserje ha sido muy amable y, además de ponernos el sello, nos ha explicado la historia del edificio –me dijo Amaia.

La previsión meteorológica del día era que iba a estar algo nublado con posibilidad de lluvias débiles, por lo que decidimos hacer una etapa larga de algo más de

33 kilómetros y dormir en Hospital de Órbigo, atravesando la comarca del Páramo. Mientras salíamos de León, Amaia me preguntó:

–¡Por cierto! Tenías pendiente de contarnos qué tiene que ver ese escritor que mencionó Mikel con lo nuestro.

–Con mucho gusto os lo cuento. Wilkie Collins es un escritor de la Inglaterra Victoriana. Algunos genios de la literatura como Borges o Scott Fitgerald lo tienen en un pedestal y, en su época, tuvo mucho éxito. Sin embargo, aquí no es muy conocido, quizás porque tuvo la mala suerte de ser de una época de grandes escritores como Oscar Wilde o su amigo Charles Dickens. Es el inventor de la novela de intriga que, en su caso, suele ser un secreto que guarda celosamente alguno de los protagonistas. Posiblemente sea también el escritor de la primera novela policiaca, así que supongo que os gustará.

–¿No fue Allan Poe el primer precursor, al crear al inspector Dupin? –preguntó Pedro.

–Por eso he dicho que posiblemente. El inspector Dupin es el primer detective de ficción, pero aparece en relatos cortos. Sin embargo, la primera novela policiaca larga es *La Piedra Lunar*, de Wilkie Collins. Trata del robo de un diamante y aparece el primer detective británico, el Sargento Cuff. Scott Fitgerald y T.S. Eliot dicen que es la mejor novela policiaca de la historia.

–Scott Fitgerald sé quién es, el que escribió *El Gran Gatsby* pero, ¿quién es T.S. Eliot?–, preguntó Pedro.

–Uno de los mejores poetas del siglo XX. Fue Premio Nobel de Literatura. Entre los melómanos es conocido por un libro de poemas infantiles sobre gatos que sirvió para hacer el libreto de *Cats*, el famoso musical del gran Andrew Lloyd Webber, que estuvo 21 años seguidos representándose en Londres. Ese poeta aparece fugazmente en la preciosa película de Woody Allen *Medianoche en París*.

–¿Y qué te hizo relacionar a ese novelista del siglo XIX con nuestro asunto? –preguntó Amaia.

–Quizás sea una tontería, pero es por el libro que se está leyendo Mikel, *La Dama de Blanco*, que es la primera novela de intriga de la historia. Lo leí hace tiempo y es totalmente recomendable su lectura. Cuando Mikel la mencionó me hizo recordar algo.

–¿El qué? –preguntó Pedro.

–Aunque no forma parte de la trama principal, se alude a una sociedad secreta en la que sus miembros se reconocen por una contraseña y solo hay dos personas que conocen a todos los demás, el presidente y el secretario general, como en la sociedad secreta en la que está metida tu madre, con la diferencia de que aquí solo el gran maestre conoce a todos.

–¿Y crees que hay alguna relación entre esa sociedad y Collins? –preguntó Pedro.

–Ni creo ni dejo de creer nada. Solo sé que existe esta coincidencia. A lo mejor lo descubrimos al llegar a Santiago.

La visión que teníamos ante nuestros ojos de trece esculturas de seis metros de alto representando a la Virgen y a los apóstoles en Pentecostés no era nada típica. Además de su gran tamaño, estaban realizadas en bronce y, sus contornos eran duros y muy simples.

Aquel santuario, consagrado a la Virgen del Camino, era obra del arquitecto dominico portugués fray Francisco Coelho, mientras que su curioso apostolado fue realizado por Josep María Subirachs, escultor conocido sobre todo por la fachada de la Pasión de la Sagrada Familia de Barcelona. Tras demolerse un templo barroco por su estado ruinoso, se levantó en su lugar en 1961 una austera iglesia de estilo racionalista con hormigón armado a la vista sobre el que hay división de opiniones entre los peregrinos, pues a unos les parece horrible y otros ven en él cierto encanto. Su interior, iluminado por modernas vidrieras, presenta un curioso contraste entre una decoración minimalista y el retablo barroco perteneciente al anterior templo.

Tras la visita al santuario, al que llegamos después de haber atravesado un horroroso polígono industrial, continuamos nuestra marcha y observamos carteles y pintadas que invitaban a los peregrinos a acudir por dos alternativas distintas, una por San Martín del Camino y otro por Villar de Mazarife.

249

–¿Por cuál de estas variantes tenemos que ir? – me preguntó Pedro.

–Las dos se juntan en Hospital de Órbigo y las dos están bien surtidas de albergues. Una tiene la ventaja de ser unos kilómetros más corta, pero va al lado de la odiosa N-120, que tiene un tráfico infernal. La otra es más larga, pero tiene la ventaja de que es muy tranquila. Los lugareños de la variante larga se esfuerzan por tratar bien esa variante y a los peregrinos, mientras que algunos de sus ayuntamientos nos maltratan asfaltando algunos tramos, cuando lo ideal para todos es tierra prensada.

–¿Y en cuestión de arte, cuál es mejor? –volvió a preguntarme.

–Por la variante corta podemos disfrutar de un buen retablo churrigueresco y, por la larga, veríamos un bonito mural que representa a peregrinos en la iglesia de Villar. Además, hay una iglesia con estatuas del círculo de Salzillo en un pueblo que se llama Villavante.

Tras exponer las ventajas e inconvenientes de las dos alternativas, mis compañeros eligieron la alternativa corta y ruidosa. De este modo, tras superar un nudo de carreteras, nos metimos por una pista de tierra de firme muy irregular que causó serios problemas a Pedro, lo que nos hizo tener que pedir ayuda a unos amables ciclistas.

–No sé si hemos hecho bien en venir por el camino corto. Parece que la Administración tiene bastante descuidado este tramo –dijo Pedro jadeando.

Tras superar unos metros que nos supusieron un suplicio, pudimos volver a la ruidosa carretera que, ahora sí, contaba con una pista paralela en condiciones y llegamos sin novedad a los pequeños pueblos de Valverde de la Virgen y San Miguel del Camino, ideales para una pausa para reponer fuerzas. Al acercarnos a este último, dije a mis compañeros:

–Enseguida veremos algo de lo mejorcito del Camino.

Sin saber ellos a lo que me refería, pues no era un pueblo de singular belleza, seguimos andando hasta que, cerca de la salida, vimos una pequeña aglomeración de peregrinos. El motivo era que, junto a una de sus casas, había una mesa con una cesta de mimbre que contenía trozos de fruta, galletas, frutos secos y algunos chuches. Al lado de la cesta había un cuaderno de hojas blancas en los que la gente escribía en su idioma unas palabras de agradecimiento. También había un tampón y un sello que decía: "Agapito Trigal López, un amigo del camino y del peregrino te desea mucha suerte en el camino".

–¿Queréis comer algo? –nos preguntó un hombre de unos 80 años.

Tras aceptar su amable ofrecimiento y escribir el correspondiente agradecimiento en castellano y en euskera, Amaia sacó unas monedas de su cartera y, al verlo, Agapito le dijo:

–¡Guárdate eso, por favor! Yo vivo para el Camino, no del Camino. Todo lo ofrezco gratis.

Obedeciendo, guardó el dinero y Agapito continuó hablando:

—Gracias de todas formas. He hecho el Camino tres veces y llevo varios años ofreciendo algo de comer. Veo a muchos que se toman esto como una romería y también noto por la forma de andar, por la sonrisa o por la mirada quiénes sois peregrinos de verdad. ¡Tomad algo más para más tarde!

Cuando abandonamos aquel pueblo dije:

—¿Veis como hemos visto algo de lo mejorcito del Camino?

Hora y media después de despedirnos de aquel ángel del Camino, llegamos a Villadangos del Páramo, elegido por muchos peregrinos como final de etapa, por estar a poco más de 20 kilómetros de León. Fieles a nuestra costumbre, buscamos su iglesia, dedicada a Santiago Apóstol y que presenta una curiosa portada barroca con relieves policromados de Santiago Matamoros junto a un hombre descuartizado, representando la inexistente batalla de Clavijo.

—Me gusta ver estatuas de Santiago Peregrino, pero la figura de Santiago Matamoros, además de no ser histórica, me parece una blasfemia contra el mensaje de amor al prójimo de Jesús de Nazaret y de los primeros cristianos —dije.

En su interior se halla un magnífico retablo churrigueresco presidido por Santiago, con la espada en alto. Tras escuchar con atención su historia y descripción, la amable y locuaz lugareña que nos atendió nos dijo:

–Es una lástima que no hayáis pasado por aquí más tarde. En agosto suele ser la Semana Cultural de Villadangos. La gente del pueblo representa una batalla que hubo en 1111 entre Doña Urraca de León y Alfonso I el Batallador y, además, hay mercado medieval, conciertos con instrumentos de época, conferencias…

Proseguimos la marcha y, con la ruidosa compañía de coches y camiones, atravesamos San Martín del Camino, final de etapa para muchos peregrinos y, por fin, hacia las dos del mediodía alcanzamos Hospital de Órbigo, localidad que, como su nombre indica, fue construida en torno a un hospital de peregrinos.

Al llegar al pueblo, coincidimos con David y Paloma, que se habían hecho una kilometrada mayor que la nuestra, puesto que optaron por la otra variante.

–¿Qué es lo más típico de aquí? –preguntó David al camarero que nos atendía.

–La sopa de trucha. Es como una sopa de ajo con mucho pan y trucha, pero prácticamente sin caldo. Se sirve en cazuela de barro y está buenísima. En el río tenemos truchas de muy buena calidad.

–Pues voy a pedir eso de primero.

Los demás decidimos acertadamente imitarle y, cuando acabamos todos de pedir, David nos explicó sonriendo:

–En todos los sitios por donde paso procuro pedir lo típico.

Poco después, él y Paloma se dirigieron al servicio, lo que aproveché para decir a Pedro y Amaia:

–Hace unos minutos he recibido un mensaje de Daniel. Ha habido otra profanación. Aunque el *modus operandi* es el mismo, esta vez ha sido en Castilla y León, en Santa Marta de Tera, un pueblo del Camino Sanabrés, que atraviesa las provincias de Zamora y Orense.

–Imagino que ha vuelto a ser en una iglesia dedicada a Santiago –respondió Pedro.

–Esta vez no, está dedicada a Santa María, pero tiene la estatua más antigua de Santiago Peregrino. El dibujo esta vez ha sido una lanza. Cuando pueda me mandará una foto

–¿Te dice eso algo? –preguntó Amaia.

–Absolutamente nada. La lanza es un símbolo común. La llevan Aquiles, Atenea… pero no sé por qué motivo el profanador lo considera un símbolo anticristiano cuando existen leyendas sobre la lanza sagrada que atravesó el costado de Jesús. Lo primero que he hecho es buscar si hay alguna relación con Jano, el dios de la profanación anterior, pero no parece que haya nada en común.

–¿Y de lo que tenemos que buscar nosotros tienes alguna idea? –me preguntó Pedro.

–Creo que sé la zona en la que está el siguiente contacto, pero no el sitio exacto. De todas formas, es mejor que cambiemos de tema –dije al ver que se acercaban nuestros compañeros.

En 1434, enamorado de una dama que no le correspondía, D. Suero García de Quiñones quiso liberarse de aquel tormento y, para ello, no se le ocurrió nada mejor que retar a un torneo a todo caballero que quisiese cruzar el puente de Hospital de Órbigo, para lo cual obtuvo la autorización del rey Juan II. En caso de que algún caballero se negase a participar en el torneo, debía depositar un guante en señal de cobardía y vadear el río. Tras romper 300 lanzas en aquellas justas, en las que falleció una persona, realizó un viaje a Santiago a presentar una ofrenda al apóstol. Al parecer, logró casarse con aquella dama y, años más tarde, murió a manos de uno de los derrotados en aquella *fazaña*. Desde 1997, se rememora este hecho con torneos medievales, que tienen lugar el primer fin de semana de junio.

Por la tarde, los cinco nos recreamos con aquel majestuoso puente de piedra de 19 arcos sobre el río Órbigo, conocido como el Puente del *Passo Honroso*. Aunque debe buena parte de su fama a aquella ocurrencia de D. Suero, aquel puente de más de 300 metros de longitud reúne méritos para ser famoso por sí mismo, por su tamaño y su belleza, siendo, con permiso del de Puente la Reina, el más espectacular del Camino.

–Es precioso y gigantesco este puente, sobre todo teniendo en cuenta que el río no parece muy caudaloso, aunque también es cierto que estamos en verano –dijo Amaia.

–Antes llevaba mucha más agua, hija –le dijo un hombre mayor que pudo escucharle– Lo que ocurre es que Franco hizo un embalse unos kilómetros al norte y, desde entonces, baja menos agua.

Tras deleitarnos con el puente, nos dirigimos a uno de los albergues del pueblo, que tiene la originalidad de organizar exposiciones de cuadros del Camino hechos por los propios peregrinos. Tras atravesar la puerta, Pedro se presentó a la hospitalera que había en ese momento:

–¡Muy buenas! Os envié un mensaje hace unos días preguntando por el albergue. Me dijisteis que no podíamos alojarnos porque las habitaciones están en el piso alto, pero la persona que me respondió me dijo que os pasásemos a saludar, así que os he tomado la palabra.

La exposición de cuadros, afortunadamente, se encontraba en la planta baja. Tal y como nos explicó la amable hospitalera, el albergue cuenta con un taller de pintura para que los peregrinos que quieran puedan practicar. En ese momento, un hombre de unos 50 años con barba estaba acabando de pintar un cuadro al óleo del Puente del *Passo Honroso* en un pequeño lienzo.

–Aquí tienes un cuadro más para vuestra colección –dijo aquel hombre.

—Te ha quedado bonito el cuadro. ¿Te ha costado mucho hacerlo? –le dijo Paloma.

—La verdad es que no, pero no tiene mucho mérito, porque me dedico a ello.

—¿Te dedicas a la pintura? –siguió preguntando.

—Tengo un pequeño negocio relacionado con las bellas artes y pinto algo como afición, sobre todo cuadros de Gandía, pero no vivo de ello si es eso a lo que te refieres. Vivir de pintar cuadros es muy difícil. En el mundo del arte, el emperador está desnudo, como en el famoso cuento de Andersen.

—Lo sé. Mi padre es pintor hiperrealista y sé más o menos cómo está el patio. Los realistas lo tienen difícil y solo triunfa la pintura abstracta –respondí.

—No es eso lo que quería decir exactamente. Hay cuadros abstractos que me gustan y que están bien trabajados, aunque entiendo que haya mucha gente a la que no le guste. Lo que quiero decir es que se hacen auténticas aberraciones, como intentar hacer creer que es una obra de arte una bañera pintada de verde, una carretilla volcada o lo que hizo Duchamp al dar la vuelta a un urinario o Manzoni con su famosa *Mierda del Artista* enlatada.

—Es increíble cómo se puede triunfar así –dijo Pedro.

—Para triunfar, hace falta tener detrás un marchante. Son ellos los que deciden quiénes se hacen famosos y quiénes triunfan. Por ejemplo, algunos de los cuadros de Jackson Pollock, que era alcohólico y murió matando por conducir bebido, los hizo estando borracho. Él ponía un gran lienzo en el suelo, untaba la brocha en los botes de pintura y se ponía a salpicar el lienzo o a dejar gotear la brocha. El resultado final dependía totalmente del azar. ¿Por qué triunfó? Porque una marchante llamada Peggy Guggenheim se encargó de convertirlo en un genio, diciendo que ese emperador desnudo llevaba un traje precioso. Otro de su época, Rothko, se suicidó. Eran gente que no estaba en su sano juicio.

–¿Y pasa así con todas las artes? –preguntó Amaia.

–Depende. En la música, la literatura o el cine uno puede hacerse famoso si tiene éxito de público o de crítica. ¿Qué ocurre? Que al público le puede gustar un mal libro o una mala película y tener éxito. También puede ocurrir que los académicos encumbren a un escritor que vende pocos ejemplares. Y, por supuesto, puede ocurrir que alguien tenga éxito de crítica y público o que una buena obra buena pase desapercibida por la saturación del mercado. Pero, en la pintura o escultura no ocurre así porque el público y los expertos en arte no pintan nada.

–¿Y eso? –preguntó David.

–Muy sencillo. Si tú tienes una novela o un disco y se te pierde, puedes comprar otra copia, pero esto no pasa con la pintura o escultura, donde el original puede valer una fortuna y las copias no valen nada. Por eso, si un marchante quiere hacer dinero con una obra, tiene que convencer a los compradores de que es una buena inversión. Por eso la pintura realista e hiperrealista la marginan en las ferias, museos de arte contemporáneo y muchas galerías de arte. Lo puedo decir más alto pero no más claro: son los marchantes los que deciden quién se hace famoso y quién no.

–Lo que también ocurre es que, a lo largo de la historia, en todas las artes ha habido cambios y, esos innovadores como, por ejemplo, Caravaggio en la pintura o Bach en la música, están considerados genios, con razón y, ahora, con esa excusa, dicen que cualquier mamarrachada es arte por ser innovadora, sin tener en cuenta que las innovaciones se producen por algún motivo. En música, por ejemplo, un músico llamado John Cage compuso una obra titulada 4.33 en la que la orquesta se queda callada 4 minutos y 33 segundos, aunque yo suelo decir con ironía que es una de mis piezas favoritas de la llamada música de vanguardia. Un amigo músico también me dijo que, en nombre de la innovación, se han hecho obras consistentes en golpear un piano con un martillo –añadí yo.

–Eso es indignante –dijo Amaia.

–¿Sabéis una cosa? Yo tengo un amigo judío que se dedica a hacer negocios con el arte. Para trapichear, compra lo que cree que le puede dar dinero pero, cuando se trata de decorar su casa, él dice que quiere a un artesano de toda la vida. Por cierto, no me he presentado. Me llamo Paco.

–Creo que el Camino es como una metáfora de la vida: hay alegría, sufrimiento, gente de todo tipo –dijo una joven italiana llamada Silvia.

–A mí me ha enseñado a ser menos exigente y más humilde y conformista. El Camino ha sacado lo mejor de mí –confesó Amaia.

–Y a mí me ha demostrado que la tristeza puede superarse y que merece la pena vivir la vida –comentó Pedro.

El simpático párroco de Hospital acostumbraba a tener diariamente una reunión con los peregrinos que quisieran, en las que acostumbraba a preguntar por qué se hacía el Camino o qué aportaba a cada uno. Nos encontrábamos unos 15 peregrinos en aquel pequeño lugar de reunión cuando, en ese momento, se abrió la puerta.

–¡Hombre, Jonás! Llegas a tiempo para explicar por qué vives en el Camino.

Por un extraño sino, siempre tenía que aparecer en un momento oportuno, aunque, intentado ser escéptico, me decía a mí mismo que no era el único peregrino con el que, por casualidad, había coincidido en varias etapas.

Tras el acto, me dirigí a él y, tras una conversación normal entre peregrinos, le enseñé la imagen que, para entonces, ya me había enviado Daniel:

—Te quería hacer una pregunta, ya que parece que sabes de mitología. ¿Te dice algo esta lanza? ¿Sabes si simboliza algo?

—Ahora no caigo. ¿Has buscado en Internet?

—Sí, he tecleado las palabras lanza y símbolo, pero me salen muchísimas páginas.

—Pero esta lanza parece que tiene llamas. ¿No te has fijado? Prueba a teclear la palabra fuego o llamas.

Saqué mi teléfono móvil e hice lo que me sugirió, añadiendo la palabra fuego. Las primeras páginas de Google hacían referencia a videojuegos o a temas cristianos, pero, en la séptima entrada, vi que aparecía una alusión a un personaje llamado Lugh.

—Ya lo tienes, se trata de un símbolo de Lugh —me dijo.

—¿Quién es ese?

—Es un dios celta muy importante que ha dado nombre a Lugdunum, la actual Lyon.

—Lugh. ¿Y ha dado nombre también a Lugo?

—No. Lugo viene de *Lucus Augusti*, que quiere decir bosque sagrado. De todas formas, los amantes del esoterismo dicen que puede venir de Lugh. Es seguro que en Galicia hubo culto a Lugh antes de los romanos. ¡Por cierto! Hace unos días vi que tenías una foto de Jano y, antes, estabas con la partitura del diablo. ¿Tienes algún interés en el neopaganismo?

19

Apud Montem Iracensem

Bienaventurado eres peregrino, si paso a paso vas
encontrando tu Camino interior.

Autor desconocido:
Bienaventuranzas del peregrino

31 de julio de 2013

–¡Ten cuidado, que vas a manchar tu camiseta de
babas! –me dijo Amaia sonriendo y guiñándome un ojo
al ver cómo parecía hipnotizado viendo jugar a dos
cachorros de gato bajo la atenta mirada de su madre en la
cocina del albergue– Veo que te gustan mucho los
animales, los de dos y los de cuatro patas. ¿Cómo se
presenta la etapa de hoy?

–Hay dos alternativas. Una es dos kilómetros y
medio más corta y, además, más llana, pero por un
andadero paralelo a la odiosa carretera. Me temo que
Pedro no tendrá más remedio que ir por ella. La otra,
además de ser más larga, tiene algo de montaña, pero es
muy agradable. He mirado el mapa y es posible que
Pedro haga una pequeña parte de la variante agradable,
teniendo algunos minutos de tranquilidad.

Tras la larga etapa del día anterior, habíamos decidido parar en Astorga, haciendo una etapa de unos 15 kilómetros. Comenzamos la etapa por una pista agraria entre campos de regadío y algo de arbolado, pasando por las pequeñas localidades de Villares de Órbigo y Santibáñez de Valdeiglesias.

Allí, tras despedirnos de Pedro, Amaia y yo seguimos por un encantador camino entre arbustos, pinares y pequeños bosques de robles y encinas y repusimos fuerzas en "La casa de los dioses", un lugar creado por un ángel del Camino en el que se puede tomar zumos naturales, fruta y otros tentempiés por la simple voluntad.

Tras algo más de seis kilómetros de agradable paseo, llegamos al Crucero de Santo Toribio, un lugar de descanso desde el que se divisa Astorga. Está ubicado en el lugar en el que, según la leyenda, miró la ciudad por última vez y sacudió el polvo de sus sandalias diciendo: "De Astorga, ni el polvo". Allí nos esperaba Pedro mirando su teléfono móvil y, tras saludarnos, nos dijo:

–Me gustaría hablar con tu amigo policía. Creo que mañana va a ser la siguiente profanación.

–¿Qué te hace pensar eso? –pregunté.

–La última marca que ha dejado es un símbolo de Lugh, ¿no? Pues bien, he estado mirando por internet y resulta que los celtas celebraban una fiesta a Lugh el 1 de agosto. Se llamaba *Lughnasad*, que quiere decir "bodas de Lugh" y se le daban gracias por las cosechas. En algunos pueblos gallegos se ha recuperado esa fiesta y se organizan queimadas y otros actos.

—¿Y sabes si alguno de esos pueblos está en el Camino? —le pregunté.

—Creo que no. Hay uno que se llama Cineira que está cerca del Camino Inglés y que, según alguna web, está en una ruta que se llama Camino del Mar, pero no sé si forma parte del Camino de Santiago. Ahí, alguien se disfrazará de druida y "celebrará" bodas.

—De todas formas, con esos datos y teniendo en cuenta que no es un delito grave, no se puede montar un operativo en todos los sitios en donde hay policía local o Guardia Civil. Ni siquiera en todos los lugares en los que hay alguna iglesia dedicada a Santiago o con alguna estatua de Santiago Peregrino —dijo Amaia.

—Lo sé, pero estamos en la era del correo electrónico y del WhatsApp. Daniel puede dar un aviso a las diócesis y, para mañana, todos los curas pueden estar avisados de que es una fecha ideal para la profanación. Si se evita esta, quizás se pueda abortar la que pretende hacer en Finisterre, aunque no sé qué día.

—¿Y cómo sabes que quiere actuar en Fisterra? —le pregunté.

—Muy sencillo. ¿Recordáis lo que nos dijo Jonás sobre el *Callis Ianus*? Ese Camino acaba supuestamente en el *Finis Terrae*. También creo que es posible que estos días aumente el número de profanaciones. El descerebrado que las hace quiere que se hable de eso y, como hasta ahora no lo ha conseguido, puede que intente algo menos inocente.

Por lo corta que había sido la etapa, antes de las doce ya estábamos instalados en Astorga, una importante ciudad romana a la que Plinio el Viejo calificó de *urbs magnifica* y en la que confluyen el Camino Francés y la Vía de la Plata, histórica ruta romana que unía las ciudades de Asturica Augusta y Emerita Augusta.

–Me pareció ver un lindo osito –dijo Amaia señalando un hermoso mosaico romano–. No puedo evitarlo. Me encanta Piolín.

Al lado de un convento del siglo XIII, rodeada por una valla, se ubica la conocida como *Domus del Mosaico* o *Domus del Oso y los Pájaros*, una casa romana en ruinas que, por su tamaño y la calidad de sus mosaicos, perteneció sin duda a una familia de clase alta. Aunque no se conserva en su integridad, por la actitud pacífica del oso, parece que el mosaico representa el mito de Orfeo, en el que el personaje aparece rodeado de animales amansados por el son de su lira y su canto.

Supimos que era exactamente la una del mediodía cuando Juan y Colasa, dos autómatas vestidos con el traje típico maragato, golpearon sus mazas sobre la campana sita en la espadaña de la casa consistorial de Astorga. Este simpático detalle no hizo que pasase desapercibido el precioso edificio barroco del siglo XVII en el que se encontraban y que, con sus dos torres con chapiteles, realzaban la belleza de la animada plaza Mayor.

–Hay gente que conoce Astorga por las mantecadas y el chocolate, pero vais a ver que es uno de los sitios más interesantes del Camino. Aunque solo tiene unos 12000 habitantes, tiene catedral, murallas, un palacio de Gaudí, restos romanos, cuatro museos... Hay que dejar algo para otra visita, porque no se pueden ver todos los interiores y exteriores en una tarde, aunque vayamos a ritmo de turista japonés –les dije.

–¿Cuatro museos? –preguntó Amaia sorprendida.

–Sí, cuatro. El Museo del Chocolate, en el que hay degustaciones para los golosos; el Museo Romano, para los que les gusta la arqueología; el Museo de la Catedral y el Museo de los Caminos, en el palacio...

–¡Mirad! –interrumpió Pedro– Ahí están David y Paloma.

–Podemos decirles si quieren comer con nosotros. Con lo que sabemos de David, ¿queréis apostar conmigo qué vamos a comer? –les dije.

La buena suerte hizo que en uno de los albergues de la ciudad hubiese un grupo de estudiantes de Fisioterapia realizando prácticas. Tras la siesta, muy necesaria para ayudar a digerir los contundentes cocidos maragatos que habíamos ingerido, fui a la consulta de los estudiantes, pues llevaba unos días con ligeras molestias en el muslo izquierdo, con la suerte de ser el primero en la lista.

–¿Te duele aquí? –me preguntó una joven y guapa rubia de pelo largo mientras me apretaba el muslo.

–No.

–¿Y aquí?

–Sí, aquí sí.

–¡Los cuádriceps! ¿Tienes o has tenido alguna ampolla?

–Sí. ¿Cómo lo sabes?

–Porque tu lesión es por pisar mal. Como te molestaba la ampolla, has pisado mal y ahora tienes unas contracturas tremendas.

Tras su diagnóstico, se volvió para untarse las manos con un líquido y continuó diciéndome:

–Me echo aceite para que te duela menos. Si el dolor llega a ser insoportable me lo dices.

El resultado final fue satisfactorio y, media hora después, mis molestias desaparecieron por completo, por lo que mereció la pena el intenso sufrimiento. Reunido de nuevo con Pedro y Amaia, recorrimos el agradable Jardín de la Sinagoga para alcanzar la catedral de Santa María. La peculiaridad de que sus dos esbeltas torres sean de distinto color, realza la belleza de su fachada, mientras que la primorosa decoración de su portada, supone todo un regalo para la vista. Si el exterior de la catedral deslumbra, también lo hace su precioso coro de nogal y su magnífico retablo mayor renacentista.

–Esta catedral es mayormente gótica, pero su fachada es barroca y tiene una portada renacentista de Rodrigo Gil de Hontañón, algo que no creo que os extrañe a estas alturas –expliqué.

Saliendo de la catedral, escoltado por una capilla románica y una iglesia barroca, se encuentra el que, con permiso de la catedral, es el edificio más emblemático de Astorga. Su color claro, los torreones cilíndricos y la curiosa forma de los ventanales dan la sensación de estar ante un castillo de alguna película de Walt Disney, pero se trata en realidad del Palacio Episcopal, una genial obra de Gaudí que nunca cumplió su función de alojar al obispo.

–El obispo que lo encargó, que murió antes de que se acabase la obra, era de Reus. Curiosamente, Gaudí no visitó Astorga por estar realizando varios proyectos, por lo que pidió fotos, dibujos e información del lugar para realizar una obra que armonizase con el entorno. La única condición que le puso el obispo fue que su despacho recibiese la luz del sol a la mañana, al mediodía y a la tarde. Esa debería haber sido su habitación –dije indicando una habitación que sobresalía.

Tras esta visita, nos dirigimos a un parque para poder ver desde abajo un tramo de las murallas. Al acercarnos, vimos que el parque estaba lleno de gente disfrazada y de lo que parecía ser un poblado de chozas circulares con tejado de paja. Era evidente que estaban en fiestas. La gente estaba disfrazada con un ropaje de color marrón y, acercándonos a uno de ellos le preguntamos:

–¡Perdón! ¿Son fiestas?

–Sí, son las fiestas de astures y romanos. Nosotros, los astures, vivíamos tranquilamente hasta que vinieron los romanos a tocar los cojones. Más adelante tenéis el campamento romano.

Tras dar las gracias por la información, continuamos por el parque y vimos que, efectivamente, también había un campamento romano de tiendas de campaña y un escenario en el que unas jóvenes ensayaban una representación teatral. Mientras disfrutábamos de aquellas fiestas sacándonos fotos, nos encontramos con Mikel y, tras saludarnos, le pregunté:

–¿Cómo va tu lesión?

–Igual que antes. Lo que me da rabia es que no me pueden atender los estudiantes de *fisio* porque tienen el cupo cubierto. Mañana tengo cita a primera hora con la doctora, aunque ya sé lo que me va a decir. Me hará unas preguntas, me recetará un antiinflamatorio y me dirá que guarde reposo.

Poco después, mientras tomábamos un típico chocolate con un mantecado, sonó mi teléfono móvil, que no tardé en responder:

–Dime, Daniel.

Tras intercambiar unas palabras, extendí el teléfono a Pedro diciéndole:

–Es para ti.

1 de agosto de 2013

En la etapa de aquel día correspondía atravesar la comarca de la Maragatería, que debe su nombre a los maragatos, un pueblo de arrieros y vendedores ambulantes que practicaban una fuerte endogamia. Aunque Astorga se jacta de ser la capital de la comarca, la esencia de esta tierra se encuentra en las zonas rurales.

–Si no me equivoco, el siguiente contacto tiene que estar en uno de los pueblos por los que tenemos que pasar hoy o mañana, así que quizás lo mejor sea que nos dividamos y durmamos en sitios distintos. Procuraré fijarme si a donde yo voy hay alguien con una cruz como la de la sociedad–, dije a Pedro y Amaia mientras abandonábamos Astorga con las primeras luces del día.

–¿Puedes explicarnos qué significa la última pista? –me preguntó Amaia.

–¡Por supuesto! Quiere decir "en el Monte Irago", que vamos a pasar entre hoy y mañana. Posiblemente aluda a un concilio medieval que tuvo lugar en el siglo X para tratar de los robos y asesinatos en el Camino. Lo malo es que no se sabe el sitio exacto. Es probable que fuese en Foncebadón, pero no es seguro del todo.

Aquella etapa, en la que el sol volvía a ser protagonista, resultaba agradable, con un paisaje de transición con arbustos y cada vez más cubierta vegetal y donde, frente al horizonte inalcanzable de la llanura leonesa, pueden divisarse a lo lejos los Montes de León, entre ellos, el monte Teleno, de más de 2000 metros. Tras una breve visita a la capilla del *Ecce Homo* de Valdeviejas, a cuyo cuidador agradecimos que tuviese el detalle de disponer de una rampa de madera para sillas de ruedas, realizamos la primera pausa en Murias de Rechivaldo, un típico pueblo maragato.

–Como vais a poder ver en esta etapa, las casas típicas maragatas son muy bonitas. Tienen grandes portones de madera, fachadas de mampostería y patio interior –comenté.

Mientras realizamos una primera parada para reponer fuerzas, la propietaria del local nos dijo:

–Os pido por favor que, si traéis comida, no la toméis aquí.

–¡Por supuesto! Nunca lo hacemos –dijo Amaia.

–Os lo agradezco, porque todos los días me levanto a las 5 de la mañana para preparar los pinchos y, muchas veces, me encuentro a gente tomando comida traída de fuera en la terraza y, cuando les digo que no puede hacerse, me responden que son peregrinos.

–No son peregrinos, son turigrinos que contaminan el Camino. Cuanto más cerca de Santiago, más abunda esa fauna que se cree que su credencial les da derecho a hacer lo que les da la gana –le respondí.

Tras el tentempié, retrocedimos unos metros para tomar una carretera local siguiendo un cartel que indicaba la localidad de Castrillo de los Polvazares, catalogada como Conjunto Histórico-Artístico. Aunque se trata de una variante no histórica, quería que mis compañeros conociesen ese pequeño pueblo de gran belleza, con grandes portones y ventanas pintadas de verde y un hermoso, aunque incómodo, pavimento empedrado.

Tras admirar su arquitectura y ver que merecía la pena hacer tres kilómetros de propina, regresamos al Camino, atravesando el bonito pueblo de Santa Catalina de Somoza y El Ganso, también interesante por sus casas con cubierta de paja y centeno. Abandonando El Ganso, la ruta inicia un suave pero continuo repecho y se adentra en un robledal, en el que destaca el centenario Roble del Peregrino, que indica la cercanía de Rabanal del Camino, adonde llegamos poco más tarde de las doce.

–Aquí está vuestro final de etapa. Este pueblo es el final de la novena etapa del *Codex Calixtinus*. Antes estaba masificado, pero ahora muchos van a dormir a Foncebadón, el siguiente pueblo.

–¿Y cuál de los dos crees que es mejor? – preguntó Pedro.

–En los dos hay muy buen ambiente y tienen pros y contras. Rabanal tiene tres ventajas. Es mucho más bonito y está en la falda de un puerto que, al día siguiente, se sube estando fresquito. Otra ventaja es que, según me ha dicho una prima mía que hizo el Camino, hay unos monjes que cantan gregoriano todos los días.

–¿Y Foncebadón?

–La ventaja que tiene es que la etapa del día siguiente se queda más liviana, aunque para eso hay que subir cinco kilómetros y medio de subida que, después de haber andado más de 20 kilómetros, se hace duro. Me gustaría quedarme con vosotros, pero creo que es bueno que nos separemos.

Antes de despedirme, quise acompañarlos a su albergue, que no conocía, pues en mis anteriores peregrinaciones había pernoctado en Foncebadón, así que preguntamos por él a un señor algo mayor rodeado de un grupo de niños y niñas. El amable caballero nos empezó a explicar cómo ir, cuando una de las niñas que le rodeaban le interrumpió diciéndonos:

–Si queréis os acompañamos.

Con la buena compañía de esos simpáticos niños, llegamos a una casa típicamente maragata con un gran portón y un bonito patio interior. Al pasar a su interior, los niños intercambiaron unas palabras con una mujer que, tras despedirse de nuestros acompañantes, nos dijo cariñosamente:

–Hola niños.

Tras presentarnos y explicar que íbamos a separarnos, pero poniendo una excusa para ocultar la verdadera razón, aquella amable mujer nos dijo:

–No tenéis por qué separaros. Os hago una propuesta, sin ningún compromiso. Podéis subir los tres el puerto y, cuando me digáis, subo en coche y os traigo de vuelta y, mañana, después de desayunar, os dejo en Foncebadón.

–Eso sería abusar de tu amabilidad –dijo Pedro.

–Vamos a ver. Me has dicho que eres hijo de Olga, ¿no? Entonces, no hay nada más que hablar. ¿O prefieres que os invite a comer?

–Siendo así, voy a quedarme yo también aquí. Así conozco algo nuevo.

Convencidos por sus dotes de persuasión, decidimos subir el puerto, no sin antes comer algo para afrontar la subida que, aunque no resulta muy exigente, 300 metros de altura en algo más de cinco kilómetros, se notan los kilómetros realizados. El terreno obligó a Pedro a subir el puerto por la carretera, por la que circulaban muchos más ciclistas que coches. Antes de la separación, les dije:

–Antes, este puerto se llamaba Monte Irago. Nuestro contacto debería estar en alguno de sus pueblos.

Tras algo más de una hora de subida, llegamos a Foncebadón, una aldea en ruinas y abandonada hasta que, como consecuencia del resurgir de la peregrinación a Santiago, ha revivido y ahora con varios albergues y restaurantes. Al llegar, nos encontramos con David y Paloma y nos quedamos a comer con ellos, aprovechando también para buscar conversación con los hospitaleros de los distintos albergues, para ver si alguno de ellos llevaba un crucifijo en forma de Y. Al no encontrar lo que buscamos, llamamos por teléfono para pedir que viniesen a buscarnos, no sin cierta pena por la despedida.

De regreso, tras la merecida siesta, recorrimos todas las calles de la pequeña localidad de Rabanal del Camino, un pequeño pueblo de típicas casas maragatas a cuál más bonita, en una de las cuales pernoctó Felipe II. Tras la exploración de esta hermosa aldea, acudimos a su iglesia, en donde unos benedictinos interpretaron cantos gregorianos, lo cual fue seguido por una bendición al peregrino. A la salida del acto, nos encontramos con Mikel y Xosé, que no habían querido perderse los cantos gregorianos.

–¿Qué tal te ha ido en la consulta? –le preguntó Amaia a Mikel.

–Pues me ha hecho unas preguntas, me ha recetado un antiinflamatorio y me ha dicho que guarde reposo. ¡Es que los médicos y los economistas no sirven para nada!

–No seas tan duro con los tuyos. Servís para explicar el pasado. Churchill dijo que un buen economista es aquel que dice qué va a pasar y luego sabe explicar por qué no ha pasado –le respondí sonriendo irónicamente.

–De ese estilo hay muchas frases. El Dr. Gregorio Marañón dijo que hay tres profesiones que no pueden hacer profecías: los hombres del tiempo, los médicos y los economistas. Y, en nuestro gremio, se dice que hay tres tipos de economistas: los que saben sumar y los que no saben sumar.

–¿Y qué vas a hacer? –preguntó Pedro.

–Pues tomármelo con más calma y hacer etapas más cortas, pero me niego a guardar reposo.

A la hora de la cena, recibí una llamada de Daniel. En ese momento recordé que Pedro sugirió que ese día iba a intentarse hacer una nueva profanación.

–¿Ha ocurrido algo? –le pregunté con una mezcla de ansiedad y escepticismo.

–Sí, ha ocurrido algo. Ha intentado actuar, pero un cura le ha sorprendido.

–¿Y se le ha podido detener?

–No. Logró huir. Mañana hablará con el cura la Guardia Civil y, si me dan permiso, iré yo también. Espero que pueda decirnos algo y, si no tiene nada que objetar, me gustaría tener el teléfono de tu amigo Pedro.

20

Tierra de templarios

Bienaventurado eres peregrino, cuando contemplas el
camino y lo descubres lleno de nombres y de amaneceres

Autor desconocido:
Bienaventuranzas del Peregrino

2 de agosto de 2013

–Este año voy a tirar dos piedras, una de ellas en recuerdo de un amigo que murió hace unos meses y que solía realizar el Camino con presos en tercer grado. Hay que pensar en todos los peregrinos que han pasado antes por aquí, especialmente en aquellos que hemos conocido.

Después de pronunciar estas palabras aquella fría mañana, aunque la niebla hacía presagiar buen tiempo, Amaia, Pedro y yo cumplimos con el ancestral rito de arrojar una piedra al montículo en el que se asienta la Cruz de Ferro, sostenida por una gran estaca de roble en el límite de las comarcas del Bierzo y la Maragatería.

–Al parecer, esta costumbre se realizaba en honor de Mercurio, pero un eremita llamado Gaucelmo la cristianizó y simboliza la solidaridad entre los caminantes de todas las épocas. Ahora mismo estamos en el techo del Camino –expliqué.

–¿No es O Cebreiro? Había oído que es la etapa reina –dijo Pedro.

–Y has oído bien. O Cebreiro está a menos altura. Lo que ocurre es que aquí hemos subido poco porque hemos empezado en la Meseta. Sin embargo, a O Cebreiro se sube desde mucho más abajo. A partir de ahora y hasta la meta, la etapa es cuesta abajo.

Íbamos a continuar la marcha cuando escuchamos una voz que nos dijo:

–Perdonad. Me llamo Jorge. Soy fotógrafo de una revista que trata del Camino. ¿Os podría hacer una foto?

Al volvernos, nos encontramos ante un hombre de mediana edad y con barba, acompañado de un joven treintañero y de unas chicas de aspecto oriental que vestían un uniforme azul, acompañadas de una mujer oriental más mayor. Tras darle el permiso, se dirigió a Pedro y le dijo:

–Eres un ejemplo de superación. Por eso creo que podrías salir en nuestra revista. Para proteger vuestra intimidad, he pensado sacaros de espaldas.

–Yo también me quito el sombrero –dijo el joven que iba con ellos.

Antes de sacarnos la foto, hicimos las presentaciones. De este modo, supimos que aquel joven era un gallego que, al no poder encontrar un trabajo relacionado con su título de Licenciado en Derecho, emigró a Italia, en donde trabajaba de masajista. En cuanto al fotógrafo, era miembro de la Asociación de

Amigos del Camino de Madrid y había perdido la cuenta del número de veces que había hecho el Camino. Jorge, mirando al grupo de orientales uniformadas, nos dijo:

–Estas chavalitas son víctimas de Fukushima y, esta amiga mía, es de una asociación de amigos del Camino que hay en Japón, que ha tenido la feliz idea de llevar todos los años al Camino a víctimas de esa catástrofe.

Tras hacernos la foto, continuamos nuestra marcha y, media hora después, llegamos a una aldea abandonada llamada Manjarín. En ella, se veía una casa con un cartel de madera que indicaba el número de kilómetros que quedaban para llegar a Santiago, algo habitual en el Camino pero, no solo indicaba la distancia de aquel lugar respecto a nuestra meta final, sino que también marcaba la distancia respecto a Trento, México, Jerusalén, Machu Pichu y otros lugares.

–¡Vamos dentro! Conozco este sitio y estoy seguro de que os gustará lo que os vais a encontrar.

Pasamos a su interior, en donde, con una agradabilísima música antigua de fondo, había lo que parecía ser una tienda en la que uno podía adquirir libros, llaveros y otros objetos, además de galletas y termos con café, leche y agua caliente, que ofrece por la voluntad. En la pared, había artículos de prensa, una imagen de un sonriente Jesús, otra de la Virgen, una gran espada y algunas banderas, entre otras cosas. El lugar estaba atendido por un joven moreno con barba y un hombre mayor, con gafas y barba blanca. Pero, lo que llamaba la atención de ellos era su vestimenta, con una túnica blanca con una gran cruz roja.

—¡Hola, Tomás! —dije al hombre mayor extendiéndole mi mano.

—¡Hola, bienvenidos! ¿Queréis tomar un café?

Aunque sabía mucho sobre aquel hombre peculiar y bondadoso, había querido que lo descubriesen Amaia y Pedro por sí mismos. Tomás es una de las muchas personas transformadas por el Camino. Había sido jefe de una sección de una famosa cadena de supermercados y afiliado a la Organización Revolucionaria de los Trabajadores pero, tras peregrinar a Santiago, decidió formar parte de una asociación templaria y crear un refugio para peregrinos en la aldea abandonada de Manjarín, en donde aloja peregrinos y recoge perros y gatos abandonados. Le gusta decir que es el último templario del Bierzo y que es mitad monje y mitad soldado.

Mientras nos servíamos un café con leche, Pedro preguntó:

—¿Tenéis los templarios los tres votos típicos de las órdenes religiosas?

—El de castidad, cero patatero, porque Dios hizo los hombres y mujeres para mezclarse y creemos que el celibato obligatorio no funciona. Estamos jodidos, pero no porque tengamos votos —dijo riendo el hombre joven.

–Somos cristianos, pero independientes. No besamos el anillo a nadie –añadió Tomás.

Comenzamos una amena conversación en la que Tomás, enseñándonos su particular hemeroteca, nos contó anécdotas, como las placas solares que puso en su refugio cuando le cortaron la luz o una huelga de hambre que hizo ante el obispado de Astorga y que interrumpió al ver una pastelería. Pero, de pronto, dijo al hombre joven:

–¡Oye, que son las ocho y cinco y la oración es a las ocho! –después, añadió mirándonos– Si queréis, podéis uniros.

Imitando al hombre joven, por aquello de que "donde fueres, haz lo que vieres", nos pusimos la mano derecha en el hombro izquierdo, mientras Tomás, tomó la espada que había en la pared y se la puso sobre el pecho mientras rezaba una variada oración a Dios, la Virgen y los ángeles en la que pedía por la paz entre Israel y Palestina y una bendición para los presentes, entre otras peticiones.

Después de una media hora de amena conversación, decidimos continuar la marcha y, al despedirnos, Tomás tomó aparte a Pedro diciéndole:

–Quería hacerte un regalito de mi tienda. Supongo que no les importará esperarte un minuto a tus compañeros.

Desde el exterior del refugio, vimos que entregaba a Pedro un llavero y, acto seguido, le extendió su mano derecha y, sin soltársela, puso su mano izquierda en su hombro derecho diciéndole:

–*Ultreia*.

–¡Interesante personaje! Me ha parecido muy curiosa su oración. Lo mismo habla de una energía que rodea el planeta, que de la Virgen, que se apareció en carne mortal en Fátima –dijo Amaia.

–Es una gran persona. En invierno ha salvado la vida a muchos peregrinos tocando la campana de su refugio los días de niebla. Parece evidente que es cristiano, pero también le gusta el esoterismo. Hay libros y webs de esoterismo que dicen que algunas iglesias se colocaban donde había corrientes telúricas, pero eso es una tontería que Umberto Eco parodia muy bien en *El Péndulo de Foucault* –respondí.

–Sí. Y me cuesta creer que ese templario, un cura y una monja formen parte de la misma sociedad que mi madre –dijo Pedro sorprendido cuando salimos– ¿Conoces ese escudo?

–No. No tengo ni idea de heráldica. Se lo enviaré a Maite, a ver si puede decirme algo.

Al salir de Manjarín se estaba disipando la niebla, lo que nos permitió disfrutar de unas preciosas vistas de los montes. Tras casi ocho kilómetros de pronunciado descenso, llegamos a una preciosa aldea de montaña llamado El Acebo, cuyos habitantes antaño estaban exentos de pagar impuestos a cambio de colocar 800

283

estacas que indicasen el camino a los peregrinos. Sus casas de piedra con balcones de madera y tejados de pizarra hacían de esta típica aldea berciana uno de aquellos lugares que transmiten la sensación de regresar al pasado.

Saliendo del pueblo junto a una escultura de una bicicleta rota en homenaje al bicigrino Heinrich Krausse, fallecido en un accidente, continuamos el descenso. Al ver un cartel que indicaba la Ferrería de Compludo, dije a mis acompañantes:

–Este es un sitio que tengo pendiente de visitar y que me recomendó Tomás hace un par de años. Es una herrería del siglo VII que funciona con agua del río. Es una buena muestra de arqueología medieval y está catalogada como Bien de Interés Cultural desde 1968.

Continuamos el precioso descenso entre montes hasta llegar a Riego de Ambrós, otra bonita aldea de montaña de unos 600 metros de largo. Allí hicimos lo que no pudimos hacer en El Acebo: visitar su iglesia, dedicada a Santa María Magdalena. Cuando salimos, Pedro me preguntó:

–¿Qué piensas como historiador de María Magdalena? –me preguntó Pedro.

–Pienso que hay muchos mitos sobre ella. Por un lado, es rotundamente falso que fuese una prostituta. Todas las imágenes de la Magdalena penitente se basan en una calumnia. Ella era una mujer muy honorable que usaba sus bienes para apoyar la misión de Jesús. Por otro lado, también es mentira lo que dicen algunos novelistas y escritores de esoterismo de que era la mujer de Jesús. En realidad, sabemos muy poco sobre ella.

–¿Sabes una cosa? Llegué a dar credibilidad a esas teorías sensacionalistas pero, haciendo el Camino contigo, he aprendido a ser más escéptico. De todas formas, ¿cómo se sabe que no estaban casados?

–Además del silencio sobre el estado civil de Jesús, hay un texto clave. Pablo de Tarso, que era soltero, pregunta a sus lectores si no tiene derecho a viajar con una mujer cristiana lo mismo que los demás apóstoles, que Pedro o que los hermanos del Señor. Si Jesús hubiese estado casado, lo más lógico es que se hubiese comparado con él en vez de con sus allegados. Te agradezco la pregunta y me alegra mucho que vayas haciéndote más escéptico.

Amaia y yo, en compañía de otros peregrinos, descendimos por un terreno pedregoso y tortuoso entre plantas aromáticas y castaños los poco más de cuatro kilómetros que nos restaban para llegar a Molinaseca, el siguiente pueblo.

–¡Ahí está! –dije señalando un conjunto de tejados de pizarra rodeado de verde que, visto desde arriba, resultaba maravilloso.

Al realizar las etapas, es habitual tener ganas de llegar. Sin embargo, el descenso del puerto de Foncebadón es tan precioso que no se tiene ninguna prisa en acabar. Cuando llegamos al punto en que se encuentra el Camino con la carretera, a la entrada de Molinaseca, vimos a Pedro, que descendía algo más lentamente de lo que era habitual en él.

—¡Qué raro que no nos estés esperando! —dijo Amaia.

—¡Eso lo dices porque no has visto cómo es la carretera! Tiene curvas muy cerradas y un ciclista de la zona me ha dicho que todos los años hay un rally que es la subida a Riego de Ambrós, para que te hagas una idea. La próxima vez haré este tramo en taxi rural. ¡Los he tenido por corbata!

Al entrar en el pueblo, Pedro fue superando el mal rato que había sufrido. El primer obsequio que ofrece Molinaseca a los peregrinos es el Santuario de la Angustia, ubicado a la entrada del pueblo y muy cerca de la montaña. Se trata de una iglesia del siglo XVII con un retablo barroco en el que aparece la Virgen Preciosa sosteniendo a su hijo muerto, imagen que sacan en procesión el 15 de agosto.

—¡Qué pueblo más encantador! —exclamó Amaia.

—Sí, es uno de los pueblos más bonitos del Camino. Está declarado Conjunto Histórico-Artístico y forma parte de la asociación "Los pueblos más bonitos de España" —respondí.

No éramos los únicos en pensar así, sino que, por el contrario, esta opinión es generalizada, entre todos los peregrinos y viajeros que, tras atravesar el puente medieval sobre el río Meruelo, conocido como Puente de los Peregrinos, continúan paseando por la peatonal calle Real. Sus palacios y casonas nobles que evocan épocas pasadas y las pintorescas balconadas de madera de sus casas, hacen de ella una de las calles más bonitas del Camino a su paso por España.

A una hora temprana, nos sentamos para comer en una terraza del Mesón Puente Romano, desde el que se disfruta de una magnífica vista del puente y de su entorno.

—Di a la cocina que la comida está buenísima.

Fiel a su costumbre de pedir lo típico, David optó por pedir un contundente botillo, el popular plato berciano hecho a base de productos del cerdo y muy adobado, mientras que el resto preferimos comida más ligera. Cuando solo nos faltaba el postre, la simpática camarera que nos había atendido vino acompañada de un hombre que nos dijo:

—¡Hola! Soy Juan Carlos, el chef y propietario de este restaurante. Quería daros las gracias por vuestra amabilidad. ¿Os ha gustado la comida?

—Sí, el botillo estaba buenísimo —respondió David.

—Me alegro de que os haya gustado. Aquí nos dedicamos a la comida de esta tierra. Mi especialidad son las gambas a la berciana. Por aquí han comido personalidades como Luis del Olmo y hemos ganado el premio Plato de Oro, pero no quiero que sea un sitio caro porque me gusta que vengáis los peregrinos. ¿Os vais a quedar a dormir aquí?

–Unos sí y otros no. Mi mujer y yo seguimos hasta Ponferrada, los otros se quedan.

–¡Pues buen Camino! Y me quito el sombrero ante lo que haces.

Tras la comida, nos despedimos de Pedro y Amaia y, en lugar de dormir nuestra habitual siesta, decidimos hacer la digestión en la maravillosa piscina fluvial del Meruelo, tumbados en la hierba con una vista preciosa del Santuario de la Angustia, el puente medieval y la esbelta iglesia neoclásica de San Nicolás, además de ver cómo los niños y algunos no tan niños nadaban y jugaban en sus frías aguas, en las que solo fuimos capaces de mojarnos los pies durante unos pocos minutos.

Mientras conversábamos animadamente, alguien me tapó los ojos mientras me decía:

–¡Hola, peregrino! ¿Sabes quién soy?

Reconocí aquella voz. Era de una amiga mía que trabajaba en Valencia.

–¡Marian! ¿Qué haces por aquí? –le pregunté mientras le daba dos besos.

–Mis suegros son del Bierzo, así que estoy pasando unos días en Ponferrada. He visto que has escrito en Facebook que ibas a estar hoy aquí, así que he dejado a mi marido con la niña para venir aquí y darte una sorpresa. Estaba segura de que te encontraría junto al río, aunque, si no te hubiese visto, te hubiese llamado por teléfono.

Hechas las presentaciones, nos pusimos a conversar sobre nuestras vacaciones y, hablando de lo bonito que nos había parecido la etapa, Marian nos hizo una invitación que no podíamos rechazar:

–Si queréis, os puedo enseñar lo más bonito del Bierzo y uno de los mejores sitios de Castilla y León. Está a unos 20 kilómetros de Ponferrada, en los montes Aquilanos. Os traeré de vuelta para antes de que anochezca.

Sin hacernos mucho de rogar, nos metimos los cuatro en el coche y comenzamos a ascender un puerto con una frondosa vegetación.

–No sé cómo será el sitio al que nos lleváis, pero el paisaje que se ve desde el coche es precioso –dijo Paloma.

Media hora después de meternos en el coche, aparcamos en una aldea desde la que se divisaba un impresionante paisaje de montaña.

–Estamos en Peñalba de Santiago, a 1100 metros de altura. El nombre viene de la Peña Alba, que es ese monte que veis ahí –explicó Marian señalando un monte de caliza blanquecina– Si tecleáis en Google "pueblos

289

más bonitos de España", os saldrán varias listas, en muchas de las cuales aparecerá éste. Solo tiene 20 habitantes, pero cuenta con una cantina, restaurante y algunas casas de agroturismo.

Marian no exageraba. Sus calles empedradas, empinadas y angostas con surcos por los que discurría agua; sus casas de mampostería, balcones de madera y tejados de pizarra, daban la sensación de retroceder en el tiempo, una vez más.

−Y este sitio tiene buen currículum. Es Conjunto Histórico-Artístico y Conjunto Etnológico. Además, el paisaje que lo rodea está declarado Paraje Pintoresco. Es el Valle del Río Oza, aunque se conoce como Valle del Silencio. Como podéis ver, es impresionante. En invierno también es espectacular cubierto de nieve, aunque no sé si gustará mucho a los que viven aquí −dijo Marian sonriendo.

A la salida del pueblo, vimos un cartel que indicaba tres rutas para realizar senderismo, lo que aumentó mis ganas de volver algún día para disfrutar con tiempo de aquel idílico lugar. Pero, todavía nos aguardaba una sorpresa más. Nuestra anfitriona nos llevó a una iglesia mozárabe, de apariencia exterior humilde y a cuyo interior se accede por una hermosa puerta con dos arcos de herradura sobre columnas de mármol.

−Es Monumento Nacional desde 1931. Es lo que queda de un monasterio que fundó San Genadio en el siglo X.

–Me pregunto cómo se le ocurrió crear un monasterio en un sitio tan alejado de la ciudad como éste, en medio de la montaña –dijo sorprendido David.

–Sí, es sorprendente. Ahora no da tiempo a verlo, pero cerca de aquí hay una cueva en donde se dice que vivió–, respondió Marian.

Lamentablemente, no pudimos disfrutar de aquel lugar tanto tiempo como nos hubiese gustado y, nuestra amable anfitriona, nos llevó de vuelta a la estupenda Molinaseca. Pero, mientras nosotros disfrutamos de una intensa tarde, ¿ocurrió algo interesante a Pedro y Amaia en Ponferrada? ¿Hubo alguna novedad sobre nuestra búsqueda o sobre las profanaciones? Dejo ahora que sean ellos lo que lo cuenten.

* * *

Después de la comida, Amaia y yo anduvimos algo más de siete kilómetros para llegar a Ponferrada, la última gran ciudad del Camino antes de llegar a Santiago y desde donde se puede elegir entre continuar por el Camino Francés o por el Camino de Invierno, que llega a Santiago pasando por bonitos lugares como las Médulas y la Ribeira Sacra. Hacia las 17:30 llegamos al moderno albergue parroquial de Ponferrada, que funcionaba con donativos y, aquel año, era el único que había. Al vernos entrar en su patio, un amable hombre vino a nuestro encuentro con dos vasitos de té frío.

–¡Bienvenidos! En un momento os tomamos nota y os colocamos en una habitación.

Tras la caminata, los amables hospitaleros voluntarios, que se sorprendieron al ver que pagamos 10€ cada uno, nos hicieron sentir como reyes. Después de descansar y departir con ellos, mantuvimos las buenas costumbres y fuimos a conocer Ponferrada acompañados de Itziar, una guapa peregrina treintañera, morena, alta y de pelo largo. Según nos dijo, era donostiarra y, el año pasado, hizo unas etapas del Camino hasta Ponferrada. Este año había llegado hasta ahí en tren, con la intención de hacer lo que quedaba de Camino hasta Santiago y, como el año anterior le dio tiempo a conocer Ponferrada, ejerció de guía con nosotros.

–El nombre viene de *Pons Ferrata*, que quiere decir Puente de Hierro. Había un puente para peregrinos que, en el siglo XI, un obispo ordenó reforzar con hierro –comenzó explicándonos.

Nuestra primera parada fue en la imagen típica de Ponferrada: su soberbio castillo de los templarios, con doce torres que representan las doce constelaciones.

–Es una pena que no esté aquí nuestro compañero. Me gustaría preguntarle por qué se acabó con ellos –comenté.

–Creo que puedo responderte yo –dijo Itziar– El reino de Francia estaba arruinado y quiso acabar con los templarios para confiscarles sus riquezas y saldar las cuentas que tenía con ellos. Para eso, se inventaron acusaciones falsas como decir que adoraban a un ídolo llamado Bafomet, que blasfemaban o que practicaban la sodomía. Cayeron todos en una redada que hubo el mismo día. Lo raro era que no sospechasen nada.

—Y serían torturados salvajemente.

—Por supuesto, Amaia. Se declararon culpables, pero Jacques de Molay, el último gran maestre, se retractó de su confesión y dijo que era inocente, sabiendo que eso iba a suponerle la hoguera. Sus cenizas las tiraron al Sena, no al Tíber como dice *El Código da Vinci*, que ignora que, en ese momento, el papa vivía en Aviñón y no en Roma. La leyenda dice que, antes de que encendiesen la pira, lanzó una maldición contra los culpables de su muerte. Si eso es cierto, la maldición se cumplió, porque el rey, el acusador y el papa murieron ese mismo año.

—¿Y se encontró su tesoro? —pregunté al ver que parecía saber del tema, aunque parecía ignorar que hubo alguien que sí sospechó algo.

—No. Los escépticos dicen que sus riquezas las invertían en barcos y castillos en oriente. Los más imaginativos creen que está escondido en algún lugar o en cámaras secretas. ¡Quién sabe! A lo mejor si nos ponemos a escarbar aquí lo encontramos —dijo guiñándonos un ojo.

Como Itziar conocía algo de Ponferrada, dejamos que nos guiase y nos llevó por una pronunciada cuesta junto al castillo. Antes de acabar la cuesta, nos hizo parar en una casa blasonada barroca con muchos escudos.

293

–Esta casa bonita es el Museo de la Radio, que es donación de Luis del Olmo, que es de aquí. El edificio se llama Casa de los Escudos, por razones evidentes –nos explicó.

Continuamos subiendo la cuesta para llegar a una plaza rodeada de edificios con soportales, bares y terrazas, lo que hacía de ella un lugar muy animado. En esa plaza se alza la Basílica de la Encina, una iglesia renacentista bastante austera y con una alta y esbelta torre que los lugareños llaman "la Giralda del Bierzo" y en la que se encuentra la imagen de la virgen titular, patrona del Bierzo.

En el centro de esa plaza, vimos una moderna escultura de bronce, en la que se representaba a un caballero templario junto a un árbol. Junto a ella, una placa explicaba que, según una leyenda, cuando se estaba construyendo el castillo, un templario encontró una imagen de la Virgen en un hueco de una encina.

Continuamos nuestra visita por una estrecha calle peatonal que acababa en una esbelta torre blasonada con reloj, campana y un arco de medio punto que permitía pasar por debajo de ella.

–Esa es la Torre del Reloj. Es de las pocas torres exentas con reloj que hay en España –dijo Itziar.

Paseando por esa calle, que tiene algunos edificios de interés como la antigua cárcel, que hoy acoge el Museo del Bierzo, atravesamos la Torre del Reloj para desembocar en la plaza Mayor, rodeada de edificios de fachadas de colores con soportales y en donde se encuentra la casa consistorial, un edificio barroco muy parecido al de Astorga. Nos llamó la atención una escultura de metal que representaba a un barquillero.

–Me gusta que pongan esculturas figurativas de este tipo –dijo Amaia.

–Aquí hay bastantes esculturas. En el siglo XVII Domenico Laffi dijo que era muy bonita. Más tarde, Antonio Machado la comparó con Londres en suciedad e insinuó que era horrible y, en los últimos años, se ha embellecido a base de parques, estatuas y fuentes ornamentales –respondió Itziar.

Tras la visita guiada, hicimos unas compras para hacernos la cena en la cocina del albergue. De camino, me llamaron al móvil desde un número que no tenía registrado. Cuando cogí, la persona que me llamó me dijo:

–Hola Pedro. Soy Daniel. Hemos hablado con el cura que descubrió al profanador y quería informarte, ya que nos has sido de mucha utilidad y puede que sigas siéndolo.

–Hola Daniel. ¿Algo interesante? ¿Le pudo ver la cara el cura?

–No, desgraciadamente no. Iba embozado. Pero pudo intercambiar algunas palabras con él antes de huir. Dijo que pretendía rescatar la historia de Europa y que el cristianismo la tiene secuestrada. ¿Te dice eso algo?

21

Alerta de secuestro

En una tarde de mayo de uno de los primeros años del
siglo XIV, volvían de la feria de San Marcos de Cacabelos
tres, al parecer, criados de alguno de los grandes señores
que entonces se repartían el dominio del Bierzo.

Gil y Carrasco:

El Señor de Bembibre

3 de agosto de 2013

Hacia las 9:40 de la mañana Amaia, Pedro,
David, Paloma y yo nos encontrábamos en una cafetería
de Camponaraya, un municipio de unos 2000 habitantes
cercano a Ponferrada. También se encontraba Itziar, que
fue presentada al grupo. Atrás quedaba un recorrido
urbano por Ponferrada y algunas localidades cercanas de
su área metropolitana. David, Paloma y yo comenzamos
antes de lo habitual nuestra salida, pues nos esperaban
más de 30 kilómetros hasta Villafranca del Bierzo y nos
habían avisado que el día iba a resultar muy caluroso.

Aprovechando una visita al señor Roca, envié
este mensaje a Pedro y Amaia: "el escudo es del Conde
de Lemos. No me cuadra, porque Monforte de Lemos

está en el Camino de Invierno, no en el Camino Francés, pero imagino que tendrá alguna explicación".

Al salir del servicio, vi un hombre más bien joven, con barba y pelo largo, que iba corriendo con una mochila pequeña:

—¡Buen Camino, Jaguar! —le saludó David.

—¿Está haciendo el Camino ese que corre?

—Sí, Pedro. Le llamamos Jaguar. Es un venezolano que hace las etapas corriendo. Lo conocimos en Foncebadón.

—¡Qué razón tenía Silvia cuando dijo en Hospital que el Camino era una metáfora de la vida! Hay gente pa' todo —comentó Amaia sonriendo.

Salir de Camponaraya resulta una liberación para los peregrinos, que solemos preferir los recorridos por el campo a las entradas y salidas de las ciudades. Al abandonar esta localidad, nos adentramos por una relajante pista agraria entre viñas y algunos chopos que culmina en un pequeño alto desde el que se divisa el bonito pueblo de Cacabelos que, aunque debe mucho al turismo enológico, tiene muchos más encantos, como un museo arqueológico con restos de un castro cercano, una piscina fluvial y un interesante patrimonio histórico y artístico.

Pasamos junto a una preciosa casona con balcones de madera llenos de flores y continuamos andando hasta una pequeña ermita que acoge pasos de Semana Santa, en donde comienza la peatonal calle

Santa María, eje de la animada vida de Cacabelos que cuenta con un repertorio de recias casonas blasonadas.

Mientras paseábamos por esa hermosa calle llena de gente, Amaia se dio cuenta de que, cerca de nosotros, había un grupo de mujeres disfrazadas con ropas de color blanco que nos recordaron a las fiestas de Astorga. Dirigiéndose a ellas les preguntó:

–¡Perdón! ¿Tenéis aquí fiestas de astures y romanos, como en Astorga?

–Sí, aunque aquí son un poco más tarde. Los días grandes son el primer fin de semana de agosto. Si queréis, tenemos los campamentos en la orilla del río.

Aunque la oferta de aquella simpática mujer resultaba tentadora, nuestro tiempo no nos lo permitía, así que cruzamos el puente sobre el río Cúa y abandonamos el pueblo, no sin antes detenernos unos minutos a contemplar el bonito santuario barroco de la Quinta Angustia, el edificio más emblemático de Cacabelos.

–Pues me ha parecido bonito este pueblo. Además, estaba pasando envidia viendo a la gente en el río –dijo Paloma.

–A mí también me ha gustado. Y mi guía dice que a unos pocos kilómetros de aquí hay un monasterio románico que se llama Santa María de Carracedo y que es Monumento Nacional. A lo mejor algún año duermo aquí – respondió Itziar.

Saliendo del pueblo, iniciamos un ingrato tramo por la antigua Nacional VI con un paisaje de viñedos, con unos montes al fondo. En el siguiente pueblo, Pieros, un rótulo invita a realizar un desvío de 15 minutos al castro de Ventosa, en donde se ubicaba el poblado astur de Bergida, transformado en *Bergidum Flavia* por los romanos y que ha dado nombre a toda la comarca del Bierzo.

Tras unos kilómetros por el asfalto, en los que comenzaba a sentirse el calor y con ausencia de sombras, las flechas amarillas nos dirigían a una pista de tierra y, ante la duda de si resultaba o no accesible para silla de ruedas, nuestro grupo se dividió, decidiendo Pedro y Amaia continuar por carretera los algo menos de cinco kilómetros que nos restaban hasta Villafranca, fin de nuestra etapa y de la décima jornada del *Codex Calixtinus*.

Apenas comenzamos a andar por aquella pista de tierra, conocida como Camino de la Virgen, contemplamos una pequeña casa con multitud de esculturas en su jardín, representando hombres, mujeres o animales, entre otras figuras.

–¿Recordáis el monumento a las pimenteras que hemos visto hoy en Ponferrada? Pues este es el taller de su autor, Arturo Nogueira, un profeta en su tierra que también merecería ser conocido fuera de esta comarca – comenté.

Tras una agradable marcha, aunque algo fatigados, más por el calor que por los kilómetros, divisamos desde arriba nuestra ansiada meta, situada en un embudo montañoso, tal y como dijera Domenico Laffi: "este es un enclave precioso en una hondonada entre cuatro montañas altísimas... Tiene muchos conventos, tanto de frailes como de monjas, una gran plaza y casas bellísimas".

–¡Por fin! –exclamé con alegría ante aquella visión–. Seguro que os gusta este pueblo. Se conoce como la "pequeña Compostela". Además, tiene el albergue privado más antiguo del Camino, de una familia con larga tradición en acoger a peregrinos.

–¿Sí? –preguntó Paloma.

–Sí. Lo construyó un peregrino con ayuda de otros peregrinos. Está hecho con piedras traídas de distintas partes del mundo y hay duchas o lavabos con material reutilizado. Suele gustar a los peregrinos y disgustar a los turigrinos que quieren que los albergues tengan las mismas prestaciones que el Parador que hay en el pueblo. Hay también otro albergue que llevan peregrinos que, después de hacer el Camino, decidieron quedarse a vivir aquí. Creo que, se elija el albergue que se elija, se acierta.

–¿Y a cuál quieres ir? –me preguntó Itziar.

–Al que van Amaia y Pedro, que están condicionados.

Después de un leve descenso, llegamos al albergue, un edificio rústico con un gran patio y varias dependencias. Mientras hacíamos cola, un hombre de unos 70 años, alto y con bigote se acercó a la hospitalera que nos atendía y dijo:

–Va a venir un chico en silla de ruedas con su mujer. Los colocamos en la habitación de la derecha, que no tiene peldaño –Tras esta advertencia, sonrió orgulloso diciendo–: Me han tenido que preguntar precisamente a mí dónde está mi albergue.

Unas horas después, Amaia, Pedro y yo decidimos desafiar el intenso calor y comenzamos a recorrer esa villa repleta de encantos declarada Conjunto Histórico-Artístico en 1956 y que cuenta con cinco edificios declarados catalogados como Monumentos. Comenzamos por la austera iglesia románica de Santiago, del siglo XII, situada en las afueras. Al resultar muy difícil superar los escalones de la puerta principal de la iglesia, la amable mujer a la que le correspondía mantener el templo abierto, salió y nos llevó a ver su famosa puerta sur, con arquivoltas y capiteles decorados con escenas bíblicas.

–Esta es la Puerta del Perdón. Solo se abre los años jacobeos y, las personas enfermas o impedidas que no pueden continuar a Santiago, si pasan por esta puerta consiguen el jubileo.

Continuamos la visita rodeando el hermoso castillo-palacio de los Marqueses de Villafranca, del siglo XV, para ir a la plaza Mayor, en donde nos encontramos con Itziar. Mi intención era visitar el templo de San Francisco, cuyas esbeltas torres se divisan desde la plaza.

–Si no recuerdo mal, hay que subir muchas escaleras, pero tal vez haya algún camino alternativo –les dije.

–Sí, que lo hay. Por ahí hay una rampa. Luego hay algún escaloncito, pero si viene alguien más conmigo, lo superamos.

Nos volvimos para comprobar que se trataba de Jonás que, como de costumbre, tenía que aparecer justo cuando necesitábamos ayuda. Agradeciendo el ofrecimiento, Amaia acompañó a su marido y a Jonás, mientras Itziar y yo subimos unas empinadas escaleras. Al llegar arriba, esperamos y vimos a Jonás con Pedro en brazos.

–¡Algún escaloncito, dice! Había dos tramos de unos seis escalones –dijo Pedro con cara de susto.

–No ha sido nada. Además, he contado con la valiosísima colaboración de Amaia, que me ha subido tu silla –respondió sonriendo.

El templo en cuestión es un edificio con portada románica y perfil gótico, con dos esbeltas torres barrocas. En su interior, injustamente vacío, una amable mujer que parecía estar deseando la llegada de visitantes, nos dio una interesante explicación de su historia y arte.

–Esta iglesia es lo que queda de un monasterio que, según la tradición, fue fundado por San Francisco de Asís cuando peregrinó a Santiago en 1214, aunque otra teoría dice que lo fundó la reina Urraca de León en 1213. Entre otros, aquí está enterrado Gil y Carrasco, un escritor del siglo XIX conocido por su novela histórica *El Señor de Bembibre*.

Dirigiéndonos a la cabecera, continuó explicando:

–El retablo mayor es churrigueresco y lo esculpió Juan de Flandes.

Después de una breve conversación sobre el retablo y otras esculturas de la iglesia, nuestra amable guía nos dijo:

–Y ahora viene lo mejor, que está encima de vosotros –dijo indicando el techo–. Es un artesonado mudéjar. Probablemente sea el mejor del norte de la Península.

Levantamos nuestras cabezas para admirar una valiosísima y espectacular cubierta de madera policromada, mientras la mujer seguía hablando:

–Está decorado con motivos vegetales y con los escudos de armas de los benefactores del templo: el Señor de Villafranca y el Conde de Lemos.

–¡Perdón! ¿Qué conde has dicho? –preguntó Pedro sobresaltado, intentando después que ni Itziar ni Jonás notasen su turbación.

–El Conde de Lemos. ¿No conocéis Monforte de Lemos? Está al sur de Lugo. Tiene parador de turismo y un colegio que es conocido como "El Escorial gallego". Uno de los muchos condes de Lemos que ha habido fue Señor de Villafranca. Por eso está aquí su escudo.

Amaia, Pedro y yo nos miramos en silencio, mientras yo levantaba el dedo pulgar de mi mano.

Unos minutos después nos encontrábamos ante la gran escalinata de acceso a San Nicolás el Real, un espectacular e imponente edificio de gran tamaño del siglo XVII. Para entonces, como de costumbre, Jonás se había despedido de nosotros.

–Ahora es de los Padres Paúles, pero cuando se construyó era de la Compañía de Jesús. Por eso, la fachada recuerda a la de la iglesia jesuita del Gesù de Roma, aunque este edificio es mucho más grande. También fue sede de la Diputación de Villafranca del Bierzo, durante los pocos años en los que existió como provincia –expliqué.

Como de costumbre, visitamos el interior de su iglesia, que cuenta con interesantes retablos y estatuas. En cambio, postergamos para una mejor ocasión nuestra visita al Museo de Ciencias Naturales que alberga el edificio, pues nuestro tiempo no nos permitió visitarlo.

El último monumento que nos quedaba por visitar era la Colegiata de Santa María de Cluny, a la que acudimos con un doble interés: realizar una visita cultural y buscar si se encontraba allí nuestro contacto.

Ubicada en La Alameda, un bonito jardín romántico de tipo francés del siglo XIX con parterres con flores y setos recortados dibujando formas, la Colegiata es un soberbio edificio renacentista de piedra

305

y, lo que la dota de originalidad, con las bóvedas y la cúpula de pizarra.

–¿A que no os podéis imaginar el arquitecto que la diseñó? Seguro que no lo adivináis ni en un millón de años –dije a mis compañeros.

–¡Déjame que piense! ¡*Hmmmm*...! ¿Rodrigo Gil de Hontañón? –dijo Pedro sonriendo.

–¡Muy bien, has superado el reto! –respondí aplaudiendo– Ahora, en serio. Este edificio está incompleto. Se quería que fuese más larga y con un acceso más monumental, pero no pudo ser. La idea era que el templo fuese una catedral pero, como no se lo concedieron, se cambió el proyecto y, lo que hay ahora es, aproximadamente, los 3/5 de lo que se pretendía hacer.

–Es lo que pasa cuando gente que no es de Bilbao planifica bilbainadas –comentó Itziar riendo.

–Pues sí. Haciendo autocrítica, en Vitoria sabemos algo de eso. El proyecto inicial de nuestra catedral Nueva era una faraonada y hubo que sustituirlo por otro. ¡Venga, vamos a ver la Colegiata por dentro y luego nos vamos a la playa!

En su interior, que cuenta con pasos de Semana Santa, esculturas y retablos de cierto interés, lo que más sorprende es la recargada decoración de su coro rococó, así como su variada cubierta, que resulta ideal para que los que estudian arte conozcan distintos tipos de bóvedas como la de crucería, la estrellada o la poligonal. Al salir de la Colegiata, vi que un hombre de unos 50 años, vestido con una camiseta de Amaral, se dirigía a Pedro hablando muy bajito, casi susurrando y, ante la eventualidad de que pudiera ser el contacto, Amaia y yo disimulamos y abandonamos aquel lugar. Cuando salió Pedro, me dirigí hacia él y, sin que nadie nos escuchase, le pregunté:

–¿Quién era ese hombre?

–El párroco de la colegiata. Primero me ha preguntado si estaba haciendo el Camino y si me había gustado la colegiata. Después, me ha preguntado si quería que me hiciese una bendición.

–Por lo que me cuentas, no es el contacto, ¿no?

–No, no lo es, pero me ha caído simpático.

Después de nuestro intenso baño cultural, fuimos a relajarnos a la playa fluvial del río Burbia y refrescarnos los pies, algo que se agradecía aquel caluroso día, aunque no tuvimos tanto valor como los lugareños para mojarnos todo el cuerpo.

Allí nos encontramos con David y Paloma y otros peregrinos, con los que, hacia las 19:30, regresamos al albergue por la rúa del Agua, una calle estrecha, empedrada y repleta de mansiones y casonas nobiliarias con balconadas de rejerías, entre ellas, una casa con un gran blasón en la que nació el escritor romántico Enrique Gil y Carrasco.

–Esta calle me gusta mucho, pero me parece muy fuerte que, siendo estrecha y estando llena de tesoros, no esté peatonalizada. En Carrión, Mansilla o Cacabelos, que son del mismo tamaño que Villafranca, las calles con patrimonio histórico están peatonalizadas –comenté después de ceder a regañadientes el paso a un coche que perturbaba la paz de aquel lugar.

Cuando llegamos al albergue, había preparadas tres grandes mesas para una cena comunitaria. En el patio vimos al propietario pasando sus manos cerca de la cabeza y los brazos de una joven peregrina, aunque sin llegar a tocarla.

–¿Qué le estará haciendo? –se preguntó Paloma en voz alta.

–Supongo que le estará aplicando energía. Es taumaturgo y ha curado lesiones a muchos peregrinos con una imposición de manos.

Poco después de las ocho de la tarde, cuando nos habíamos sentado todos los peregrinos que quisimos formar parte de la cena comunitaria, nuestro anfitrión golpeó un cubierto en una botella y, cuando se hizo el silencio, se dirigió a los comensales diciendo:

–¡Atención! Agarraos todos de la mano y poneos en pie! –diciendo esto, asió la mano de Pedro y le dijo– ¡Tú no!

Cuando cumplimos sus instrucciones y teníamos asidas las manos, inició un diálogo con los peregrinos:

–¿Cómo están ustedes?

–¡Bieeeeennn!

–¿Cómo está el Camino?

–¡Bieeeeennn!

–¿Cómo están las ampollas?

–….

–Que Dios Todopoderoso bendiga estos alimentos, fruto de la tierra y del trabajo del hombre, de pan al que no tiene y os bendiga con su luz a todos los peregrinos. Y no olvidéis que el verdadero Camino es el camino interior. *¡Ultreia!*

–*¡Ultreia!*

–*¡Suseia!*

–*¡Suseia!*

–¡Santiago!

–¡Santiago!

–¡A comer!

Aquella cena, consistente en un poderoso cocido madrileño, tuvo lugar en un extraordinario ambiente de diversión y compañerismo entre los peregrinos, en los que conocimos a gente nueva, como una mujer de Estambul y una joven neozelandesa. Poco antes de acostarnos, Pedro nos tomó aparte a Amaia y a mí para informarnos con preocupación:

–El contacto es una hospitalera voluntaria que está aquí este mes. Ha entregado el enigma a la persona equivocada, aunque recuerda su contenido. El que se ha adelantado era un hombre que no está inscrito en este albergue y la ha cogido cuando estábamos haciendo la visita al pueblo.

–¿Has dicho esta vez algo a tu madre? –le pregunté.

–Sí, pero no le he mandado ninguna imagen del escudo. Solo le he hablado de él por teléfono y antes de que supiésemos que era del Conde de Lemos. No sé qué ha podido pasar. Creo que es casi imposible que tenga pinchado el teléfono. Eso no lo hace cualquiera.

–¿Y la posibilidad de que lo haya dicho tu madre a alguien?

–Si lo ha dicho a alguien, no creo que haya sido voluntariamente. Estoy empezando a pensar si es posible que su desaparición no fuese para despistar a los adversarios, sino que haya caído en sus manos y nos estén usando a todos nosotros.

22

Encuentro con nereidas

Bienaventurado eres peregrino, cuando te faltan palabras para agradecer todo lo que te sorprende en cada recodo del Camino.

Autor desconocido:

Bienaventuranzas del peregrino

4 de agosto de 2013

–*Gora Andra Mari Zuriaren jaiak*!

Cuando se incorporó a la mesa en la que me encontraba desayunando, Itziar, muy sonriente, se encargó de recordarme que a las seis de la tarde iba a encenderse el chupinazo que daría comienzo a las fiestas de la Virgen Blanca de mi querida Vitoria. Por un momento, abandoné mi desconexión mental con el mundo que me rodeaba para imaginarme abarrotada la plaza de la Virgen Blanca, mientras el muñeco de Celedón, con su *txapela* y su paraguas abierto, iniciaba por un cable su descenso desde la torre de la iglesia de San Miguel hasta una casa de la calle Postas, para salir convertido en persona saludando a la multitud.

Después del desayuno, el hospitalero se acercó a nosotros y nos dijo:

–Para ir a O Cebreiro con la silla hay que ir por una variante para bicicletas. Es un tramo difícil y, haciéndolo en coche, es fácil que se recaliente el motor. Con eso te digo todo.

–Tranquilo. Iré yo con él por si necesita que le empuje –le respondí.

–Imagino que pasaréis por Cebreiro mañana, ¿no?

–No, nuestra idea es dormir ahí hoy –le informó Pedro.

Al oír eso, con cara de mucha preocupación, puso sus dos manos sobre la cabeza de Pedro y luego sobre la mía. A continuación, nos dijo:

–Allí solo hay un albergue, el público, que no siempre sirve para acoger a todos los peregrinos que pasan por ahí. Los albergues públicos de Galicia no admiten reservas, pero tienen prioridad los peregrinos con problemas físicos. Llamaré por teléfono para informar de que queréis ir allí.

Con la luz del amanecer, Pedro, Amaia, Itziar y yo abandonamos Villafranca por su puente medieval sobre el río Burbia. Siguiendo el curso del río Valcarce, afluente del Burbia, la etapa discurre por un andadero separado por bloques de cemento de la antigua N-VI, convertida ahora en una carretera local con escasísimo tráfico, mientras pasamos varias veces por debajo de los viaductos de la nueva autovía.

–He visto que hay nueve pueblos entre Villafranca y O Cebreiro. ¿Qué tal están? –me preguntó Amaia.

–Son agradables. Todos ellos tienen algunas casas típicas bonitas e iglesias con retablos barrocos que conviene ver. Y, como veréis, esta es una etapa maravillosa.

Efectivamente, la etapa es espectacular y, afortunadamente, el cielo estaba despejado. Pese al horrible andadero junto a la carretera, el Camino discurre por un paisaje de intenso verdor, entre montañas, castaños y el río Valcarce. Pensé en los pobres caminantes que hacen las etapas con auriculares, perdiéndose la cautivadora música que aporta el discurrir del agua del Valcarce, los pajaritos de su ribera y el efecto de la brisa sobre las ramas de sus árboles. Y, a medida que íbamos andando, el paisaje se iba haciendo más y más bonito.

Hacia las once de la mañana nos encontrábamos en Vega de Valcarce, un pueblo situado a poco más de 17 kilómetros de Villafranca en donde nos encontramos con David y Paloma, que se unieron a nosotros.

–Este pueblo tiene bastantes albergues. Muchos se quedan a dormir aquí y, al día siguiente, hacen una microetapa de doce kilómetros hasta O Cebreiro.

Tras el avituallamiento, despidiéndonos de la N-VI pero no del río Valcarce, anduvimos tres exquisitos kilómetros por un entorno paradisíaco en el que el paisaje

313

se ensancha, sustituyendo las verdes praderas al terreno encajado entre montañas de momentos anteriores. Así, llegamos a un pueblo llamado Ferrerías, ubicado en un entorno precioso, en donde comienza una ascensión de nueve kilómetros hasta O Cebreiro, en los que hay que subir más de 600 metros. Poco después de la salida del pueblo, un cartel invitaba a los ciclistas a dirigirse por un camino asfaltado, separándose de los caminantes.

–Pedro y yo vamos por el carril de bicicletas. Vosotros id por el otro camino y, si queréis, nos vemos en A Lagúa, que es donde se juntan las dos rutas –sugerí a mis compañeros.

–No, ya voy yo –se ofreció Amaia.

–¡Ni se te ocurra! Yo conozco ese camino y tú no. Además, estoy como una rosa. No sé si será placebo o si el hospitalero me ha transmitido energía al ponerme las manos en la cabeza, pero me siento como si no hubiese empezado a andar.

Finalmente, logré persuadir a todos de que me dejasen ir solo con Pedro. Al hacerlo, no les había mentido, pues era la etapa en la que me sentía más fuerte, atribuyéndolo a la imposición de manos que había recibido. Estando a solas con Pedro, le pregunté:

–Antes he visto que hablabas por teléfono. ¿Era con tu madre?

–Sí. Sigo pensando que pasa algo muy raro. Me ha estado tranquilizando y me ha dicho que estaba en la calle y que yo podía oír de fondo los coches, por lo que no parece que esté secuestrada. Pero esto me sigue oliendo mal.

—Según me dijiste ayer, el contacto te dijo que el nuevo enigma era un dibujo que tenía una espada y una palma, ¿no es así?

—Sí, eso es. ¿Te dice algo?

—Tengo una hipótesis. La palma es muy típica en la iconografía cristiana. Cuando algún santo lleva una palma en la mano quiere decir que es un mártir. La espada es un atributo de San Pablo. Si no me equivoco, tenemos que buscar alguna iglesia dedicada a Pablo. En la etapa de hoy y en la de mañana no hay ninguna.

Cuando vi un cartel de que faltaban tres kilómetros para A Lagúa, seguía encontrándome muy bien físicamente y nuestra marcha se mantuvo sin incidentes. Sin embargo, poco después de dejar atrás ese cartel, vi que Pedro pasaba apuros.

—Tenía razón el hospitalero. Esta cuesta es muy dura y me está dando una pájara.

Como no podía ser de otra forma, agarré los manillares de su silla y me puse a empujar, con mi tronco paralelo al suelo, como si fuera una tabla de planchar. Gran parte de la energía que me habían transmitido, se me fue empujando en los interminables dos kilómetros que faltaban para llegar a Lagúa, el último pueblo de la provincia de León. Cuando llegamos, nos estaban esperando Amaia e Itziar.

–Nos han dicho que en el albergue de O Cebreiro hay una cola tremenda. Parece que los que hacen la microetapa de doce kilómetros están haciendo cola desde mucho antes de que abran el albergue –dijo Amaia.

–Pedro y tú tenéis que ir. Ya sabéis que tenéis preferencia. Yo creo que voy a dormir aquí, aunque os acompañaré para comer con vosotros y disfrutar del pueblo. ¿Y David y Paloma?

–Se han quedado en A Faba, el pueblo anterior. Yo creo que también me quedo aquí. ¡Qué lástima que no haya ningún albergue privado ahí arriba! –dijo Itziar.

Tras el refrigerio, continué empujando a Pedro por la variante de bicicletas y, aunque empapado de sudor y con la lengua fuera, pude realizar los tres kilómetros que faltaban y llegar vivo a la meta. En poco tiempo, había pasado de ser la etapa en la que mejor me encontraba a ser la etapa en la que más sufrí.

La elección mía y de Itziar de dormir en Lagúa resultó muy sabia pues, de no haberlo hecho, nos hubiésemos visto obligados a pernoctar en alguno de los muy caros establecimientos alternativos o continuar andando en busca del siguiente albergue.

Al igual que hicimos en otros pueblos del Camino, tras la merecida siesta realizamos un viaje en el tiempo examinando una por una las hermosas casas rústicas de montaña realizadas en piedra y sus preciosas pallozas célticas, con su curiosa planta oval, muro de escasa altura y tejado en forma de cono con planchas de madera y paja de centeno.

—Además de ser una aldea preciosa, a un lado hay una vista espectacular de las montañas del Bierzo y, al otro, del valle gallego. Este es uno de los sitios más mágicos del Camino —expliqué.

Después de contemplar extasiados durante varios minutos sus maravillosas vistas panorámicas, nos dirigimos hacia su iglesia, un pequeño templo prerrománico de estilo asturiano de tres naves, cuya campana sonaba para avisar a los peregrinos y en donde, se decía, tuvo lugar un milagro que dio gran fama a esta localidad.

—Según una leyenda, un hombre muy beato se desplazaba a diario tres kilómetros para acudir a misa a O Cebreiro y, un día en el que hubo una gran tormenta, ese hombre fue el único que acudió a la celebración de la misa. Al verlo, el cura se burló de él diciendo que había acudido con una gran tempestad y fatigado para ver un poco de pan y vino. Entonces, al realizar la consagración, Dios convirtió la hostia y el vino en carne y sangre como respuesta a la falta de fe de aquel cura —expliqué.

Cerca de la iglesia, nos detuvimos en un monumento a Elías Valiña, párroco de O Cebreiro y uno de los grandes personajes históricos del Camino, del que informé a mis compañeros.

–Murió prematuramente con 60 años y, si viviese, tendría unos 84 años. A él le debemos, entre otras cosas, las flechas amarillas. Acudió al Ministerio de Fomento para pedir ayuda para colocar indicaciones para los peregrinos y le dieron pintura amarilla que sobraba de las obras de las carreteras.

–¡Qué interesante! No lo sabía –dijo Pedro.

–Hay también una anécdota bonita de él. Una vez estuvo pintando flechas por Navarra. La Guardia Civil se lo encontró y le preguntó qué estaba haciendo. Él les respondió: "estoy preparando una futura invasión". Lo que no sé es si estaría contento con la masificación de los últimos kilómetros y viendo que aquí no hay plazas de albergue para todos.

5 de agosto de 2013

Un mar de nubes inundaba el valle de Galicia, impidiendo divisar los pueblos. La buena fortuna hizo que hubiese niebla en Galicia, mientras que, en O Cebreiro, tras la fuerte lluvia que había caído durante la noche, el cielo estaba algo nublado, pero no amenazaba con llover de nuevo. Esta combinación provocó que la etapa comenzase con buen pie, contemplando esa espectacular vista.

Nos disponíamos a realizar la primera etapa de Galicia, tierra fértil, con ríos, prados, extraordinarios pomares, buenos frutos y cristalinas fuentes, pero de

318

pocas ciudades, villas y campos de labor, según el *Codex Calixtinus*.

—La etapa de hoy es cuesta abajo, ¿no? –preguntó Amaia.

—No exactamente. Primero tenemos unos nueve kilómetros de sube-baja en los que hay dos puertecitos, uno de ellos a más altura que O Cebreiro; después, cinco kilómetros de altiplano y, luego sí, siete kilómetros de bajada hasta Triacastela. Lo mejor de esta etapa es que tiene unas vistas maravillosas –respondí.

Caminando contra el viento, un alto peregrino avanzaba con el báculo en una mano, mientras que con la otra se sujetaba el sombrero para evitar que volase. Aquel monumento al peregrino situado en el llamado Alto de San Roque, obra en cobre del escultor Antonio Acuña, es uno de los lugares más emblemáticos de la etapa y en el que parece obligatorio fotografiarse y detenerse a disfrutar de las magníficas vistas de su entorno. Continuamos andando algo más para realizar el primer avituallamiento en un concurrido bar. Allí nos esperaba Pedro que, cuando nos acomodamos en una mesa, nos dijo:

—Creo que sé quién puede ser el culpable de las profanaciones.

Hago un pequeño inciso para aclarar que, a Itziar, evidentemente, no le dijimos nada de nuestra búsqueda ni de la desaparición de la madre de Pedro, pero sí le informamos de las profanaciones, porque no sospechábamos que ese asunto estuviese relacionado con nuestra búsqueda. Al escuchar lo que nos acababa de decir Pedro, le miramos sorprendidos en silencio y él continuó diciendo:

–Estos días he estado buscando por internet. He encontrado una serie de páginas web de un señor gallego que encaja con lo que sospechábamos del autor. ¿Qué os parece? Añora una Galicia celta y romana y rechaza todo lo que tiene de cristiana. Defiende que mataron a Prisciliano porque mantenía las raíces celtas de Galicia, que el *Codex Calixtinus* tiene trece etapas por las trece casillas claves del juego de la oca y que, a su vez, este juego es una clave del Camino de Jano. Le parece una aberración el Camino, tal y como está ahora, porque dice que no tiene nada que ver con sus antepasados. Excepto con la profanación de la partitura del diablo, lo que defiende coincide con lo que piensa el profanador.

–Pero eso es muy circunstancial. Puede que haya más de uno que piense así –le dijo Amaia.

–Sí, pero hay algo más. He visto que escribe en algunos blogs ajenos con su nombre y apellidos: Carlos Augusto Montes Sánchez. Pues bien. En un blog, ha dicho varias veces que la historia de Europa está secuestrada y que hay que liberarla. ¿Acaso no es algo así lo que dijo el profanador cuando le sorprendió el cura? Y, en cada profanación, ponía una nota en la que decía que había que liberar el Camino, o sea, quitarle todo lo que tiene de cristiano. Solo hay una cosa que no me cuadra sobre él.

–¿Qué cosa? –pregunté.

–Ese señor es ingeniero de la construcción y parece inteligente. Yo diría que defiende sus extravagancias porque es un narcisista con afán de notoriedad. Sin embargo, nuestro profanador parece un descerebrado.

–Puede que sea alguno de sus lectores –dijo Amaia.

–También he pensado en eso. Uno de los pocos que escribe en sus blogs es un lector que se dedica a jalearle y a insultar a los que no piensan como su "maestro". Ese mismo lector, que está fascinado con él, también le jalea en el blog en el que dice que la historia de Europa está secuestrada. Y, por los comentarios que pone, parece que tiene pocas luces y escribe con muchas faltas de ortografía. Ese creo que encaja mejor, aunque puede que actúen juntos y el listo utilice al tonto.

Al mediodía nos encontrábamos en Triacastela, final de la 11ª etapa del *Calixtino*, después de haber recorrido más de 20 kilómetros de verdes y espectaculares paisajes, en los que habían hecho acto de presencia algunas vacas. Al acercarnos comenté a mis compañeros:

–En la Edad Media, los peregrinos solían coger una piedra caliza de una cantera que había cerca de aquí y la llevaban hasta un horno que hay en Arzúa. Así contribuían a la construcción de la catedral de Compostela.

En esta localidad, de la que solo queda rastro de uno de los tres castillos que le dan nombre, nos encontramos con David y Paloma, que iban a quedarse ahí.

—Hoy ha sido nuestro día más triste. Hemos pillado plaza por los pelos y hemos visto quedarse sin albergue a peregrinos que conocíamos de vista desde hace semanas. Creo que el ayuntamiento oferta alojamiento en tiendas de campaña militares —dijo Paloma.

—Y también hemos visto un autocar lleno de gente que iba a empezar hoy el Camino en uno de los bares de la etapa. Teníamos pensado llegar a Santiago en seis días, pero, visto lo de hoy, vamos a intentar llegar en cinco. Si no nos volvemos es por lo cerca que estamos de la meta —añadió David.

—Os entiendo. Las etapas de Galicia son muy bonitas, pero son una romería. En todo el Camino hay un espíritu y un espectro. Hasta ahora, ha sido mucho más visible el espíritu, pero, cuanto más cerca del final, más grande es el espectro. Nosotros también intentaremos llegar en 5 días. En mis peregrinaciones anteriores dormí en pequeñas aldeas porque los finales que recomiendan las guías están masificados —respondí.

—Nosotros continuamos hasta Samos. Según hemos visto en internet y en una guía, su albergue parroquial abre a las 15:30, así que andamos bien de tiempo. Supongo que nos veremos, arrieros somos – añadió Amaia.

Al salir de Triacastela, se obliga a elegir entre dos variantes que se juntan en Sarria, una de ellas 6,5 kilómetros más larga que la otra, siendo la utilizada por los peregrinos hasta el siglo XVI, en el que se comenzó a utilizar la ruta más corta. Nosotros elegimos la variante larga con el fin de visitar el monasterio benedictino de Samos y alojarnos en su albergue parroquial.

Los primeros 3,5 kilómetros de este tramo discurren junto a la carretera y, cuando por fin se separa de ella, decidimos que Pedro se adelantaría y nos esperaría en Samos. Para los que realizamos los seis kilómetros que restaban por el Camino, resultó una delicia, atravesando la bonita aldea de San Cristovo do Real –aunque necesitada de una rehabilitación–, túneles vegetales y un bosque de ribera que escolta el río Sarria, llamado Oribio en aquellos lares. Realizamos parte de aquel precioso tramo en compañía de Silvia, la chica italiana que conocimos en Hospital de Órbigo y que no encontró alojamiento en Triacastela.

–Por lo que he leído, hay un proyecto de atentado que consiste en poner un parque eólico por aquí y, como gesto de burla, pretenden disimular el impacto visual adornando los molinos con motivos jacobeos –expliqué.

Acababa de decir esto cuando Amaia recibió una llamada de Pedro. Tras unos segundos de conversación, nos dijo:

–Me dice que el albergue parroquial está completo y que es incorrecta la información de que abre a las 15:30. Los hospitaleros van a ver si pueden conseguir algunos colchones.

–¡*Puuffff*! Pues, si no le importa, le pediría por favor que busque algún albergue privado para ver si hay tres plazas libres. Si hay suerte, ya veremos quiénes duermen en el monasterio y quiénes en el otro albergue.

Cuando llegamos a Samos, lo primero que hicimos fue dirigirnos al albergue parroquial, situado en la parte trasera de su monasterio. Consiste en una gran habitación con literas y con las paredes decoradas con reproducciones de las pinturas de San Isidoro de León. A diferencia de la gran mayoría de albergues, no tiene cocina, siendo uno de los más pobres materialmente, aunque muy rico espiritualmente por el calor humano de sus hospitaleros voluntarios. Cuando llegamos, vimos que uno de ellos estaba aleccionando amablemente a un caminante.

–Esto no es gratis, es de donativo. Gratis es dar algo a cambio de nada. Aquí damos algo a cambio de la voluntad. Si no quieres dar nada, no te lo vamos a reprochar. Si quieres dar algo, lo agradecemos, porque nos viene bien para pagar la luz, el agua y, en invierno, la calefacción.

Mientras esperábamos, Pedro se acercó y nos dijo:

–Se ha ocupado muy pronto porque ha venido un grupo parroquial de Reus con muchos chavales.

En ese momento se presentaron el otro hospitalero y un monje con dos colchones, que colocaron en el suelo. Al verlos, dos chicos adolescentes se acercaron a Pedro y, uno de ellos le dijo:

–¡Perdón! Podéis dormir en nuestras camas. Ya dormimos nosotros en los colchones.

–Pero vosotros habéis llegado antes –objetó Pedro sorprendido.

–Pero lo necesitáis más que nosotros.

–Me parece bien que mi marido duerma en una cama, pero yo puedo dormir en el colchón sin problemas –le respondió Amaia.

Finalmente, mis amigos no pudieron resistir la insistencia de aquellos chicos y aceptaron su ofrecimiento con un sincero y cordial agradecimiento, que también transmitieron a su monitor, que les respondió:

–No tenéis que darme a mí las gracias. Ha sido iniciativa de ellos, no mía.

–Parece que sigue existiendo el espíritu del Camino. Tus chicos han dado una lección de compañerismo y han demostrado ser peregrinos y no turigrinos –le dijo Pedro.

Después de un merecido descanso, comenzamos nuestra visita por un encantador parque regado por el río Sarria en el que se encuentra la Capilla del Ciprés, un pequeño edificio mozárabe del siglo X acompañado de un anciano árbol milenario de 25 metros de altura y algo más de tres metros de perímetro. Después, nos dirigimos a visitar el monasterio benedictino, comenzando por su fachada renacentista. Y, por supuesto, también visitamos su interior, que recorrimos en una visita guiada con un simpático y dicharachero monje y sacerdote.

—Este monasterio está dedicado a san Julián y santa Basilisa, dos santos de Antioquía. Se fundó en el siglo VII, pero tuvo que reconstruirse en el siglo XVI a causa de un incendio. También fue la primera víctima de la desamortización de Mendizábal, que expropió este monasterio como ensayo para ver cómo reaccionaba la población.

Comenzamos visitando el austero claustro grande, presidido por una estatua de fray Benito Feijoo, por ser en este monasterio en donde tomó los hábitos este famoso escritor de la Ilustración. Junto a él, se encuentra el hermoso claustro pequeño, construido en el siglo XVI, aunque imita el estilo gótico. Es conocido como el *Claustro de las Nereidas*, por estar ocupado su centro con una preciosa fuente con cuatro ninfas marinas.

—Esta escultura la hizo el padre Juan Vázquez en el siglo XVIII. Según una leyenda, a un provincial benedictino que visitó el monasterio le chirrió ver ninfas en un lugar dedicado al recogimiento y la oración, así que ordenó su traslado. Sin embargo, después de desmontarla, las piedras se hicieron tan pesadas que no pudieron despegarse del suelo, ni siquiera con los artilugios de la época, así que se desistió y, cuando se decidió reconstruirla, recuperaron su peso y se montaron con total facilidad.

Finalizamos la visita en su gran iglesia barroca, en donde los monjes iban a cantar unas bonitas vísperas. Señalando una estatua, nuestro guía explicó.

–Este es san Julián, un soldado cristiano que quería ser célibe, pero sus padres le obligaron a casarse con Basilisa, que también era cristiana y quería permanecer virgen. Entonces, se casaron, pero pactaron no tener relaciones. En la persecución de Diocleciano, ella murió de muerte natural, pero a él lo mataron. Por eso sus símbolos son la palma y la espada, por su martirio y por ser soldado.

Al escuchar esa explicación, Amaia, Pedro y yo nos miramos en silencio.

23

La importancia de llamarse Ernesto

Se llega a una llanura hermosa y fructífera, muy
abundante en frutos, donde hay muchas casas, huertas y
jardines, se pasa un río en el que hay muchos molinos,
luego se sube un poco y se llega a Sarria.

Domenico Laffi:
Viaje a Poniente

6 de agosto de 2013

Una de las bendiciones del Camino son las nuevas amistades que se hacen. Amaia, Pedro y yo estábamos de acuerdo en eso. Cuando empezamos, había cierta desconfianza entre nosotros, pero en ese momento éramos buenos amigos y disfrutábamos con la gente que conocíamos, muchos de los cuales no he mencionado en este relato, pues sería inabarcable. Sin embargo, también nos dificultaba el poder hablar entre nosotros acerca de nuestra búsqueda, motivo por el que teníamos que recurrir al WhatsApp. Precisamente poco antes de desayunar, recibí un largo mensaje de Pedro que decía:

—El contacto estaba en el albergue del monasterio y esta vez hemos llegado a tiempo. Puede que nuestros adversarios hayan cometido el mismo error que tú de pensar en San Pablo, ¡je, je! El papel solo tiene tres números. Esto quiere decir que no tenemos que descifrar nada más.

Al llegar a la cafetería, vi que Pedro y Amaia estaban en la puerta de su albergue posando sonrientes para sacarse una foto con los chicos del grupo parroquial de Reus que tan sumamente bien se había portado con ellos. Cuando se despidieron de ellos, me acerqué y, tras saludarles, les dije:

—¡Bueno! Ya tenéis lo que buscabais y ahora yo no pinto nada en este asunto de los templarios. ¿Vais a coger en Sarria un autobús para llegar antes a Santiago y buscar a Olga?

—¿Lo dices en serio? ¡Naturalmente que no! —me respondió Pedro agarrándome del brazo—. Nos encontraremos con mi madre en Santiago, pero queremos a llegar ahí a la vez que tú. Además de ver a mi madre, tenemos ganas de encontrarnos con los peregrinos que hemos conocido.

Aunque era lo que esperaba escuchar, aquello supuso una inyección de moral para afrontar lo que quedaba de Camino. Nuestra necesidad de pernoctar en un albergue sin barreras arquitectónicas y la dificultad para reservar plaza en el saturado tramo entre Sarria y Portomarín, nos obligó a realizar una microetapa de unos quince kilómetros para tratar de dormir en el albergue municipal de Sarria, que no admitía reservas. Comenzamos la etapa con Itziar, que se había convertido en una compañera inseparable.

Saliendo de Samos, el Camino es un soso andadero pegado a la carretera. Señalando una pequeña pista asfaltada que subía a la derecha, Itziar nos dijo:

–El Camino histórico iba por ahí, pero hace unos cuantos años un vecino lo invadió y, el ayuntamiento, haciéndole el juego, creó esta porquería de andadero. Por lo visto, dentro de poco podemos salir de la carretera.

Afortunadamente, Itziar no se equivocaba y pudimos realizar unos kilómetros por un tranquilo y bonito sendero jalonado de diminutas aldeas, aunque Pedro hubo de hacer una pequeña parte de la ruta por un recorrido alternativo. Estando los cuatro juntos, mantuvimos una conversación con un hombre que realizaba el Camino a la inversa, acompañado de un cachorro de perro simpático y juguetón. Aquel hombre, que no debía superar los cuarenta, llevaba mochila y un ramo de flores en la mano. Supusimos que era uno de aquellos que tras llegar a Santiago, realiza la vuelta andando, pero nos equivocamos.

–Soy de Praga y llevo en el Camino año y medio. Allí tenía trabajo, coche y dinero. Ahora no tengo nada, pero soy más feliz que antes. Ahora quiero ir andando a Granada con mi perro, que encontré abandonado en Fisterra.

–¿Y cómo vives? –le pregunté.

–Hago collares y pulseras de flores para vender y, a veces, consigo algún trabajo en algún pueblo.

Impactados por su situación y por ese vivo ejemplo de que el dinero no da la felicidad, le compramos las flores que llevaba en la mano y continuamos nuestra andadura deseándole suerte.

Hacia las once de la mañana nos encontrábamos en Sarria, villa en la que nació el gran escultor Gregorio Fernández y que vio morir al rey Alfonso IX de León, fundador de la Universidad de Salamanca, mientras peregrinaba a Santiago. Situada a unos 115 kilómetros de Santiago, se trata de una moderna localidad de más de 7000 habitantes y es el punto de partida de centenares de viajeros cuyo objetivo es realizar los 100 kilómetros que dan derecho a conseguir la compostela.

Por la tarde, realizamos nuestra habitual visita cultural, recorriendo la rúa Mayor, una calle estrecha, agradable y cuesta arriba que cuenta con algunos palacios del siglo XVIII y la iglesia románica del Salvador. Cerca de allí, visitamos el hermoso monasterio de la Magdalena, un edificio inicialmente románico que, en la actualidad, es principalmente gótico y renacentista.

Pero, a lo que dedicamos más tiempo fue al Malecón, un agradable paseo arbolado junto al río Sarria, con patos, gansos y un bosque de ribera de alisos. Mientras cenábamos en una terraza, sonó mi teléfono móvil. Era Daniel:

–Quería deciros que tengo buenas noticias. Hemos hablado con Carlos Augusto Montes Sánchez. No sé si fingía o no, pero pareció sorprenderse y ha colaborado, dándonos información sobre el ordenador que usa el lector del que sospechaba Pedro. Hemos podido identificarlo. Ahora solo falta por ver si le podemos situar en los escenarios de las profanaciones.

–¿Y quién es ese tipo? –le pregunté.

–Como comprenderás, no te lo puedo decir, aunque seas mi amigo. De todas formas, ¡muchas gracias por vuestra ayuda y buen Camino!

7 de agosto de 2013

A las siete de la mañana emprendimos la siguiente etapa que, en esta ocasión, parecía una romería, debido a la masificación provocada por los que se limitan a hacer los últimos 100 kilómetros, muchos de ellos en grupos organizados.

–He visto una web de la Xunta sobre la accesibilidad del Camino en Galicia. Parece que, exceptuando un puente medieval que hay a la salida del pueblo, puedo hacer los primeros seis kilómetros por el Camino. Además, parece que tenemos que atravesar un bosque muy agradable.

La web en cuestión estaba en lo cierto en lo relativo al bonito bosque y a lo problemático que resultaba el puente, pero se equivocó en lo demás, pasando grandes apuros durante varios momentos de los primeros cuatro kilómetros por haber tramos con grandes piedras o tierra con surcos.

–Salvo ese ciclista de Hernani y el peregrino veterano de Sevilla, nadie nos ha preguntado si necesitamos ayuda y todos pasaban de largo. Otra vez volvemos a ver el diminuto espíritu del Camino entre el gran espectro de los últimos kilómetros –comenté indignado al llegar a una pista asfaltada.

–Voy a intentar quedarme con lo bueno y pensar en encontrar de nuevo a ese sevillano para invitarle a un café. Lo que me extraña es que no haya aparecido Jonás para ayudarme, él que es tan oportuno siempre –dijo Pedro.

Totalmente cubierto de pintadas hechas por incívicos turigrinos ante la pasividad de los gestores públicos, el histórico mojón del kilómetro 100 despierta emociones entre los peregrinos de largo recorrido pese a su horrible estado y, al igual que el resto de la gente, también nosotros nos sacamos una fotografía junto a aquel hito para continuar nuestra marcha. Finalmente, al mediodía atravesamos el puente sobre el agua embalsada del río Miño que da acceso a Portomarín, nuestro final de etapa, en donde nos da la bienvenida una escalinata y el arco de un gran puente medieval. Habíamos dejado atrás una serie de aldeas ganaderas, el agradable sonido de gallos y gallinas, vacas con las que compartimos el Camino y unos hermosos paisajes de robles que alternaban con tierras de cultivo y prados en los que pastaba el ganado.

El actual Portomarín es un bonito pueblo de reciente creación, pues, con el fin de satisfacer los intereses de una empresa hidroeléctrica, Franco ordenó la construcción del Embalse de Belesar, que anegó por completo el viejo pueblo, sin importar las protestas de los lugareños ni el hecho de que estuviese declarado Conjunto Histórico-Artístico desde 1946. Como consecuencia de esa decisión del dictador, en 1962 se hizo un nuevo asentamiento y se trasladaron piedra a piedra dos iglesias medievales, dos palacios barrocos y un arco del antiguo puente.

Mientras comíamos, recibimos una llamada de Daniel con noticias frescas sobre el asunto de las profanaciones:

–Ya lo tenemos. Lo hemos podido ubicar en sitios cercanos a los escenarios y no ha sido difícil hacerle confesar. Es un chaval de 20 años sin dos dedos de frente que se llama Ernesto. Pretendía que sus profanaciones saliesen en la prensa para dar a conocer las tonterías que escriben algunos por la red y que se cree a pies juntillas, pero le ha salido mal.

–A lo mejor se cree importante por lo que ha hecho, además de por llamarse Ernesto –respondí haciendo una referencia a la famosa obra de Oscar Wilde.

–Os debo un favor. Quizás vaya a Santiago a saludaros personalmente. ¡Buen Camino!

–¡Muchas gracias! Voy a pasarte con Pedro, que me dice que quiere hablar contigo.

Aunque la existencia de iglesias-fortaleza no es infrecuente, las almenas de su fachada principal hacen que la sorprendente iglesia-fortaleza de San Nicolás parezca más un castillo que un edificio religioso. Perteneciente en su día a los Hospitalarios de San Juan, aquel impactante templo románico fue uno de los pocos edificios que fue salvado de la inundación.

Ubicada en una plaza junto a dos grandes y hermosos pazos de los siglos XVI y XVII que también fueron trasladados, aquella iglesia es uno de los monumentos románicos más emblemáticos de Galicia. Contemplamos con atención el magnífico rosetón de su fachada y sus tres portadas, ricamente esculpidas y decoradas, centrándonos en particular en la de su portada principal, en la que está esculpido un Pantocrátor en el centro, mientras que sus arquivoltas están decoradas con los 24 Ancianos del Apocalipsis situados en forma radial, al igual que en el Pórtico de la Gloria, por lo que se cree que el autor es de la escuela del Maestro Mateo.

Continuamos la visita recorriendo la rúa de Compostela, una bonita calle muy comercial con edificios blancos de poca altura, soportales y balcones metálicos floridos, para instalarnos en una terraza con una vista espectacular sobre el río Miño.

Unas horas después, nos juntamos para cenar en un local cercano a la iglesia con un peregrino alto y rubio con el que habíamos coincidido en varias etapas, pero con el que apenas habíamos tenido ocasión de hablar.

–Llevo andando desde Saint Jean, pero no sé si coger un autobús a Santiago por esta asquerosa masificación. Ya casi nadie dice "buen camino" y esto es como pasear por el parque de mi ciudad.

–¿De dónde eres? –le pregunté.

–De Bilbao.

–¿Del mismo Bilbao?

–¡Ja, ja, ja! No, de Santurce. Me afeito con espuma, si es eso a lo que te refieres.

Mientras conversábamos, vino la camarera con un plato de boquerones que habíamos pedido para compartir. Mirando sorprendidos el plato, Itziar dijo:

–Tiene muy buena pinta, pero que, por seis euros, nos saquen ocho boquerones, me parece un pelín abusivo. Seguro que los lugareños no comen aquí.

–Americ Picaud habló bien de Galicia y de los gallegos, pero también dijo que algunos ponían precios abusivos a los peregrinos. Parece que no han cambiado mucho las cosas –respondí.

Efectivamente, no habían cambiado las cosas y el abuso continuó. Tras los boquerones, vinieron unas croquetas caseras que valían seis euros. En esta ocasión nos sacaron seis croquetas, lo que nos obligó a pedir medio menú del día para no quedarnos con hambre que, sin duda, es lo que pretendían al sacar esas cantidades ridículas por esos precios abusivos. Otra muestra más del espectro del Camino.

Volviendo hacia el albergue, tomé aparte a Pedro y le dije:

—Si no es mucha indiscreción, ¿qué querías hablar con Daniel?

—Como nos había dicho que nos debía un favor, le he tomado la palabra y le he pedido información sobre un par de personas.

—¿Y eso?

—Porque sospecho que esas personas pueden ser las que nos espían. Por supuesto, me he inventado una excusa. Mañana te cuento.

8 de agosto de 2013

Mientras que la mayor parte de los que durmieron en Portomarín tenían como fin de etapa Palas de Rei, final de la 12ª etapa del *Calixtinus*, nosotros decidimos afrontar una larga etapa de unos 38 kilómetros para llegar a Melide, por lo que, aunque la previsión meteorológica era que iba a ser un día de nubes y claros con temperatura agradable, procuramos iniciar la romería con la primera luz del día.

—Además de larguísima, ¿qué tal es esta etapa? —me preguntó Pedro mientras desayunábamos los cuatro.

–Variada. Hasta Palas de Rei es algo sosa, aunque tiene algunas iglesias románicas, un bosquete y unos cruceiros muy bonitos. Después hay un robledal muy tupido, aunque dudo que puedas meterte por ahí con tu silla y, los últimos kilómetros, son los más feos porque las autoridades hicieron un polígono industrial y no se les ocurrió mejor sitio para colocarlo que en el Camino.

Mientras Amaia conversaba con Itziar, aproveché para preguntar a Pedro acerca de su conversación con Daniel:

–Me dijiste ayer que le habías pedido información sobre algunas personas. ¿No?

–Sí. Como sabes, por un momento se me pasó por la cabeza que mi madre y nosotros pudiésemos estar siendo utilizados, pero lo he descartado. ¿Recuerdas cuando estuvimos en Viana?

–Sí.

–Allí alguien intentó adelantarse a nosotros, pero no lo consiguió porque no sabía muy bien el gesto que había que hacer al decir la contraseña. Pero, en otros sitios, ya lo habían aprendido.

–Sí. Creo que veo por dónde vas. Insinúas que la han aprendido viéndote hacerla.

–Sí, pero hay más. Cuando el gran maestre supo que nos habían quitado una pista, dio la orden a los miembros de la Fraternidad de que, para entregar el papelito, había que explicar cómo se había descifrado la anterior pista. Pero no siempre ha funcionado.

–Sí, es cierto.

–¿Recuerdas que, yendo hacia León, hicimos cábalas sobre la posibilidad de que, de alguna forma, se hubiesen hecho con las pistas y las hubiesen descifrado antes que nosotros? Pues bien, no lo creo. Estoy seguro de que, cuando han llegado antes, ha sido porque nos han espiado. ¿Recuerdas la descripción del que se nos ha adelantado algunas veces?

–¿Cuál de ellas? Fueron personas distintas. De hecho, recuerdo que nos dijeron que el que se nos adelantó en Grañón era un hombre con barba y, en otro sitio, nos dijeron que había sido una mujer.

–Exacto. Sabíamos que estamos ante una banda. Lo que no sabía es que unos se encargan de adelantarse a nosotros con las pistas y otros de espiarnos. ¿Recuerdas cuándo nos quitaron la primera pista, en Grañón?

–Si no recuerdo mal, poco antes de que conociésemos al contacto.

–Correcto. Y eso fue poco después de que nos explicases lo de la calle Martín García. Alguien pudo haberte escuchado. Ahora, sitúate en Villafranca del Bierzo. Descubrimos el enigma en la iglesia de San Francisco y, poco después, alguien se hace con ella. ¿No te parece casualidad que siempre que se nos han adelantado o han intentado hacerlo ha sido poco después de que nosotros logremos descifrar la pista? Eso es porque nos han estado espiando.

—Sí que parece claro que nos espían pero, cuando desciframos el enigma de Villafranca, estaban con nosotros Jonás e Itziar. Me extraña que sea alguno de ellos. Además, no hablamos de eso porque estaban delante.

—No exactamente. No dijimos una palabra, pero tú levantaste el pulgar. Pudieron haberte visto. En cambio, en Samos fuimos más discretos y solo nos miramos.

—¿Y has pedido información sobre ellos a Daniel?

—Sí, inventándome una excusa. Además, ¿no te parece raro que Jonás siempre aparezca cuando necesitamos ayuda? E Itziar, desde que la conocimos en Ponferrada no se separa de nosotros. ¡Ojalá no sea ninguno de los dos!

—Hay una cosa que no os he comentado para no preocuparos. ¿Recuerdas a Eduardo, ese hombre tan amable que nos enseñó Burgos?

—*Santa María, Madre di Dio, prega per noi peccatori, adesso e nell'ora della nostra morte.*

—¡Camarero, una de mero! Una de mero, dos de febrero, tres de marzo, cuatro de abril…

Nos encontrábamos en la comarca de Ulloa, conocida por la famosa novela de Emilia Pardo Bazán titulada *Los Pazos de Ulloa* y su secuela *La Madre Naturaleza*. En concreto, acabábamos de pasar la aldea de Rosario, a unos 23 kilómetros de Portomarín. Desde aquel punto se divisa el Pico Sacro, que anuncia la cercanía de Compostela. En ese momento, en la Edad Media, era habitual que los peregrinos rezasen un rosario.

Aquel día vimos un curioso contraste entre la devoción de un grupo de peregrinos italianos que cumplieron con esa antigua tradición y la contaminación acústica de un grupo de turigrinos domingueros que, pocos metros detrás de los italianos, perturbaban la paz del Camino, provocando que acelerásemos el paso para huir de ellos.

–He disfrutado mucho estas semanas, pero el ambiente de los últimos días me parece muy frustrante. Además, no estamos viendo a ninguno de los amigos de otras etapas –comentó Amaia.

–Sí, yo también los echo mucho de menos – respondió Pedro.

Cuando eran cerca de las tres de la tarde, cruzamos el bonito puente de la Magdalena, del siglo XII, por el que se entra en Melide, una moderna localidad de unos 5000 habitantes repoblada en el siglo XIV y en la que confluyen el Camino Francés con el verde Camino Primitivo, que parte de Oviedo. Según entrábamos, dije a mis compañeros:

—Aquí es típico el pulpo a la gallega, con patatas y pimentón, así que os propongo que luego cenemos en una de sus pulperías. Lo hacen buenísimo y más barato del que encontraremos en Santiago.

—Además del pulpo, ¿tiene algo interesante para ver? —preguntó Amaia.

—Sí, hay algo. Dentro de poco vamos a pasar por la capilla de San Roque, que tiene una bonita portada románica con arquivoltas decoradas y, a su lado, el cruceiro más antiguo de Galicia, del siglo XIV. También tiene más cosas que están bastante juntas, así que no tendremos que andar mucho.

Tras un largo descanso, nos dirigimos a la céntrica plaza del Convento, en donde se concentran la mayor parte de los edificios históricos de Melide. Comenzamos por la iglesia del Santi Spiritu, austera por fuera, aunque con una alta torre, que guarda un buen retablo barroco ricamente esculpido y dos sepulcros góticos con las figuras yacentes de los finados. En esa misma plaza, contemplamos un pazo blasonado del siglo XVII que, en la actualidad, acoge el ayuntamiento y la capilla de San Antonio, en la que admiramos dos sepulcros con estatuas orantes.

—Sin salir de esta plaza, propongo que veamos el Museo de la Terra de Melide. Es un museo etnográfico que se hizo por suscripción popular a iniciativa de un grupo de amigos y que es gratuito. O sea, un museo del pueblo y para el pueblo. Aunque solo sea por eso, creo que es obligatorio entrar.

Como estaba previsto, tras la visita a los lugares de interés, cenamos pulpo en un ambiente distendido en el que, en esta ocasión, no llamó por teléfono Daniel, lo cual no sabía cómo interpretarlo.

9 de agosto de 2013

La siguiente etapa, la penúltima, también iba a resultar larga, aunque no tanto como la anterior. En esta ocasión teníamos que andar unos 33 kilómetros para llegar a Pedrouzo. Poco después de abandonar Melide, contemplamos la bella iglesia románica de Santa María, del siglo XII, declarada Bien de Interés Cultural.

–Las tres veces que he pasado por aquí la he pillado cerrada. Hoy es muy temprano, pero otras veces he pasado por aquí al mediodía y también la he encontrado cerrada. Es una pena, porque dentro tiene un altar y unas pinturas murales góticas muy bonitas –dije lamentándome.

–Probablemente sea de esas iglesias en las que hay que pedir la llave a alguien del pueblo –me respondió Amaia.

–Puede ser. En Castilla y León hay un programa de apertura de monumentos del Camino muy interesante. Es una pena que en Galicia no hagan lo mismo y no esté abierta una iglesia importante como esta.

Continuamos la etapa por un frondoso paraje de robles, abedules y alisos que resultaba una delicia para la vista, el oído y el olfato; más aún con el efecto de los primeros rayos de sol de la mañana, que hacían de él un precioso bosque encantado. Por un momento, olvidamos la romería y volvimos a sentir la magia del Camino.

Dos horas después de haber iniciado la marcha, llegamos a Ribadiso da Baixo, una aldea con un hermoso puente medieval y un bonito hospital para peregrinos del siglo XV junto al río, que ha recuperado su antigua función. Mientras nos sacábamos unas fotos en aquel precioso lugar, una chica que estaba con grupo mixto de jóvenes veinteañeros dijo:

–¡Hola Pedro!

–¡Hola! ¿Qué tal? Me alegro de veros. ¿Habéis salido también de Melide, como nosotros?

–No. Ayer dormimos en Palas de Rei. Hemos hecho la etapa de noche, con linternas. Y ahora vamos a esperar a que abran el albergue.

Después de despedirnos y reanudar la marcha, pregunté a Pedro:

–¿Los conoces?

–Hablé con ellos hace un par de días, en uno de esos ratos en los que tuve que separarme. Me preguntaron si necesitaba ayuda y me acompañaron un ratito. Por lo que veo, son turigrinos con buen corazón. No saben el precioso bosque que se han perdido por hacer la etapa de noche. No entiendo que hagan eso. Parece que lo único que quieren es un diploma sin saber lo que es el Camino.

Tres kilómetros más allá de Ribadiso se encuentra Arzúa, una villa moderna de más de 2000 habitantes y bien dotada de servicios y albergues que tiene como lugares interesantes una capilla gótica, algunos soportales y una alameda con esculturas.

–No es de los pueblos más bonitos del Camino, aunque en su favor tengo que decir que hasta ahora es el primer municipio gallego del Camino que aprueba en accesibilidad –dijo Pedro.

Hacia las tres de la tarde llegamos empapados a Pedrouzo. Atrás quedaban casi 20 kilómetros a través de pistas forestales entre eucaliptos y helechos. El lado bueno de la lluvia que nos acompañó desde Arzúa fue que hizo que fuera más intenso el delicioso aroma a eucalipto.

Pedrouzo es una localidad de poco más de 300 habitantes que, por su abundancia de comercios y locales de hostelería, da la sensación de ser próspera, sin duda gracias a la tremenda masificación de caminantes. Aquel día, decidimos cenar en el albergue, acordando que Amaia e Itziar prepararían la cena, mientras que Pedro y yo haríamos las compras necesarias. De regreso al albergue, sonó el teléfono móvil de Pedro y decidí alejarme unos metros para dejarle que hablara con más intimidad. Cuando acabó su conversación, vi que estaba pálido.

—Era Daniel —me dijo—. Me ha hecho el favor que le pedí. Parece que Itziar es la que dice que es. Lo que me ha sorprendido es lo que ha contado de Jonás. Me ha dicho que tiene información sobre un peregrino bávaro, organista y que se llama Jonás... que murió en el Camino hace un año.

24

Llegada a la meta

Bienaventurado eres, peregrino, si descubres que lo importante no es llegar, sino llegar con otros.

Autor desconocido:
Bienaventuranzas del peregrino

10 de agosto de 2013

Eran las 8:30 de la mañana cuando nos encontrábamos en el río Sionya, conocido popularmente como arroyo Lavacolla, en el que los peregrinos acostumbraban a asearse para preparar su inminente entrada en Compostela, costumbre que, hoy en día, algunos mantienen. Habíamos llegado los cuatro allí tras atravesar un bosque de eucaliptos y rodear el perímetro del aeropuerto.

Mientras nos sacábamos una foto en el puente sobre el río, alguien nos saludó:

—¡Hola! ¡Qué alegría veros de nuevo!

Al principio no caí en la cuenta de quién era, pero enseguida recordé que era Amalia, una simpática joven de Motril a la que habíamos conocido en Hornillos del

Camino y de la que no habíamos sabido nada en las últimas dos semanas.

—Lo mismo digo. ¿Vienes con nosotros para entrar juntos a Santiago? —le dijo Amaia.

—No lo sé. Creo que no ando tan deprisa como vosotros.

—No importa. La compostela puede esperar.

Una hora más tarde, aproximadamente, nos encontrábamos en el Monte do Gozo, desde el que pueden contemplarse las torres de la catedral. Aunque se ven pequeñas, es suficiente para sentir una gran alegría, viviendo lo mismo que habían vivido millones de peregrinos desde hace más de mil años.

—Solo nos quedan unos 4,5 kilómetros. ¡Esto no es nada! —dije animado.

Con una alegría indescriptible y sin sentir las piernas ni el peso de las mochilas, recorrimos con paso ligero aquella escasa distancia. Miré a Pedro y, por su cara de felicidad, me daba la sensación de que no pensaba en otra cosa que en llegar, habiendo olvidado el misterio de Jonás y la búsqueda que emprendimos unas semanas atrás. De este modo, llegamos hasta la plaza de la Inmaculada, situada entre un lateral de la catedral y el monasterio renacentista de San Martín Pinario. Al llegar ahí nos detuvimos y comenté:

–Hay unas escaleras, pero podemos llegar dando un pequeño rodeo.

Enmarcada por el Hospital de los Reyes Católicos, el palacio de Raxoi, el Colegio de San Jerónimo y la catedral, se haya la plaza del Obradoiro, que debe su nombre a que, en ese lugar, se encontraba un taller en el que se labraba la piedra empleada en la construcción del templo. Al ver su imponente fachada, agarré la mano derecha de Itziar y la izquierda de Amalia para levantar los brazos en gesto victorioso. Aunque era la tercera vez que llegaba andando, siempre emociona ese momento.

Avanzando unos pasos, vimos que una pareja sentada en el suelo y con mochilas a su lado nos aplaudía: eran David y Paloma, de los que no sabíamos nada desde que nos despedimos en Triacastela.

–¡Bravo! –nos dijeron al unísono mientras levantaban su mano para que la chocásemos.

Acto seguido, se levantaron y nos abrazamos los siete efusivamente.

Tras los abrazos y unas fotos, Itziar dijo:

–Creo que es hora de que llame a mi marido.

–Y yo también –respondió Amalia.

–Tú llamarás a tu mujer y tus trillizas, ¿no? –me preguntó Pedro.

–Las trillizas están de colonias y no tienen teléfono móvil, pero sí tengo algunas llamadas que hacer. Y ya que estamos aquí juntos todos los que fuimos al Valle del Silencio, también podríamos llamar a mi amiga Marian.

Con una maravillosa música de fondo, contemplamos extasiados el vuelo de norte a sur del Botafumeiro, puesto en funcionamiento gracias a la generosidad de un grupo de japoneses que pagó los 300 euros exigidos la diócesis para su puesta en marcha. Con gran precisión, los ocho *tiraboleiros* manejaban el gigantesco incensario que impregnaba de delicioso aroma la catedral, contemplado con admiración por los turistas y con indescriptible emoción por los peregrinos, recordando las alegrías y las penas de tantos kilómetros recorridos, nuestros momentos de felicidad y nuestras amistades, así como nuestras ampollas y lesiones. Sin embargo, hubo algo que me produjo más alegría que aquello. Al abandonar la iglesia, noté que alguien me agarraba del brazo. Era nuestra amiga italiana Silvia, con la que nos fundimos en un emocionado abrazo.

No quisimos salir de la catedral sin ver el impresionante Pórtico de la Gloria, presidido por Jesús y los 24 ancianos del Apocalipsis. Aunque se encontraba con andamios a causa de unas obras de restauración de la catedral, esta obra maestra del Románico siempre sobrecoge por su impresionante belleza.

Tras salir de aquel grandioso templo, nos dispersamos para acudir a nuestros alojamientos y, poco después, Amaia, Pedro, Itziar y yo comimos en una terraza en compañía de David y Paloma.

–Nosotros vamos a pasar unos pocos días a Betanzos, en casa de un amigo. Va a venir a buscarnos dentro de un par de horas. ¿Qué planes tenéis vosotros? –preguntó David.

–Yo mañana continúo peregrinando. Quiero llegar a Fisterra –respondió Itziar.

–Yo me vuelvo a Vitoria en tren pasado mañana. Quiero esperar para reencontrarme con algunos amigos que he dejado atrás. Hoy quiero comprar regalos para la familia y visitar a fondo la ciudad. Aunque ya la conozco bien, siempre es una gozada pasear por su centro histórico.

–Nosotros posiblemente también nos volvamos pasado mañana. También queremos reencontrarnos con los amigos –dijo Amaia.

Después de comer, nos despedimos de David y Paloma abrazándonos efusivamente y con la esperanza de seguir en contacto y volvernos a ver. Tras la despedida, miré al reloj e hice una propuesta a mis compañeros:

–Os sugiero ir a un sitio desde el que se ve una vista de la catedral mejor que desde la plaza del Obradoiro. ¿Qué me decís?

Como aceptaron mi sugerencia, los llevé al parque de la Alameda, un gran pulmón verde creado en el siglo XIX desde el que se puede ver una vista de postal de la catedral. Mientras íbamos de camino para allá, aprovechando que Amaia hablaba con Itziar, le pregunté a Pedro:

–¿Tienes noticias de tu madre?

–Sí. Llegará a Santiago mañana a la noche. Y la Fraternidad se reunirá el lunes a la mañana en Fonseca. Como es mi madre la que es miembro de la sociedad, no creo que me entere de lo que ocurra.

Ya en el parque, antes de llegar al punto perfecto para ello, les señalé una estatua que mostraba sentado en un banco metálico a Ramón María del Valle Inclán, aquel autor manco que, con su gabardina y su larga barba de chivo, fue definido por el general Primo de Rivera como eximio escritor y extravagante ciudadano. Sentado junto a él estaba un joven que parecía posar para sacarse una foto, aunque no había nadie más con él.

–¡Muy buenas! Me alegro de que hayamos sido los dos puntuales a la cita –saludé al joven extendiéndole mi mano derecha.

–¡Hombre! ¡Muchas felicidades, campeón! –Después, mirando a Pedro, le tendió su mano y le dijo–: ¿Es a ti a quién tenía que darte las gracias personalmente por habernos facilitado la detención del profanador?

–¡Daniel! ¡Qué alegría conocerte personalmente! ¡Menuda sorpresa! No nos había dicho que veníamos aquí para estar contigo.

Una vez hechas las presentaciones, Amaia le preguntó:

–¿Qué crees que ocurrirá con el descerebrado de las profanaciones?

–Los delitos no son graves, así que ahora está en libertad con cargos y sin fianza. Puede caerle una multa o una pena de cárcel pequeña que no cumpliría y, como no tiene antecedentes y no es rico, también es posible que la fiscalía y su abogado pacten una pena de trabajos en beneficio de la comunidad, además de indemnizar los daños, que nos son graves. Aunque no hay pruebas, no me extrañaría nada que haya tenido algo que ver su idolatrado Carlos Augusto Montes, ese iluminado que va a quedar impune.

Pocas horas después, disfrutamos de una agradable velada con Daniel, que aceptó cenar con nosotros cuatro. Una vez en nuestro alojamiento, Itziar nos dijo:

–Yo mañana sigo caminando, así que me despido ya de vosotros, que tendré que madrugar. Nunca os olvidaré. Y ya sabéis que San Sebastián no está lejos de Pamplona ni de Vitoria.

–¡Buen Camino, Itziar! –le dijo Amaia abrazándola.

11 de agosto de 2013

A diferencia de lo que era habitual en las semanas anteriores, aquel domingo no madrugamos, aunque tampoco nos levantamos tarde. Habíamos acabado el Camino, pero teníamos la ilusión de encontrarnos con los amigos que nos constaba que iban a llegar ese día.

Amaia, Pedro y yo comenzamos el día realizando un tranquilo paseo por su precioso centro histórico y, hacia las 10 de la mañana, nos plantamos en la impresionante plaza del Obradoiro para esperar a nuestros amigos. Tras intercambiar algunos mensajes por el teléfono, dije a mis compañeros:

–¡Buenas noticias! Iñaki, Izaskun, Mikel y Xosé están ahora en el Monte do Gozo. Probablemente estén aquí dentro de una hora. Podríamos aprovechar ese tiempo para ir a recoger la compostela.

Antes de que me pudiesen responder, vi que alguien tapó los ojos de Pedro. Al ver quién era, con una inmensa alegría, abrí los brazos de par en par. Quise decir su nombre, pero guardé silencio. Cuando soltó sus manos, Pedro se dio la vuelta y exclamó:

–¡Enio! ¡Qué alegría! ¿Has llegado ahora?

–No, llegué hace dos días. Había oído que llegasteis ayer y he venido a ver si os encontraba.

–¿Sabes algo de Diego y de Jan y su familia? – pregunté.

–Sí, también llegaron hace dos días.

Nos abrazamos efusivamente y, tras este entrañable reencuentro, fuimos los cuatro a la rúa de

Vilar, a recoger la compostela. Allí, en el patio del edificio que acoge la Oficina del Peregrino, nos llevamos otra agradable sorpresa.

–¡Hola, buenos días!

Quién nos saludó era la japonesa que guiaba a unas niñas japonesas víctimas de la tragedia de Fukushima y que conocimos en la Cruz de Ferro. Tras los besos y abrazos, preguntamos:

–¿Llegáis ahora?

–Sí. Venimos a recoger el diploma y a pagar los 300 euros para que pongan el botafumeiro. Después de este viaje se lo merecen.

Estaba de acuerdo en que se lo merecían, lo mismo que los demás peregrinos. Admiré su generosidad y también pensé que, probablemente, podrían obtenerse más de 300 euros si pusiesen una hucha con donativos voluntarios para la puesta en marcha del incensario

Tras recoger aquel recuerdo de nuestra peregrinación, volvimos con Enio a la plaza del Obradoiro para esperar a nuestros cuatro amigos, pero las sorpresas no habían acabado aún.

–¡Diego! –dije abriendo mis brazos.

Aquello fue un delirio de felicidad. No me esperaba que el día siguiente a nuestra llegada iba a resultar más feliz que el de nuestra llegada a Santiago. Aquel encuentro fue seguido de otro con Jan, su hija y su ahijado, que también se encontraban en la plaza.

–Dentro de media hora van a llegar Izaskun y compañía. Si esperáis un poco podréis abrazarlos. Seguro que se sorprenden tanto como nosotros.

–Me encantaría hacerlo, pero dentro de poco vamos a coger un autobús para Fisterra, para ver el mar. Lo que sí podemos es hacernos una foto de familia –dijo Diego.

Tras sacarnos unas fotos y despedirnos de ellos, permanecimos en la plaza que, aquel soleado domingo, presentaba un gran ambiente, lleno de turistas y peregrinos, algunos de los cuales cantaban y bailaban alegremente en corro.

El encuentro con Mikel, Xosé, Iñaki e Izaskun, pese a ser esperado, no resultó menos emotivo. Con ellos y con Enio, comimos y pasamos una estupenda tarde, hasta que llegó la triste hora de las despedidas.

Al quedarnos los tres solos, de regreso al hostal, comentamos las sabias palabras de nuestra amiga Silvia sobre el Camino como una metáfora de la vida. En el Camino y en la vida, unos llegan antes que otros. Recapitulando sobre nuestro viaje, comentamos los alegres y delirantes reencuentros, pero también lamentamos que no hubiesen estado con nosotros algunos de los otros amigos que hicimos, bien por haber vuelto a sus lugares de origen, como Aritz, Endika, Elena, Daniella o Chiara; bien por haber tenido que ir más despacio, como Luismi o, en fin, por haber llegado antes, como nuestra primera cuadrilla Juanra, Maxi, Montse, Seon Mi, Claudia y Claudio. Como la vida misma.

Ahora solo faltaba que nos despidiésemos nosotros, pues Pedro y Amaia habían quedado con Olga en el Obradoiro a la misma hora en que salía el tren para Vitoria, por lo que no podían acudir a la estación. Pero, antes de que nos abrazásemos, llamó por teléfono Daniel. Puesto que ahora lo conocíamos todos, nos sentamos en un banco y puse el altavoz, para que todos pudiésemos escucharle. Tras unas palabras de cortesía sobre lo agradable que resultó la tarde y noche del día anterior, pidió hablar con Pedro y le dijo.

–Quería hacerte una pregunta. Esa chica que estaba ayer con nosotros, ¿es la misma Itziar con un apellido raro por la que me pediste información hace unos pocos días?

–Sí, la misma. Me dijiste que era donostiarra, treintañera y que no había nada raro en ella.

–Exacto. No vi nada raro. Pero hoy he vuelto a hacer la búsqueda porque había algo que me chirriaba.

–¿Y? ¿Has visto esta vez algo raro en ella?

–No, salvo el pequeño detalle de que la chica que os acompañaba es morena y dice que está casada, mientras que la Itziar sobre la que te informé es soltera y, la foto que tengo en el archivo, es de alguien que no es ella. Su apellido es muy raro y, en España, no hay dos personas con ese nombre y ese apellido. Puede que esté usurpando la identidad de otra persona.

25

Fonseca

Bienaventurado eres peregrino, si no solo haces el Camino
sino que dejas que el Camino te haga.

Autor desconocido:

Bienaventuranzas del peregrino

12 de agosto de 2013

La noche anterior, nos despedimos de nuestro amigo, por lo que yo, Amaia Izquierdo, voy a comenzar a relatar lo que ocurrió aquel 12 de agosto. A las diez de la mañana, Pedro y yo nos hallábamos frente al colegio de Fonseca, situado en la rúa do Franco, que no debe su nombre al dictador, sino a los francos, como se denominaba a los peregrinos que procedían de más allá de los Pirineos.

Intentando emular a nuestro amigo, diré que el edificio, que en la actualidad acoge la Facultad de Geografía e Historia de la Universidad de Santiago y su Biblioteca General, cuenta con una bonita fachada renacentista del siglo XVI. Este palacio fue la casa natal del arzobispo Alonso de Fonseca, un hombre ilustrado amigo de Erasmo de Rotterdam, que quiso convertir reunir en su casa los estudios de arte, teología y derecho de Santiago, que hasta entonces estaban dispersos.

A esa hora acudió Olga puntualmente, que nos abrazó y besó efusivamente, primero a Pedro y luego a mí.

—¿Qué tal el Camino? —preguntó después del alegre encuentro.

—¡Maravilloso! Ahora soy otra persona —le respondió Pedro.

—¡No sabes cuánto me alegro! ¿Y tú, Amaia?

—Pienso lo mismo, aunque en las últimas etapas hemos disfrutado menos por la masificación.

—Suele pasar. Los que empiezan en Sarria no saben qué es el Camino. ¿Tenéis aquí los papeles que habéis recogido?

—Sí, los tengo en el bolsillo.

—Bien, pues vamos los tres para dentro, que nos esperan. Un miembro de la Fraternidad es gallego y trabaja aquí. Nos ha conseguido un lugar en el que podemos estar tranquilos.

—¡Cómo que nos esperan! Nosotros no somos miembros de la sociedad —dijo Pedro.

—Sí lo sois. Hemos decidido por unanimidad incluiros por vuestra gran labor. Además, como dije en el vídeo que te dejé, ha llegado el momento de desvelar el secreto escondido durante siglos. Si creemos que el mundo está preparado, también lo estáis vosotros.

–Pues tendría que estar aquí nuestro buen amigo el doctor. Sin él no lo hubiésemos conseguido.

–¿Por qué dices doctor? ¿Acaso no sabes su nombre de pila?

Pasamos al interior del edificio, que cuenta con un bonito claustro ajardinado con arcos de medio punto y una estatua de Fonseca en el centro.

–Este claustro lo diseñó Rodrigo Gil de Hontañón. Quizás os suene su nombre –nos explicó Olga.

–Un poquito, aunque no sé muy bien su currículum. ¿Hizo algo en el Camino? –respondió Pedro irónicamente.

–Ahora os voy a enseñar su capilla gótica y el salón artesonado, que están en esta misma planta baja. Normalmente, solo puede verse en visitas guiadas, que tiene que hacerlas una persona licenciada en esta universidad. Lamentablemente, no me han dado permiso para subir hasta arriba del todo, desde donde se puede ver una preciosa vista de la ciudad.

Después de esa visita cultural, nos dijo:

–Ahora, tenemos que tomar el ascensor para ir a una sala de investigadores que nos han dejado, aunque por un tiempo limitado.

Siguiéndole, entramos a una sala y nos sentamos en una mesa en la que había un ordenador portátil, que Olga se encargó de encender.

–Ahora, tenemos que esperar al gran maestre, que está en la biblioteca buscando el libro con la clave.

–¿Está enojado con nosotros por no tener todos los papeles? –preguntó Pedro.

–No, puedes estar tranquilo. Es consciente de que no es culpa vuestra ni de nadie de la sociedad. Lo importante es que estáis bien y que nadie os ha hecho daño. Estaba preocupada por vosotros y me las he arreglado para estar al corriente de vuestros pasos antes de que me llamaseis.

–¿Cómo es eso? –preguntó sorprendido.

–Cuando decidí esconderme por razones de seguridad, estuve unos días en un albergue como hospitalera voluntaria. Después, hice mi enésimo Camino llevándoos unos pocos días de ventaja. Como conozco a mucha gente buena, les pedí que me llamasen si os veían pasar. ¿Recordáis, por ejemplo, la mujer que os enseñó la iglesia de Torres del Río? Nada más salir de allí, me llamó para decirme que salíais hacia Viana. Los hospitaleros voluntarios de Santo Domingo, también me llamaron para decirme que os separasteis.

–¿Me estás diciendo que nos espiaste?

–No exactamente. Solo quería saber que estabais bien. Esto es amor de madre. Y hubo alguien que hizo algo más que informarme de vuestros pasos. ¿Fue buen cicerone en Burgos mi amigo Eduardo?

Sorprendida ante aquella revelación, le dije:

—Pues, además de tus amigos, también debió haber una banda que nos espió para que no consiguiésemos las pistas y, algunas veces, lo consiguieron. Como sabes, los contactos recordaban su contenido, pero se nos han perdido los números y puede que no consigamos lo que buscamos.

—Lo sé. Me dijisteis que sospechabais de alguien, ¿no es así?

—Sí, sospechamos de dos personas, aunque seguramente fueron más. Una de ellas es una chica que hizo con nosotros las últimas etapas. Ayer mismo descubrimos que viajó con una falsa identidad, salvo que se haya hecho una cirugía estética. Y, la otra persona, creemos que está usurpando la identidad de un peregrino que murió en el Camino —respondió Pedro.

—¿Quién puede ser capaz de hacer algo así?

—Un alemán que se llama Jonás.

—¿Jonás? ¿Un joven de Baviera, rubio, con barba y que toca el órgano?

—¡El mismo! ¿Lo conoces?

—¡Claro! Lleva bastante tiempo viviendo en el Camino. La última vez que estuve con él fue la semana pasada. No sé por qué pensáis que puede ser un adversario. ¡Si es un ángel!

Después de esa defensa de Jonás, Pedro y yo permanecimos confundidos pensando en aquello de que era un ángel, pero Olga se encargó de cortar nuestra reflexión diciendo:

—¡Bueno! Ya se va acercando la hora de la reunión.

—Pues de momento no ha venido nadie –le dije.

—Estamos en el siglo XXI. Nos vamos a conectar por videoconferencia. Aquí vamos a estar nosotros y el gran maestre. ¡Que ganas tengo de saber quiénes son mis compañeros de sociedad!

En ese momento, escuchamos tres golpes, seguidos de un breve silencio y otros tres golpes. Vimos que provenían de una puerta diferente a aquella por la que habíamos entrado. Entonces, Olga dijo:

—Es la contraseña. ¡Amaia! Tú y yo tenemos que levantarnos para recibir en pie a nuestro gran maestre.

Obedecí su orden y vimos descender el manillar de la puerta. Cuando se abrió, apareció una persona con vestimenta de caballero templario, con túnica blanca y una cruz roja. Llevaba puesta una gran capucha y tenía inclinada la cabeza hacia delante, de modo que no pudimos ver su cara. Sin cerrar la puerta, levantó la cabeza y se echó para atrás la capucha. Al ver su rostro, Pedro exclamó:

—¡Eres tú!

26

El descubrimiento

Pamplona/Iruña, 21 de junio de 2014

Retomando una vez más la narración de los hechos, considero necesario desplazarnos en el tiempo hasta el 21 de junio de 2014.

El verano parecía haber entrado con fuerza y, aquel día soleado y caluroso, protegidos por un toldo, cinco personas nos encontrábamos comiendo al aire libre en una terraza de la plaza del Castillo, un amplio espacio peatonal y ajardinado rodeado de casas del siglo XVIII con soportales en sus cuatro costados que constituye el "cuarto de estar" de Pamplona. La mujer que presidía la mesa, sopló con fuerza, logrando apagar a la primera las velas que adornaban una tarta de tres chocolates, mientras el resto le cantábamos en euskera el *Zorionak Zuri*.

Tras los aplausos, uno de los comensales tomó la palabra y dijo:

—Amaia y yo tenemos que darte otro regalo, además del que te hemos dado en tu casa. Te lo va a dar ella.

Todos nos volvimos a la aludida, que, tomando la palabra, dijo sonrojándose levemente:

–Lo siento, Olga, pero no tengo aquí el regalo al que se refiere Pedro.

–¿Se te ha olvidado en casa? Pues no pasa nada, no teníais tampoco por qué haberme hecho el otro regalo. Ya me lo daréis luego.

–No, no me has entendido. Quiero decir que no tengo el regalo aquí ni en casa. Lo tendrás dentro de unos siete meses. Me lo dijo ayer el médico.

Llevándose la mano a la boca, Olga dijo emocionada:

–¿Me estás diciendo que voy a ser abuela? ¡Eso es el mejor regalo de cumpleaños que podéis hacerme!

Tras el anuncio, nos levantamos para besar y abrazar a la pareja por la buena noticia y, una vez que volvimos a nuestros asientos, dije:

–Me estoy sintiendo un poco incómodo. Primero, se me invita a un cumpleaños sin ser familiar y, después, vosotros me dais este notición a la vez que a vuestra madre y suegra. No sé si me habré puesto rojo.

–No seas tonto. Desde el verano pasado tú eres de la familia. Lo que ha unido el Camino, que no lo separe el hombre. Y hubiese invitado a gusto a tus padres a esta comida. Luego espero ir a esa exposición para saludarles e invitarles por lo menos a una ronda.

Olga se refería a una exposición de pintura realista e hiperrealista en la que participaba mi padre y

367

que, además de ser un acto cultural, también tenía un tinte reivindicativo, pues se quería protestar por la marginación del arte realista e hiperrealista en las grandes ferias de arte y en muchas galerías.

La víspera de mi viaje a Pamplona, informé a mis tres amigos con la intención de quedar un rato con ellos, llevándome la sorpresa de que era el cumpleaños de Olga, que insistió tanto en invitarme a comer que me fue imposible negarme. Después de la felicitación a la pareja, Pedro tomó la palabra y dijo mirándome.

–Hablando del verano pasado, hemos pensado que deberíamos sacar a la luz lo que ocurrió. No contar a nadie lo que nos pasó en Santiago sería un acto de egoísmo. Creemos que se podría escribir un libro contando la historia desde el principio, como un diario. Y tú eres la persona más indicada para hacerlo.

–¿Yo? De eso nada. He escrito libros de historia, pero no me veo contando lo que pasó. Además, hay varios libros sobre el Camino.

–Pero esto sería distinto. Nuestro viaje empezó por una desaparición, nos ocurrieron cosas extrañas, nos espiaron, investigamos un misterio y, sin comerlo ni beberlo, nos vimos involucrados en el asunto de las profanaciones. Si a eso añadimos lo que tú has estudiado sobre el arte, la historia y las leyendas del Camino, sería una mezcla de un thriller y un libro de viaje –me dijo Amaia.

–Peor me lo pones. Mucho menos me veo escribiendo una novela, aunque lo que me propones no sería una novela porque es un hecho real, aunque difícil de creer.

–¿Por qué no? –me dijo Olga– Ha habido y hay profesores de universidad novelistas: Umberto Eco, Carl Sagan, C.S. Lewis, Tolkien, José Luis Sampedro, María Dueñas, Antonio Piñero… ¿Sigo? Además, no sería una novela, sino una especie de informe novelado, puesto que contarías hechos completamente verídicos.

Tras un pequeño silencio, hice un chasquido con los dedos y exclamé:

–¡Ya lo tengo! Todos nosotros hemos leído a Wilkie Collins. Podemos hacer como en *La Piedra Lunar* o *La Dama de Blanco* y contar lo que pasó entre todos, escribiendo cada uno aquello que mejor sabe. Por ejemplo, no me creo el más adecuado para contar lo que pasó en Santiago después de que nos despidiésemos.

–¿Por qué no empiezas a escribir tú? Luego ya se verá si alguien más se anima –dijo el quinto comensal, que hasta entonces había permanecido en silencio.

Permanecí un instante en silencio y volví mi cabeza hacia un grupo de niños que estaban jugando en la plaza.

–Estaba pensando en las trillizas.

–Están en buenas manos. Aquí se hubiesen aburrido celebrando mi cumpleaños.

369

–No es eso. Estaba pensando que tienen once años, han sacado unas notas excelentes, hacen bastante senderismo y montañismo y, por si fuera poco, les gusta el arte. Creo que podrían ir al Camino.

–No me parece mala idea. Pero no cambies de tema y di: ¿Te animas a contar lo que ocurrió? –insistió el quinto comensal.

–Lo haré con tres condiciones innegociables. La primera, que uno de vosotros, o ambos, escriba lo que os ocurrió en Eunate, Viana y Ponferrada –dije mirando a Pedro y Amaia–. La segunda, que tú, Amaia, escribas lo que pasó desde que me despedí de vosotros hasta que os encontrasteis con el gran maestre y, la tercera y última, que lo que sucedió a partir de ese momento lo narre el gran maestre, aquí presente.

Santiago, 12 de agosto de 2013

Nobleza obliga, así que yo, gran maestre de la Fraternidad del Camino, debo poner punto final a esta historia.

–Sí, soy yo –dije procurando disimular la diversión que me producía contemplar su cara de sorpresa–, pero no importa quién es el gran maestre, sino para qué estamos aquí. ¿Traes los papeles?

–Sí, aquí están –respondió poniendo los trocitos de pergamino en la mesa.

–Aunque no estén todos, has hecho un buen trabajo. Como sabes, ahora tenemos que buscar en un libro, el cual nos llevará a un documento que contiene la clave del tesoro.

–Sí, lo recuerdo bien.

–Estupendo. Entonces, hay que destruir estos papeles para que no caigan en manos de los adversarios. Ya no son necesarios.

–¿Cómo es eso?

–Porque he conseguido hacerme con los números. Luego te diré cómo lo he hecho. El caso es que, antes de que vinieseis, me he permitido buscar en el libro las palabras y he podido dar con el documento. Lo he hecho sin esperar al resto de miembros de la sociedad, pero no voy a quedármelo: aquí está el libro y el documento con la clave –dije tendiéndole un libro y un papel.

Pedro extendió su mano para cogerlo pero, cuando iba a alcanzarlos, eché mi mano hacia atrás.

–¡Un momento! Tenemos que estar todos los miembros de la Fraternidad presentes. ¿Están conectados los miembros por videoconferencia?

–Sí, lo están –dijo Olga.

–Estupendo. Entonces, solo falta que venga el senescal. Como supongo que sabrás, el senescal era el número dos de los templarios, encargado de sustituir al gran maestre en caso de ausencia y, como esta sociedad fue creada por un templario, se ha imitado algo su organización. Enseguida vendrá por la misma puerta por la que he entrado.

Pamplona/Iruña, 4 de julio de 2013

Después de la firma de algunos ejemplares del libro que se acababa de presentar sobre historia y leyendas del Camino, el público fue abandonando la sala de conferencias del palacio del Condestable, hasta quedarnos solos los dos buenos amigos que somos el autor y el presentador.

–Ha sido un exitazo. Tu conferencia ha gustado mucho y, la mayoría de los peregrinos que han venido, están rellenando una ficha para que se les mande un ejemplar de tu libro por correo y, los que no lo son, lo están comprando. Se va a vender como rosquillas y no sabes cuánto me alegro.

–Gracias, David. Ha sido gracias a ti y a la Asociación de Amigos del Camino.

–Sin embargo, pareces preocupado.

–Lo estoy. Esperaba que viniese el hijo de Olga, pero no he visto ninguna silla de ruedas en la sala.

–Puede que haya preferido esperarte fuera. Ayer hablé con él por teléfono para invitarle a que viniera a la presentación y me dijo que probablemente lo haría. Conociéndole, estoy seguro de que el vídeo que le envió su madre ha hecho efecto y que los planes van a salir bien. Le estoy viendo en agosto en Santiago con el tesoro.

–¡Ojalá sea así! Por si acaso, voy a escribir un mensaje a Olga para decirle que no ha venido a la conferencia. Quizás tenga preparado un Plan B.

–Yo te dejo. Si viene, creo que es mejor que no nos vea juntos, pues querrá hablar contigo a solas.

Santiago, 12 de agosto de 2013

En ese momento, también con la vestimenta del Temple, apareció el senescal de la orden.

–¡También tú! –exclamó Pedro.

–Sabía que te sorprendería. Lo que no sé si es una sorpresa agradable o desagradable.

–¿Sabes que la suplantación de la identidad es un delito?

–Sí, soy letrada de la Administración pública, pero no he cometido ningún delito porque lo he hecho con el consentimiento de la verdadera Itziar, que es amiga mía y me hizo el favor de sacarse la credencial de peregrina para que yo caminase con dos credenciales. No queríamos que supieses mi verdadera identidad.

–Te presento a Ainara, la madre de mis trillizas – dije poniendo mi mano en el hombro de la quinta persona que, diez meses después, se reuniría en Pamplona con motivo del cumpleaños de Olga.

–¿Me estás diciendo que te presenté a tu mujer?

–Exacto. Y, ahora, aquí tienes el libro en el que está la clave. Después os dejaré ver el documento.

Tomando el libro que le tendía, exclamó:

–¡Un libro escrito el año 1900! ¿Bromeas?

Vitoria-Gasteiz, marzo de 2013

–Creemos que a tu hijo le convendría hacer el Camino, que es un antidepresivo más barato que los medicamentos o que la psicoterapia.

–Lo sé, mi querida amiga, pero si no lo ha hecho antes del accidente, veo difícil que quiera hacerlo ahora. Además, dudo que su psicóloga, que es también su mujer, esté por la labor. Es buena chica y, de hecho, acaba de pedir una excedencia para estar más tiempo con él, pero es muy urbanita y nunca le ha interesado peregrinar.

Entristecido por el drama de su hijo, al que no tenía el gusto de conocer, recorrí con mis ojos el salón de nuestra casa y fijé la vista en un pequeño armario que contiene discos y vídeos. Entonces, le pregunté:

—Se me acaba de ocurrir algo para obligar a tu hijo a hacer el Camino, aunque a lo mejor es una tontería.

Me dirigí al armario en cuestión, saqué de él un estuche que contenía diez películas y se lo enseñé a Olga.

—Son películas de unos cincuenta minutos basadas en libros de Agatha Christie. Creo que estas dos pueden servirte de inspiración, aunque ya te digo que se me acaba de ocurrir ahora, a bote pronto.

—Las veré con mucho gusto pero, ¿puedes decirme algo más?

—Sí. Estos dos capítulos están sacados de una colección de relatos cortos titulada *Parker Pyne Investiga*. En ambos, alguien ve un anuncio en un periódico que dice: "¿Es usted feliz? Si no lo es, consulte al señor Parker Pyne". Tras escuchar sus casos, Parker Pyne cobra por adelantado y da instrucciones a su cliente para que haga algo, mientras que él y un equipo suyo crean una situación que les cambia la vida.

—¿Y se te ocurre algo que pueda hacerse con mi hijo?

—Sí y no. Tienes que crear una trama que le obligue a moverse. Por ejemplo, en este capítulo, en el que un soldado retirado se muere de aburrimiento, hacen que "descubra" el mapa de un tesoro de marfil en África, obligándole a viajar sin saber que está siendo engañado. A ti, que lo conoces bien, puede que se te ocurra alguna idea, aunque, por lo que me dices, tendrás que engañar también a su mujer. Puedes llevártelas. Ya me las devolverás otra vez que nos veamos.

–Las veré con mucho gusto y pensaré en eso. Si me disculpáis, tengo que volver enseguida para Pamplona. Muchas gracias por vuestra hospitalidad. ¡Ah! Y decid a vuestro padre y suegro que me encantan los cuadros que pinta. Embellecen mucho vuestra casa.

Santiago, 12 de agosto de 2013

–Sí. *El Mago de Oz* se escribió en 1900, pero encierra la clave de vuestro viaje. Dorothy y sus amigos van a la Ciudad Esmeralda siguiendo unas baldosas amarillas, mientras que nosotros hemos ido a Santiago siguiendo flechas amarillas. Ellos buscaban a un maravilloso mago y vosotros un tesoro. Dorothy y sus amigos descubren que el mago no es lo que piensan que es, pero se solucionan sus problemas. Tú has encontrado un tesoro, aunque distinto al que esperabas. ¿O acaso este viaje no te ha aportado nada?

–Sí. He encontrado a mi madre, he hecho buenos amigos y me lo he pasado bien. Soy ahora mucho más feliz que hace cuatro semanas. ¿Y a quién se le ha ocurrido esto de la desaparición y del tesoro de los templarios para hacerme viajar?

–A mí, mayormente –respondió Olga–. Como sabía que te estabas interesando por el esoterismo como una forma de evasión, se me ocurrió que una fantasía así podría animarte. Lo de una sociedad secreta en la que solo el líder conoce a todos se lo debo a nuestro amigo, que me prestó la novela *La Dama de Blanco*, en la que aparece una sociedad con una estructura parecida.

—¿Y lo de llevar colgado una cruz con forma de Y?

—Eso fue idea mía —le dije—. En el Camino viste dos de ese tipo, en Puente la Reina y en Carrión. Sabía que te estabas interesando por el esoterismo, así que elegí esas cruces que algunos escritores de esoterismo relacionan con una pata de oca, pero lo cierto es que son habituales en Renania. De hecho, las dos cruces que vimos proceden de talleres renanos.

Tras permanecer unos segundos en silencio, Pedro se volvió hacia su mujer y le dijo:

—¿Y tú? Estás muy callada. ¿Estabas al corriente de esto?

—Durante mucho tiempo, solo en parte.

—¿Qué quieres decir con solo en parte?

—Yo te lo explico —intervino Olga—. ¿Recuerdas cómo se creó La Fraternidad del Camino?

—¡Por supuesto! Vi tropecientas veces el vídeo que grabaste. Un señor seleccionó a gente de confianza que no se conocían entre sí.

—Pues eso fue lo que hice yo. Les pedí ayuda por separado. Primero, quería que Amaia y tú buscaseis al

Dr. Esnaola para que os ayudase a descifrar las pistas, sin saber ella que era mi cómplice. Él tenía que aceptar ayudaros con la condición de que le acompañaseis pero, al hacerlo, creía que os estaba engañando a los dos.

–Así es. Y me sorprendí mucho cuando me enseñó su placa de policía en nuestro primer encuentro en Pamplona, porque era a ti a quién esperaba.

–Pero hace unos días nos enteramos –dijo Amaia–. En Villafranca del Bierzo, cuando llegaste a pensar que tu madre podía estar secuestrada, los dos se lo dijimos por separado y, en ese momento, nos contó la verdad.

–Entonces, ¿sabías el significado de las pistas?

–No. Para intentar que esto tuviese más credibilidad, tenía que ignorar su significado y tratar de descifrarlas sin pedir ayuda a tu madre. Y, como comprenderás, nunca tuvimos adversarios. Fue una consigna que tenían algunos contactos. Como sabemos que eres listo, también te engañamos con el soporte de las pistas y compramos un material que imita al pergamino. Aunque en esa época existía el papel, debía tener aspecto de antiguo para que no sospechases.

–¡Por cierto! Hemos hablado del libro, pero no del documento que traemos. ¿Qué te parece? –le preguntó Ainara extendiéndole un papel.

Tras leerlo, respondió:

–Muy bonitas estas nueve bienaventuranzas.

378

–Pues falta la décima y más importante: "Bienaventurado eres, peregrino, si descubres que el auténtico Camino comienza cuando se acaba".

www.ingramcontent.com/pod-product-compliance
Lightning Source LLC
Chambersburg PA
CBHW050122030726
47505CB00007B/1997